FiBL 瑞士有机农业研究所（FiBL）
IFOAM ORGANICS INTERNATIONAL IFOAM国际有机联盟
（IFOAM-Organics International）
编著

正谷（北京）农业发展有限公司 译

2025年
世界有机农业概况与趋势预测

中国农业科学技术出版社

图书在版编目（CIP）数据

2025年世界有机农业概况与趋势预测 / 瑞士有机农业研究所，IFOAM国际有机联盟编著；正谷（北京）农业发展有限公司译. -- 北京：中国农业科学技术出版社，2025. 4. -- ISBN 978-7-5116-7349-7

Ⅰ. F313

中国国家版本馆CIP数据核字第2025KZ4909号

责任编辑 史咏竹
责任校对 马广洋
责任印制 姜义伟　王思文

出 版 者 中国农业科学技术出版社
北京市中关村南大街12号　　邮编：100081
电　　话 （010）82105169（编辑室）　（010）82106624（发行部）
（010）82109709（读者服务部）
网　　址 https: // castp.caas.cn
经 销 者 各地新华书店
印 刷 者 北京地大彩印有限公司
开　　本 185 mm × 260 mm　1/16
印　　张 13.5
字　　数 269千字
版　　次 2025年4月第1版　　2025年4月第1次印刷
定　　价 50.00元

版权所有·侵权必究

Impressum of the Original Version of this Publication
(The World of Organic Agriculture: Statistics and Emerging Trends 2025)

All of the statements and results contained in this book have been compiled by the authors and are to the best of their knowledge correct and have been checked by the Research Institute of Organic Agriculture FiBL and IFOAM-Organics International. However, the possibility of mistakes cannot be ruled out entirely. Therefore, the editors, authors and publishers are not subject to any obligation and make no guarantees whatsoever regarding any of the statements or results in this work; neither do they accept responsibility or liability for any possible mistakes, nor for any consequences of actions taken by readers based on statements or advice contained therein. Authors are responsible for the content of their articles. Their opinions do not necessarily express the views of FiBL or IFOAM-Organics International.

This document has been produced with the support of the Swiss State Secretariat for Economic Affairs (SECO), the Sustainability Fund of Coop Switzerland (Coop Fonds für Nachhaltigkeit), Bio Suisse and NürnbergMesse. The views expressed herein can in no way be taken to reflect the official opinions of SECO, Coop Switzerland, Bio Suisse or NürnbergMesse.

Should corrections and updates become necessary, they will be published at www.organic-world.net. This book is available for download at http://www.organic-world.net/yearbook/yearbook-2025.html.

Any inquiries regarding this book and its contents should be sent to Helga Willer, FiBL, Ackerstrasse 113, 5070 Frick, Switzerland, e-mail helga.willer@fibl.org.

Please quote articles from this book individually with name(s) of author(s) and title of article. The same applies to the tables: Please quote source, title of table and then the overall report. The whole report should be cited as:

Willer, Helga Jan Trávníček and Bernhard Schlatter (Eds.) (2025): The World of Organic Agriculture. Statistics and Emerging Trends 2025. Research Institute of Organic Agriculture FiBL, Frick, and IFOAM-Organics International, Bonn.

Die Deutsche Bibliothek-CIP Cataloguing-in-Publication-Data
a catalogue record for this publication is available from Die Deutsche Bibliothek
© February 2025. Research Institute of Organic Agriculture FiBL and IFOAM-Organics International.
Research Institute of Organic Agriculture FiBL, Ackerstrasse113, 5070 Frick, Switzerland, Tel. +41 62 865 72 72, e-mail info.suisse@fibl.org, Internet www.fibl.org
IFOAM-Organics International, Charles-de-Gaulle-Str. 5, 53113 Bonn, Germany, Tel. +49 228 926 50-10, e-mail contact@ifoam.bio, Internet www.ifoam.bio, Trial Court Bonn, Association Register no. 8726

Cover: Kurt Riedi, FiBL, Frick, Switzerland
Layout, graphs, infographics: Bernhard Schlatter, Jan Trávníček, Staré M ě sto, Czech Republic, Helga Willer, FiBL, Frick, Switzerland
Cover picture: Building a greener future: New organic coconut plantation in Côte d' Ivoire. Photo: Jacques Fuchs, Research Institute of Organic Agriculture FiBL, Frick, Switzerland.

Printed by Druckerei Hachenburg PMS GmbH, Saynstraße 18, 57627 Hachenburg, Germany, www.druckerei- hachenburg.de/

Permalink https://orgprints.org/54617

《2025年世界有机农业概况与趋势预测》

翻译委员会

主　　任：张向东　郭　树

副 主 任：徐　新　何小群　赵　政　郭　京　乔玉辉　许旦妮

主　　编：张友廷　黎　榛

副 主 编：李郑义　赵惠娟　李华贞　石宇光

译　　者：黎　榛　张友廷　朱雯珺　寿晓丹　李华贞　赵惠娟　李郑义　许旦妮　王升忠　王丽英　石宇光　孙　羽　张　琳　王正琼　蓝培瑜　贾瑞琳　张晓敏

顾　　问：王大宁　李　莉　王茂华　肖兴基　刘军萍　骆　骢　李国秋　张纪兵　Darren Guo　夏兆刚　王吉谭　耿云霞　郝建强　唐茂芝　周泽江　胡　强　邢建平　张建伟　张婷婷　贾　岚

Foreword from FiBL and IFOAM–Organics International

We would like to thank Organic and Beyond for their efforts in translating The World of Organic Agriculture Yearbook for the 14th time. In this way the study reaches a wide audience and contributes to the promotion of organic agriculture worldwide.

China is an organic market with continued growth in area and retail sales. China is the world's third largest market for organic food and beverages and the fifth largest country in terms of organic area.

We would like to thank : Qiao Yuhui from China Agricultural University without who we would not be able to report on the latest trends in the country. We would also like to thank our funders—the Swiss State Secretariat for Economic Affairs (SECO), the Sustainability Fund of Coop Switzerland, Bio Suisse, and NürnbergMesse—for supporting the global data collection.

Data collection is an important and ongoing concern of the Research Institute of Organic Agriculture (FiBL) and IFOAM-Organics International. The comprehensive data contained in this publication is a valuable tool for stakeholders, policy makers, authorities, industry, researchers and extension workers. The data and information compiled in this volume show the latest statistics, recent developments and global trends in organic agriculture.

The current volume is the translation of the 26th edition of *The World of Organic Agriculture*, which was published in February 2025 and launched at the event of the organic trade fair BIOFACH, IFOAM-Organics International and FiBL. The event took place on 11 February 2025.

Dr. Jürn Sanders
Chairman of the Management Board
Research Institute of Organic Agriculture FiBL, Frick, Switzerland

Ravi R. Prasad
Executive Director
IFOAM-Organics International, Bonn, Germany

March 2025

译　文

瑞士有机农业研究所与IFOAM国际有机联盟的序言

诚挚感谢正谷（北京）农业发展有限公司在翻译世界有机农业统计年鉴工作中所做的诸多努力！2025年是该公司第十四年翻译此年鉴，他们的工作使更多人能够了解有机农业，并且为推动全球有机农业的发展作出了重要贡献。

中国的有机市场生机勃勃，有机农地面积和有机食品（含饮料）零售额持续增长。如今，中国已经成为全球第三大有机市场，其有机农业用地面积位列全球第五。

我们非常感谢中国农业大学的乔玉辉教授提供了中国有机农业的最新数据。同时，也非常感谢我们的资助方：瑞士联邦经济事务秘书处（SECO）、瑞士COOP可持续发展基金会、Bio Suisse和纽伦堡国际博览集团（NürnbergMesse），感谢他们在全球数据搜集方面的支持。

数据搜集是FiBL瑞士有机农业研究所和IFOAM国际有机联盟非常重要的一项工作。本书可以作为一本有价值的工具书，其所提供的数据为利益相关者、政策制定者、政府管理机构、有机行业从业者、研究人员以及专业人员的工作提供了便利。在本书中汇编了最新的统计数据和信息、近期发展情况以及全球有机农业的趋势。

《2025年世界有机农业概况与趋势预测》译自*The World of Organic Agriculture: Statistics and Emerging Trends 2025*，即2025年2月出版的世界有机农业统计年鉴。2025年2月11日，该书在纽伦堡BIOFACH国际有机产品博览会上，由IFOAM国际有机联盟和FiBL有机农业研究所联合发布。

Dr. Jürn Sanders

FiBL瑞士有机农业研究所管理委员会主席

Ravi R. Prasad

IFOAM国际有机联盟执行主任

2025年3月

大力发展现代有机农业是保障生态环境、食品安全、人民健康，实现农业现代化的必由之路

张向东先生是正谷（北京）农业发展有限公司（以下简称正谷）的董事长，从事有机农业已有18年。他邀请我为正谷翻译的《2025年世界有机农业概况与趋势预测》一书作序，这让我想起2004年，我在国家质量监督检验检疫总局[①]工作时，有幸参与了《有机产品认证管理办法》的制定，那是我国在有机农业认证方面的第一部法规性文件，开启了中国有机农业法治化、标准化、规范化、全面发展的历史进程，是一个重要的里程碑！20余年来，中国有机农业快速发展，已经从一棵幼苗成长为一片森林。到2023年，中国有机产品零售总额已突破1 000亿元人民币，跃居世界第三位，有机农业用地面积位居全球第五位。本书还在原著的基础上增加了一章，专门介绍中国有机产品认证及市场概况，令世人瞩目，这让我感到由衷的高兴。

《2025年世界有机农业概况与趋势预测》是由瑞士有机农业研究所和IFOAM国际有机联盟联合相关单位，从2000年开始编写的世界有机农业统计年鉴，每年均在纽伦堡国际有机产品博览会上以报告的形式发布。26年以来，该年鉴提供了188个国家和地区有机农业发展的详细数据，对全球有机农业做了全景式的调查分析，成为全球有机农业最具专业性、权威性的统计报告。对全球有机农业的发展产生了重大影响，是从业者、消费者、政府部门和各相关方不可多得的工具书和数据库，极具参考价值和战略指导力。

2025年的世界有机农业统计年鉴译本共分12章，比2024年增加了一章——全球有机行业展望。在结构上变化不大，内容上略有调整。本书指出：有机农业极具韧性，在2023年逆势增长。2023年，全球有机农用地约9 885万公顷，较2022年增长2.6%。全球有机市场销售额达1 364亿欧元。报告对全球有机农业的概况、现状作了简要描述，对有机食品与饮料市场及进出口，土地利用结构等作了专业分析。对野生采集、有机蜂箱、水产养殖、谷物、蔬菜、水果、油料、可可、咖啡、豆类等做了深度剖析。本书既有对非洲、亚洲、欧洲、拉丁美洲和加勒比海地区、北美洲、大洋洲的全景概述，也有

---

① 中华人民共和国国家质量监督检验检疫总局，全书简称为国家质量监督检验检疫总局。2018年3月国务院机构改革，将国家质量监督检验检疫总局的职责整合，组建中华人民共和国国家市场监督管理总局，不再保留国家质量监督检验检疫总局。

对重点国家，如美国、德国、加拿大、澳大利亚、乌拉圭、墨西哥、圣多美和普林西比等国家的关注；既介绍了发达国家对有机食品的旺盛需求，也介绍了发展中国家和新兴市场有机农业的发展。本书还介绍了全球生态农业（含有机农业）的政策法规、标准、认证、标志、市场等，以及相关组织的成长与合作、从业者、参与式保障体系等重要内容与动态。

针对全球有机农业面临的机遇与挑战、问题与困难，本书在全球有机农业展望中提出了许多很有价值的思想。一是要持续努力，在坚持“健康、生态、公平、关爱”有机农业四项原则的基础上，把产业发展深度融入气候变化、健康、营养和人权等全球性中心议题之中。二是实施有机农业联盟十年战略，促进全球有机农业更快更好发展，实现欧盟宣布的到2030年有机农业用地占比达到25%的目标。三是要大协作、大合作，多管齐下，全球共治。有机产业链长，供应链脆弱，价值链不均衡，需要全球智慧，共治、共建、共享。四是要高度重视创新、务实，面对问题拿出切实有效的解决方案。书中的这些真知灼见，对我国有机农业的发展很有借鉴意义。

中国有机产品市场规模大、潜力大，虽然起步晚，但发展快。主要呈现以下4个特点。一是法规标准先行，主要依靠认证制度规范化发展。以2004年国家质量监督检验检疫总局发布的《有机产品认证管理办法》为标志，中国有机产业开启快速、规范发展的新航程。到2023年年底共有17 830家企业获得28 918张有机产品认证证书。有机生产者多达200多万人。有机种植面积达346.2公顷。二是各级政府重视、支持有机产业快速发展。到2024年，中国共实施160多项地方性政策，支持有机产业发展。农业部[①]于2017年制定《开展果菜茶有机肥替代化肥行动方案》，取得了显著成效。三是生产、加工、流通、消费相关方形成合力，构建产业链、供应链，促进有机产业协同发展。我曾在云南参观过面积达两万多亩的有机茶园，非常壮观。2023年，我国有机茶产量为39.2万吨，比2019年增加了70.43%，2023年中国有机产品产值达3 168亿元。有机产品总产量为662.8万吨。四是发展有机产品国际贸易，促进有机产业国际化。2023年，中国有机产品进出口额约91.5亿元，出口约44.5亿元，进口约47.1亿元，短短20余年，中国有机农业在全球有了重要地位。在取得显著成就的同时，我国有机农业同先进水平相比仍存在差距。2023年，全球人均消费有机食品17欧元，瑞士人均消费468欧元，中国人均消费仅为9欧元，低于全球平均水平。丹麦有机市场份额为13%，中国仅为1%，这

① 中华人民共和国农业部，全书简称农业部。2018年3月国务院机构改革，将农业部的职责整合，组建中华人民共和国农业农村部，不再保留农业部。

也说明我国有机产业还有巨大发展空间。

中国有机农业的进程是全球有机农业浪潮的缩影。世界现代有机农业发展60多年，中国仅发展20多年，尽管取得了重大进展，但遗憾的是有机农业还没有成为主流产业。有机农地面积占全球农地总面积的比例仅为2.1%。有机农业在解决全球重大问题上的作用还远远没有发挥出来。为什么？从有机农业发展的史实看，主要有以下4个原因。第一，产量问题：有机农业产量比常规农业产量低20%～30%，存在供需数量矛盾。第二，成本价格问题：有机食品的价格一般比其他食品价格高1倍甚至更高，难以打开大众市场。第三，有机农业抵抗自然灾害能力不强：病虫草害、气候等自然灾害，既影响产量，也影响品质。第四，“漂绿”、假冒现象多发，影响有机产品声誉。随着技术进步与社会经济的发展，上述四大问题，绝大部分都可以有效解决。生产优质高效的有机肥、培育优良品种、采用先进的种植技术，基本可以解决产量问题。2023年，我国化肥产量约6 000万吨，同时，我国有机肥源达7 000万吨，保守估计，有机肥可以替代60%的化肥。如果现有有机农业种植面积、市场份额扩大20倍，其规模效益可以大大降低生产成本。产业链、价值链的完善，可以让大众吃上优质且价格适中的有机食品。现代科技手段、生物技术、智能技术、设施农业、精准农业、激光除草、抗逆种苗等，可以大大提高有机农业抵抗灾害的能力。完善的法制可以建设公平竞争的大市场，打击假冒伪劣，增强消费信心。随着我国经济的发展与人民收入的增加，有机市场份额扩大是必然趋势。

中国与全球正携手推进绿色可持续发展进程，发展有机农业已成为践行生态文明、保障粮食安全、维护生物多样性、应对气候变化的核心路径，这也是贯通生态保护、健康中国战略与农业现代化的必由之路。为促进我国有机产业高质量发展，我有以下两点建议。第一，把发展有机农业提升为国家战略，引入国家“十五五”发展规划，确立战略目标，力争用20年时间把有机农地面积由现在的2.7%提高到30%左右。第二，构建有机农业现代创新体系，打造全球可持续发展的战略支点。以“理论突破—制度创新—技术攻坚—产业协同”四位一体建设为路径。理论创新：深化有机农业系统研究，建立现代大有机理论框架。制度创新：完善认证标准互认体系，推进法规动态更新机制。技术创新：攻关增产增效技术瓶颈，发展智慧有机种植系统。市场创新：构建“生产端—消费端”直通平台，培育有机消费新范式。协同创新：建立“政产学研用金”六位一体合作网络。总目标是取得更好的生态效益、经济效益、健康效益和社会效益。转变观念，充分认识有机产业的重要性、根本性、全局性、方向性的战略价值，以及开放、包容、公平、健康可持续发展的理念。

张向东先生带领正谷创业18年，已拥有2万多个企业客户，累计服务中国120多万个家庭，为中国有机产业的发展作出了卓越贡献。特别是正谷从2012年开始翻译世界有机农业统计年鉴，为中国有机事业打开了一扇世界之窗，架起了全球化的信息桥梁。这种奉献精神令人敬重。祝福正谷越做越好！祝福中国有机事业再上一层楼。

让每个家庭都能吃上健康、营养、优质的有机食品，让每个人健康、长寿、快乐的梦想都能成为现实，让我们为此共同奋斗！

刘兆彬
国家质量监督检验检疫总局原总工程师
北京大学法治与社会发展研究院研究员
2025年4月5日

助力绿色农业新发展　共绘有机农业新篇章

作为商会秘书长，我很高兴受邀为《2025年世界有机农业概况与趋势预测》作序，这份由瑞士有机农业研究所（FiBL）与IFOAM国际有机联盟编纂的报告，经过26年的连续出版，已成为全球有机农业领域最权威的年度报告。本书全面统计了全球有机农地面积、土地利用、作物种类、农场数量、零售额及国际贸易数据，展现了有机农业在全球农业体系中日益重要的地位，为我国有机农业更好融入全球价值链、实现可持续发展提供了重要的参考。

纵观全球有机农业市场，2023年全球有机市场销售额达1 364亿欧元，全球有机农业用地达到9 885万公顷。我国有机农业在政策的支持下稳步发展，2023年中国有机食品零售额稳居全球第三，有机农地面积增速全球第二，然而，与欧美国家有机食品人均消费17欧元相比，我国有机食品人均消费仅约9欧元，整体仍有较大提升空间。另外，气候变化与农业转型需求也为有机农业的发展注入新动力。2024年全球气温创新高，粮食与农业系统转型迫在眉睫，有机农业凭借生态友好、低化学投入的特点，在提升土壤碳储存、减少温室气体排放和保护生物多样性方面展现出显著优势。

在这样的时代背景下，全国工商联农业产业商会副会长单位正谷（北京）农业发展有限公司（以下简称正谷），连续8年翻译出版"世界有机农业概况与趋势预测"，对我国有机农业发展有着重要意义。作为全国工商联领导下的全国性行业商会，全国工商联农业产业商会以服务国家战略为己任，高度重视并长期服务于有机农业的可持续发展目标。面向未来，商会将继续发挥自身平台优势，进一步推动我国有机农业产业更快、更好发展。

再次感谢正谷为行业发展做出的努力和贡献，也期待更多像正谷一样优秀的企业加入全国工商联农业产业商会大平台，共同谱写我国农业产业高质量发展的新篇章！

郭　树

全国工商联农业产业商会秘书长

2025年4月

有机，为可持续未来

依据《2025年世界有机农业概况与趋势预测》的最新数据，2023年全球有机市场销售额达到1 364亿欧元，欧美国家依旧是全球主要的有机消费市场。美国、德国、中国和法国在全球有机食品销售额排名中位居前四，销售额分别为590亿欧元、160亿欧元、126亿欧元和120亿欧元。全球有机食品人均消费额为17欧元，而中国人均消费额约9欧元，与欧美国家仍存在较大差距。

《2025年世界有机农业概况与趋势预测》由瑞士有机农业研究所（FiBL）和IFOAM国际有机联盟共同编纂，并在瑞士联邦经济事务秘书处（SECO）、瑞士COOP可持续发展基金和纽伦堡国际博览集团（NürnbergMesse）的支持下发布。2025年是该年鉴发布的第二十六个年头。

作为IFOAM国际有机联盟的全球合作伙伴，正谷（北京）农业发展有限公司（以下简称正谷）自2012年起，持续推动世界有机农业统计年鉴中文版的翻译、分享与交流工作。2018年，正谷与瑞士有机农业研究所（FiBL）、IFOAM国际有机联盟正式签约，获得世界有机农业统计年鉴的独家中文翻译权。截至当下，正谷推进中文版本翻译并积极开展推广工作，已有14年，正式出版发行也已有8年。该年鉴是全球有机产业的权威资讯来源，为国内有机行业的从业者和爱好者提供了宝贵信息。借助该年鉴，我们希望助力更多人了解国际有机行业的现状和未来发展趋势，帮助他们更好地把握市场机遇。

气候变化与农业转型的紧迫性

世界气象组织已证实，2024年是有记录以来最热的一年。对6个国际数据集的分析显示，其中4个数据集表明，全球平均气温上升已超过1.5℃！长期以来，粮食与农业系统被视为受气候变化负面影响最大的行业之一。全球粮食温室气体排放数据库EDGAR-FOOD的数据显示，2015年全球食品系统排放了180亿吨二氧化碳当量，占全球温室气体排放总量的34%。与此同时，《2024年地球生命力报告》显示，地球生命力指数（LPI）在过去50年间下降了73%。栖息地的退化和丧失是导致LPI下降的主要原因，而人类的食物系统是造成栖息地退化的核心因素。粮食生产消耗了70%的淡水资源，引发淡水资源危机；粮食系统是物种濒危的主要原因，86%的物种濒临灭绝以及90%的森林砍伐是由农业生产导致的。

因此，粮食与农业系统的转型迫在眉睫，这是解决气候问题的关键方案之一。作为一种可持续的农业模式，有机农业在缓解气候变化、保护生物多样性方面发挥着积极作用。

有机农业的环境效益

有机农业通过使用有机肥料、改良作物品种、实施作物轮作（包括种植豆科植物）、减少耕作以及种植覆盖作物等方式，有助于提高土壤的碳储存能力。例如，一项针对欧洲农业用地土壤碳含量的分析表明，免耕状态下的有机农场，其表层土壤的有机碳含量比常规耕地高20%。根据*Cambridge Core*上发布的一篇论文，如果全球农业停止使用化肥，温室气体排放将减少20%，尤其是氧化亚氮（N_2O）的排放，而N_2O的增温潜力是二氧化碳（CO_2）的298倍！另外，发表于《自然》（*Nature*）杂志的研究表明，与常规农田相比，每公顷有机农业模式可减少40.2%的N_2O排放。

有机农业不仅能够留存植物群，还为鸟类、昆虫等生物提供栖息地。瑞士有机农业研究所（FiBL）的报告指出，有机农场的物种数量平均比常规农场多30%，生物种群数量平均高出50%。

正谷的可持续实践

正谷，是一个立足有机领域的可持续品牌。作为世界经济论坛新领军者社区会员、IFOAM国际有机联盟全球合作伙伴、"零碳使命国际气候峰会"指定的碳中和有机食品供应商以及"地球一小时"官方推广合作伙伴，自2007年起，正谷在哥伦比亚、巴拿马、丹麦、西班牙、秘鲁等地，合作建立符合正谷标准的农场，开展有机可持续生产实践，积极推动生物多样性保护和应对气候变化工作。

在可持续发展的进程中，正谷不断创新和实践。2009年，正谷与中粮集团合作推出"健康原料月饼"；2013年，推出首款碳中和产品——正谷Cavell黑巧克力；2016年，与世界自然基金会（WWF）合作，通过联合品牌推广的方式，推广正谷有机月饼，倡导可持续生活方式。2021年，正谷实现所有产品的碳排放抵消。2022年，在加拿大蒙特利尔COP15会议期间，我参与了中国角主题边会，与各方分享正谷在"实现净零与自然向好发展目标"方面的实践经验，受到与会者的广泛关注。会议期间，正谷入选《企业生物多样性保护案例集》，并被评为"自然使者"之一。

Cavell瑰夏咖啡是正谷旗下的可持续咖啡品牌，致力于为消费者提供高品质、美味且可持续的咖啡，倡导负责任的生产与消费理念。在哥伦比亚，正谷合作建立了Cavell BioFarm可持续咖啡农场，采用有机生产方式，推动咖啡产业向可持续方向转型。2021年8月，在时任哥伦比亚驻上海总领事丹尼尔·克鲁兹·卡德纳斯的见证下，正谷签署了哥伦比亚有机咖啡种植倡议，旨在借助商业力量，推动哥伦比亚咖啡从常规种植向有机种植转变，促进公平贸易，保护生物多样性，减少对自然环境的破坏，并助力实现联合国2030年可持续发展目标。2022年11月，在埃及举办的COP27会议上，正谷分享了Cavell瑰夏咖啡的可持续生产模式及碳足迹评价，正谷的“有机食品零碳实践”案例也被收录于《2022企业气候行动案例集》。

未来展望

未来，正谷将继续积极推动有机农业的发展，并与更多可持续发展伙伴携手共进，通过负责任的生产与消费，促进人类与自然的和谐共生。同时，开展世界有机农业统计年鉴的翻译、出版与推广工作，也是正谷将长期坚持的工作之一，旨在为有机产业提供及时、精准的市场数据，助力行业决策和发展。

致　谢

历经18年的有机可持续商业实践，正谷在成长与发展的每一个阶段、每一步，都离不开大家的鼓励与支持。感谢共同致力于改善人与自然关系的伙伴们，感谢为事业开拓提供建议的师友们，感谢努力创造价值的正谷伙伴们。

非常感谢周泽江、吴文良、肖兴基、郭春敏、李显军、杜相革、孟凡乔、乔玉辉、沈佐锐、和文龙、车文毅、王大宁、顾绍平、何小群、赵政、李莉、郭京、徐晓丽、王茂华、陈恩成、杨泽慧、唐茂芝、于森、李国秋、傅尚文、卢振辉、张纪兵、耿云霞、姜华、陈丛红、张同贵、宋宁、石嫣、常天乐、李峰、Darren Guo、Karen Mapusua、Marco Schlüter、Louise Luttikholt、Peggy Miars、Urs Niggli、Helga Willer、Jennifer Chang、Markus Arbenz、André Leu和Niamh Holland-Essoh等。

同时，我也要向IFOAM国际有机联盟、瑞士有机农业研究所（FiBL）、纽伦堡国际有机产品博览会（BIOFACH）、国家市场监督管理总局认证认可技术研究中心、中国认证认可协会有机产业与认证专业委员会、中国农业大学资源与环境学院、全国工商联农业产业商会、中国质量检验检测科学研究院、之一生态、纽伦堡会展（上海）有限公司、南京国环有机产品认证中心、中绿华夏有机产品发展中心、北京五洲恒通认证有限公司、北京爱科赛尔认证中心有限公司、杭州万泰认证有限公司、杭州中农质量认证中心、中国检验认证集团、中国农业科学院等机构表示诚挚的感谢，感谢你们一直以来给予的支持与帮助。

我谨向国家质量监督检验检疫总局原总工程师刘兆彬先生及全国工商联农业产业商会秘书长郭树女士致以特别感谢，承蒙二位在公务繁忙之际慨然允诺为本书作序，以专业视角予以悉心指导，令这部作品倍增学术价值与实践意义。

Organics: better food, better future!

呈上自然美味，表达美好情感。

张向东

正谷（北京）农业发展有限公司创始人、董事长

2025年4月7日

前　言

自2000年始，国际权威有机农业研究机构瑞士有机农业研究所（FiBL）和IFOAM国际有机联盟开展对全球范围有机产业发展的调研和数据统计与分析，截至2025年，已连续26年发布世界有机农业统计年鉴。随着相关工作越来越规范，信息的来源也越来越多，数据的全面性和准确性不断增强，许多政府机构、科研院所、认证机构、社会组织、有机企业和相关媒体纷纷转载和引用，可以说世界有机农业统计年鉴已得到了全球有机界的充分肯定和认可。

世界有机农业统计年鉴的专业性与权威性是毋庸置疑的，非常有必要尽快翻译成中文并对外发布。正谷（北京）农业发展有限公司（以下简称正谷）有机农业团队自2012年起已连续14年在瑞士有机农业研究所和IFOAM国际有机联盟的支持下摘译并发布该统计年鉴的中文版。此项工作为我国的有机从业者带来了大量权威的全球产业信息，使关注有机行业的中方人士能够及时了解和跟上全球有机产业发展的步伐。

正谷董事长张向东先生非常重视本书的翻译工作，连续14年拨款支持本书的翻译、出版及推广，才使得本书能够顺利出版发行，在此表示感谢！

《2025年世界有机农业概况与趋势预测》的翻译及校对工作是在正谷有机农业技术中心的主导下，由志愿者共同完成的。志愿者中有正谷的同事，也有热爱有机事业的国内外伙伴：张友廷、黎榛、李郑义、赵惠娟、许旦妮、石宇光、邢建平、徐新、张铭、张建伟、郑林莹、王晓彤、安思静、李华贞、王升忠、朱雯珺、王正琼、寿晓丹、王丽英、张琳、孙羽、张晓敏、蓝培瑜、贾瑞琳……在此一并感谢！

感谢瑞士有机农业研究所的Helga Willer女士、IFOAM国际有机联盟的Marco Schlüter先生和Ecovia Intelligence的Amarjit Sahota先生。在瑞士有机农业研究所、IFOAM国际有机联盟和Ecovia Intelligence的支持下，正谷取得《2025年世界有机农业概况与趋势预测》的中文翻译权，希望能够为进一步推动有机农业和有机产业的发展提供支撑和帮助。

感谢国家市场监督管理总局认证监督管理司姚雷司长、杨冬副司长、何小群二级巡视员和赵政处长，以及国家市场监督管理总局认证认可技术研究中心李莉主任、中国认证认可协会郭京副秘书长对本书翻译工作的关注和大力支持。还要特别感谢IFOAM亚洲咨询委员会主席周泽江先生、南京国环有机产品认证中心（OFDC）原主任肖兴基先生！感谢周老师和肖主任长期以来的耐心指导和支持！

感谢国家质量监督检验检疫总局原总工程师刘兆彬先生、全国工商联农业产业商会郭树秘书长为本书作序！感谢中国认证认可协会有机产业与认证专业委员会对本书翻译和发行提供的支持和帮助！感谢中国质量检验检测科学研究院对本书的大力支持！感谢南京国环有机产品认证中心张纪兵主任对本书的关注和指导！感谢五洲恒通李国秋总经理长期资助本书的出版和发行！

本书英文原版在德国纽伦堡BIOFACH国际有机产品博览会发布，本书的翻译出版发行也得到了BIOFACH中国团队——纽伦堡会展（上海）有限公司的支持，在此感谢Darren Guo、潘晓、熊依凡给予的帮助。

读者如需了解英文版信息，可登录FiBL网站（http://www.organic-world.net/yearbook/yearbook-2025.html）获取英文相关资料。

《2025年世界有机农业概况与趋势预测》翻译委员会

2025年3月20日

有机农业的原则

IFOAM国际有机联盟将“健康、生态、公平、关爱”确定为有机农业的四项基本原则，这四项基本原则也是有机农业内涵的具体体现。

健康原则（Principle of Health）

有机农业应当将土壤、植物、动物、人类和整个地球的健康作为一个不可分割的整体而加以维持和加强。

这一原则指出，个体与群体的健康与生态系统的健康是不可分割的，健康的土壤可以生产出健康的作物，而健康的作物是动物和人类健康的保障。

健康是指一个有生命的系统具有统一性和完整性。健康不仅仅是指没有疾病，而是要维持系统的、物质的、精神的、社会的和生态的利益。安全性、顺应性和可再生性是健康的关键特征。

有机农业在农作、加工、销售和消费中的作用是维持和加强从土壤微生物直到人类的整个生态系统及其中生物的健康。有机农业特别强调生产出高质量和富有营养的食品，为预防性的卫生保健和福利事业作出贡献。为此，应避免使用那些对健康会产生不利影响的肥料、农药、兽药和食品添加剂。

生态原则（Principle of Ecology）

有机农业应以有生命的生态系统和生态循环为基础，与之合作，与之协调，并帮助其持续生存。

这一原则将有机农业植根于有生命的生态系统中，它强调有机农业生产应以生态过程和循环利用为基础，通过具有特定生产环境的生态来实现营养和福利方面的需求。对作物而言，这一生态就是有生命的土壤，对于动物而言，这一生态就是农场生态系统，对于淡水和海洋生物而言，这一生态则是水生环境。

有机种植、有机养殖和野生采集体系应适应自然界的循环与生态平衡，这些循环虽然是常见的，但其情况却因地而异。有机管理必须与当地的条件、生态、文化和规模相适应。应通过再利用、循环利用和对物质与能源的有效管理来减少物质投入，从而维持和改善环境质量，保护资源。

有机农业应通过对农业体系的设计、提供生境和保持基因与农业的多样性来实现生态平衡。所有生产、加工、销售及消费有机产品的人都应为保护包括景观、气候、生境、生物多样性、大气和水在内的公共环境作出贡献。

公平原则（Principle of Fairness）

有机农业应建立起能确保公平享受公共环境和生存机遇的各种关系。

公平是以对我们共有的世界保持平等、尊重、公正的态度并科学管理为特征的，这一公平既体现在人类之间，也体现在人类与其他生命体之间。

这一原则强调所有从事有机农业的人都应当以一种能确保对所有层面和所有参与者（包括参与到有机农业中的农民、工人、加工者、分销者、贸易者和消费者）都公平的方式来处理人际关系。

这一原则强调应根据动物的生理和自然习性以及它们的福利来提供其必要的生存条件和机会。应当以对社会和生态公正以及对子孙后代负责任的方式来利用、生产与消费所需的自然和环境资源。

关爱原则（Principle of Care）

应以一种有预见性和负责任的态度来管理有机农业，以保护当前人类和子孙后代的健康和福利，同时保护环境。

有机农业是为满足内部和外部需求和条件而建立的一种有生命力并且充满活力的系统。有机农业的实践者可以提高系统的效率和生产力，前提是不能因此危害健康和影响福利，为此，应对拟采取的新技术进行评估，对于正在使用的方法也应当进行审核。对于在生态系统和农业方面的不完善理解必须给予充分的关注。

这一原则强调，在有机农业的管理、发展和技术筛选方面最关键的问题是实施预防并且有责任心。科学是确保有机农业有利于健康、安全和生态环境的必要条件。然而，仅有科学知识是不够的，经验的传承、智慧的积累等可以提供有价值并且经过时间验证的解决方案。有机农业应通过选择合适的技术和拒绝使用转基因工程等无法预知其影响的技术来防止发生重大风险。决策应通过透明和参与式的方法和程序，反映出所有有可能受到影响的价值和需求。

信息来源：IFOAM国际有机联盟网站http://www.ifoam.org/about_ifoam/principles/index.html。

有机农业的发展阶段

有机农业经历100多年的发展，分别以有机1.0时代，有机2.0时代和有机3.0时代三个时代逐步实现主流化。

有机1.0时代——先驱们提出并试行有机

有机运动是100多年前由有远见的先驱们所发起的，他们从人类的生活方式、食物、农业生产方式以及人类的健康与地球健康之间的关系出发，提出了有机农业的概念。

1972年IFOAM国际有机联盟成立之前近一个世纪的历程，被定义为有机农业运动的第一个阶段，即有机1.0时代。

美国农业土地管理局前局长富兰克林·H·金（F. H. King）考察了中国的农业，并总结出中国农业数千年兴盛不衰的经验，于1911年出版了《四千年的农民》一书。书中指出中国农业兴盛不衰的关键在于中国农民的勤劳、智慧和节俭，善于利用时间和空间提高土地利用率，并以人畜粪便和农场废弃物堆积沤制成肥料还田培养地力，奠定了有机农业的实践基础。

有机2.0时代——规范期和执行期

1972年IFOAM国际有机联盟的成立标志着有机2.0时代的开始。之后的几十年中，世界各地制定了有机标准，引入了认证体系，对“有机”作出了非常详细的规范。到2015年，全球已经有82个国家先后制定了有机法规。

2015年全世界179个国家的9 060万公顷土地获得认证（作物5 090万公顷、野生采集3 970万公顷），有机食品的市场销售额达到816亿美元。

总之，2.0时代是制定和实施标准法规、推广认证、开发技术、开拓市场，即推广有机的时代。

有机3.0时代——有机农业主流化

有机农业是富有活力的，即使在许多国家遇到经济危机的时期，它仍继续保持着增长。我们不能仅从人类自身健康的角度去理解有机农业和有机产业的意义，也不能满足于目前这些成绩。直到现在有机农业在解决全球重大问题上的作用还没有被充分发挥出来，而有机产业却已经出现了自我封闭和排他的一些迹象。

在饥饿、不公平、能源消耗、污染、气候变化、生物多样性丧失和自然资源枯竭等全球性问题上，农业都是主导因素之一。而可持续农业对于环境、社会和经济的积极和多方面的效益，可为解决上述问题作出贡献。所以有机农业的意义远超过人们的想象。要想实现有机农业对地球可持续发展产生重大影响的目标，就需要进一步扩大产业规模和向主流化迈进。有机3.0时代的理念就是要寻求改变这种现状，就是要将有机农业定位为一种有显著成果和影响的现代创新体系。

有机3.0时代的总目标：基于有机农业健康、生态、公平和关爱四项基本原则，让真正的可持续农业体系得到广泛理解、接受和实施，为实现有机农业的主流化而携手奋斗。

信息来源：IFOAM国际有机联盟网站http://www.ifoam.org/about_ifoam/principles/index.html。

封面图片信息

途中抓拍到正谷董事长、Cavell可持续咖啡联合创始人张向东沿圣马尔塔雪山（Sierra Nevada de Santa Marta）陡峭的山路蜿蜒而上。身下的骡子在山区咖啡农场运输物资方面扮演着重要角色，通常负责背负有机肥料袋和农具，以及将咖啡工人收摘好的咖啡樱桃及时运到处理厂。此行将与当地农社合作，在Cavell可持续咖啡农场工作，通过农林复合系统平衡瑰夏咖啡的精品化需求与山区生态保护。这条位于哥伦比亚北部的古老山脉紧邻加勒比海岸，是地球上少数兼具热带雨林和雪峰的高海拔地区，垂直气候带在此形成了独特的微型生态系统。Cavell可持续咖啡农场位于海拔1 600米以上的云雾林中，潮湿的空气中悬浮着细密的雨雾，针叶树与阔叶林交错生长，腐生的蕨类与凤梨科植物从枝干垂落，勾勒出朦胧的生态剪影。高海拔、低温与昼夜温差迫使瑰夏咖啡生长周期放缓，有利于物质积累，促成其标志性的柑橘酸质和茉莉花香。圣马尔塔雪山作为联合国生物圈保护区，原住民村庄散落在远处的山脊上，暗示着这里的咖啡文化与土著传统的密切关联。咖啡农场里采用遮阴栽培，咖啡树与香蕉、豆科植物混种，既固氮保土，又为候鸟提供栖息廊道。“向山妥协”的智慧劳作其实是人与山林共生的美好追求。骡蹄在小径上留下浅痕，阳光透过云雾间隙掠过咖啡树顶，每一粒风味独特的瑰夏咖啡，在此地须历经环境与时间的淬炼。

拍摄人：正谷联合创始人、中国有机产品认证工作组专家　张友廷

图片信息撰写：Cavell可持续咖啡联合创始人、Q Arabica Grader国际咖啡品质鉴定师　于瑶

目　录

1 全球有机农业概况①

2023年全球有机农业数据显示，有机行业正在稳步发展。全球有机农地面积增长至约9 885万公顷，其中拉丁美洲和加勒比海地区、欧洲、非洲显著增长，北美洲和大洋洲略有下降。然而，全球有机生产者数量减少了4%以上，主要源于印度和泰国的数量减少。贸易方面，全球各国对美国的有机产品出口量大幅上涨，而欧盟的进口量则有所下降。尽管面临经济压力与挑战，全球有机产品零售额在2023年增长至1 364亿欧元（表1-1）。

1.1 全球有机农地面积与生产者调查数据

1.1.1 全球有机农地面积约9 885万公顷，澳大利亚的有机农地面积最大

2023年，全球有约9 885万公顷的有机农地（包括处于转换期的土地）。有机农地面积最大的两个大洲分别是大洋洲（5 320万公顷，占全球有机农地面积的53.9%）和欧洲（1 950万公顷，19.7%）。拉丁美洲和加勒比海地区拥有1 030万公顷（10.4%），

① 本部分作者为Jan Trávníček、Bernhard Schlatter、Manuela Helbing和Helga Willer；译者为正谷（上海）农业发展有限公司广州分公司黎榛。

随后是亚洲910万公顷（9.2%）、非洲340万公顷（3.4%）和北美洲330万公顷（3.4%）。有机农地面积最大的国家是澳大利亚（5 300万公顷）、印度（448万公顷）和阿根廷（405万公顷）。

表1–1　全球有机农业重要指标和位居前列的国家/地区

指　标	全　球	位居前列的国家（地区）
具有有机认证数据的国家（地区）	2023年：188个国家（地区）	
全球有机农地面积	2023年：9 885万公顷 （2000年：1 500万公顷）	澳大利亚：5 300万公顷 印度：448万公顷 阿根廷：405万公顷
全球有机农地占比	2023年：2.1%	列支敦士登：44.6% 奥地利：27.3% 乌拉圭：25.4%
2022/2023年度全球有机农地面积增长	250万公顷（增长2.6%）	乌拉圭：831 287公顷（增长30.3%） 中国：522 267公顷（增长18.0%） 西班牙：316 550公顷（增长11.8%）
全球野生采集和其他非农业有机用地面积	2023年：3 020万公顷 （1999年：410万公顷）	芬兰：690万公顷 中国：290万公顷 印度：290万公顷
有机生产者	2023年：433万名生产者 （1999年：20万名生产者）	印度：2 358 267名生产者 乌干达：404 246名生产者 埃塞俄比亚：121 552名生产者
有机市场规模*	2023年：1 364亿欧元 （2000年：151亿欧元）	美国：590.0亿欧元 德国：160.8亿欧元 中国：126.5亿欧元
人均消费	2023年：17欧元	瑞士：468欧元 丹麦：362欧元 奥地利：292欧元
拥有有机法规的国家（地区）	2023年：75个（全面实施） 14个（起草中）	
IFOAM国际有机联盟会员机构	2023年：857个会员机构	德国：87个会员机构 印度：58个会员机构 中国：54个会员机构 美国：53个会员机构 意大利：32个会员机构

数据来源：2025年FiBL调查，来源于国家（地区）数据、认证机构数据及IFOAM国际有机联盟数据。

注：*由于统计方法不同，Ecovia Intelligence和FiBL统计的有机食品销售数据存在差异。根据Ecovia Intelligence的数据统计，2023年全球有机零售额超过1 304亿欧元。根据欧洲中央银行的数据，2023年1欧元相当于1.081 3美元。

1.1.2 全球有机农地占比为2.1%，列支敦士登的有机农地占比最高，接近45.0%

2023年，全球有2.1%的农业用地是有机农地。有机农地占比最高的两个大洲分别是大洋洲（14.1%）和欧洲（3.9%，欧盟为10.9%）。部分国家的有机农地占比远高于全球平均水平。其中，列支敦士登（44.6%）、奥地利（27.3%）和乌拉圭（25.4%）的有机农地占比最高。多达22个国家的有机农地占比超过10%。

1.1.3 2023年，全球有机农地面积增加250万公顷，非洲、拉丁美洲和加勒比海地区实现显著增长

2023年，全球有机农地面积较2022年增加250万公顷（增长2.6%），许多国家实现了显著增长。以绝对值计算，有机农地面积增长最多的是乌拉圭（831 287公顷，30.3%）、中国（522 267公顷，18.0%）和西班牙（316 550公顷，11.8%）。然而，也有部分国家的有机农地面积有所减少，其中缩减最多的是加拿大（28万公顷）和印度（26万公顷）。

2023年，非洲、拉丁美洲和加勒比海地区的有机农地面积较2022年显著增长。增长幅度最大的是非洲（增长24.4%，70万公顷），超过北美洲位列全球第四。绝对增长率最高的是拉丁美洲和加勒比海地区（增长10.8%，100万公顷），随后是欧洲（增长4.1%，80万公顷）。北美洲（减少7.7%，30万公顷）和大洋洲（减少0.02%，1.0万公顷）的有机农地面积则有所下降。

1.1.4 所有类型的有机农业用地均实现稳步增长

调查与统计中，取得了超过92%的有机农地详细使用与种植情况。一些拥有较大有机农地面积的国家，如巴西和印度，还缺少土地使用方面的详细信息。

全球超过2/3的有机农地是草原或牧区（超过6 850万公顷），这部分土地面积在2023年较2022年增加了1.2%。

季节性作物农地面积近1 620万公顷，占有机农地总面积的16.4%，相较于2022年增长了6.9%，主要用于种植谷物，包括水稻、青饲料作物、油料作物、纺织作物和干豆类作物。

多年生作物用地占有机农地总面积的6.8%，合计超过670万公顷，较2022年调查数据增长了8.5%，超过52.3万公顷。最主要的多年生作物是坚果、咖啡、橄榄、葡萄和可可。

1.1.5 其他类型的有机农地

除有机耕地外，还有部分有机农地归类在其他生产形式里，大部分是野生采集和养蜂业用地，其他非农业用地也包括水产养殖场、森林和天然牧区，这部分土地的总面积为3 020万公顷。全部类型的有机土地面积总计达到1.309亿公顷。

1.1.6 有机香蕉生产的机遇与挑战

香蕉是全球消费量最大的水果之一，因其价格低廉、方便快捷和营养丰富而备受青睐。2023年，全球有机香蕉种植面积超过10万公顷，厄瓜多尔、多米尼加和菲律宾的种植面积最大。然而，TR4镰刀菌和气候变化使其供应链面临重重挑战，尤其是主要的出口品种卡文迪什。有机农作方法能够使作物产生病虫害抗性，同时保护生物多样性并减少化学品投入。全球对有机香蕉和有机—公平贸易双认证香蕉的需求正在推动产业增长，预计市场规模将以每年11%的速度持续增长，在2029年达到27.1亿美元。小香蕉等特殊品种的新供应链凸显了该产业的创新性和与时俱进的能力。

1.1.7 2023年，全球有机生产者数量减少4%[①]

2023年，全球有机生产者数量减少至4 332 500名，较2022年减少了181 950名（下降4.0%）。亚洲依然拥有全球最多的有机生产者（59.5%），随后是非洲（22.4%）、欧洲（11.4%）、拉丁美洲和加勒比海地区（5.7%）。有机生产者数量最多的国家是印度（2 358 267名）、乌干达（404 246名）和埃塞俄比亚（121 552名）。全球有机生产者数量的大幅减少主要来源于印度（减少122 592名）和泰国（减少89 917名）。

1.2 全球有机市场与欧盟有机产品进口情况

1.2.1 全球有机市场销售额达到1 364亿欧元

2023年，全球有机食品与饮料销售额达到1 364亿欧元[②]。有机市场规模最大的

① 部分国家仅统计了公司、项目或农民组织的数目，其中可能包含多名个人生产者，由此可知有机生产者总人数应高于报告人数。

② 由于统计方法不同，Ecovia Intelligence和FiBL统计的有机食品销售数据存在差异。根据Ecovia Intelligence的数据统计，2023年全球有机零售额超过1 304亿欧元。2023年，1欧元相当于1.081 3美元。

国家是美国（590.0亿欧元）、德国（160.8亿欧元）和中国（126.5亿欧元）。最大的单一市场是美国（占全球市场的43.3%），随后是欧盟（464.7亿欧元，占全球市场的34.1%）和中国（占全球市场的9.3%）。人均消费最高的是瑞士，达到468欧元。有机市场份额最高的是丹麦（11.8%）、瑞士（11.6%）和奥地利（11.0%）。部分有机市场实现了小幅增长，包括欧洲（增长3.0%）和亚洲（增长2.9%）。全球最大的有机市场美国则增长了3.4%。

2023年，全球有机食品与饮料市场的增长主要来源于价格上涨，而非销量增加。全球销售额大部分来自北美洲和欧洲，其中美国是最大市场。通货膨胀和经济不确定性使市场增速放缓，尤其是欧洲和加拿大，而亚洲、拉丁美洲和非洲的新兴市场则扩大了其作为生产国和出口国的作用。人们对有机标准不统一的担忧依然存在，但需求依旧强劲，尤其是年轻消费者。

1.2.2 欧盟和美国有机产品进口情况

2023年，欧盟和美国合计进口了5 243 469吨有机产品，较2022年增长了7.1%。欧盟的总进口量减少了25万吨（下降9.1%），而美国的总进口量则增加了59万吨（增长27.4%，且尚未包括所有产品类型）。对欧盟和美国最主要的出口国是墨西哥（728 632吨）、厄瓜多尔（665 483吨）和秘鲁（302 826吨）。墨西哥的出口量显著增加（增加192 904吨），随后是土耳其（增加96 489吨）和加拿大（增加77 710吨）。而乌克兰（减少89 848吨，主要是大豆和玉米）、多米尼加（减少59 981吨，主要是香蕉）和巴拉圭（减少44 619吨，主要是糖）对欧盟和美国的出口量则显著减少。

进口量最大的有机产品是香蕉（1 250 628吨），其次是糖（500 733吨）和饼粕（408 874吨，主要是大豆饼粕），合计占有机产品进口总量的49%。进口量最大的国家是美国，其次是荷兰和德国，合计占比近76%。

1.2.3 生物动力—德米特国际联盟

生物动力—德米特国际联盟（BFDI）是由来自40个国家的53个从事生物动力学农业的组织构成的伞状组织，以德米特品牌共同推广生物动力农业。截至2024年，该联盟已在62个国家的26万公顷土地上建立了超过7 000个德米特认证农场。其中，生物动力葡萄栽培尤为突出，共有1 439个认证酒庄（合计26 556公顷），主要分布在法国、美国、智利和阿根廷。自2000年以来，德米特农场的数量增加了约4 000个，反映出全球对生物动力农业的关注日渐增长。同时，该联盟支持可持续农业的研究、培训、认证、营销和推广，近期在生物动力香蕉、橄榄油和葡萄酒庄方面有所扩展。

1.2.4 有机农业相关法规

Brahim和Figeczky指出，2024年全球各国政府加强了生态农业和有机农业政策，推动了可持续粮食系统的发展。欧洲在《欧洲绿色协议》的约束下推进了农药残留规则和认证框架的设立。非洲的生态农业战略在不断加强，但资金仍然有限。拉丁美洲和加勒比海地区推出了雄心勃勃的国家计划，而亚洲则优先发展气候韧性农业和有机农业。尽管取得了进展，但加大创新、协调预算和促进合作对于实现可持续发展目标仍至关重要。

1.2.5 参与式保障体系（PGS）

2024年，全球有343个PGS计划，涵盖超过129万公顷农地。拉丁美洲和加勒比海地区的PGS计划最多（149个，43%），而亚洲的认证农地面积最大（120万公顷）。非洲拥有53个PGS计划，随后是欧洲（28个）、大洋洲（18个）和北美洲（2个）。其中，79%的计划正在运营中，展现出全球对PGS作为有机农业认证工具的关注。

1.2.6 欧盟有机新规与小农户面临的挑战

欧盟第2018/848号有机法规以更严格的进口合规规则取代了有机认证等效协议，要求第三国生产商在2024年前达到欧盟有机标准。这给小农群体带来了巨大挑战，尤其是在非洲、亚洲和拉丁美洲，许多小农户必须进行重组才能符合标准，其增加的成本、更严格的认证和新的杀虫剂规定或将迫使部分农民退出欧盟市场，从而带来有机咖啡、可可和热带水果供应短缺的风险。

1.3 各区域有机农业概况

1.3.1 非　洲

2023年，非洲有机农业实现了显著增长，取得认证的有机农地面积大幅增长了24.4%（增加66.8万公顷，增长率为全球最高），达到3 403 319公顷。该区域拥有近

100万名有机生产者。乌干达是非洲有机农地面积最大（505 308万公顷）的国家，同时也拥有最多的有机生产者（404 246名）。圣多美和普林西比致力于在本土发展有机农业，有22.1%的农地用于有机农作物种植。非洲绝大部分的有机认证产品用于出口，主要包括油料作物（超过92%是大豆）、咖啡、坚果、纺织作物、可可和橄榄。

非洲生态有机农业倡议（EOA-I）在全球捐助者的支持下，在2024年取得了长足进步，惠及280万名农民，其中88.9%的农民采用生态有机农业方法。该组织制作了55种经过验证的农业资料，如土壤肥力和有机标准手册，并建立了32个参与式保障体系（PGS）小组，以促进当地有机市场的发展。有机农业和非洲有机农业知识中心（KCOA）惠及1 900万名农民和价值链参与者，以20多种语言向其数字平台上传了1 000余种资料，并在非洲各地举办了81场宣传活动。非洲有机网（AfrONet）主办了桑给巴尔有机节，共同组织了一次关于欧盟植物繁殖材料法规的会议，并推进了第六届非洲有机大会（AOC）的筹备工作。继2023年在卢旺达成功举办后，第六届非洲有机大会计划于2026年在赞比亚举行。非洲有机农业研究人员网络（NOARA）出版了第五届非洲有机大会的论文集，在4个国家开展生物多样性研究，并启动了计划于2025年举行的第二届非洲有机研究者大会的规划工作。

1.3.2 亚 洲

2023年，亚洲有机农地总面积超过910万公顷，拥有约260万名有机生产者，占全球有机生产者总数的59%。印度在亚洲有机农地面积最大（448万公顷，同时有机生产者数量也最高），随后是中国（超过340万公顷）和哈萨克斯坦（20万公顷）。有机农地占比最高的是东帝汶（9.2%），其次是印度和斯里兰卡（均为2.5%）。

2024年至2025年年初，在各个国家和地区倡议的推动下，亚洲整体的有机农业取得了重大进展。中国实施了超过160项地方政策促进有机农业发展，并创纪录地发放了50亿张有机产品标签，彰显了政府的大力支持。印度推出了新的有机认证标准，升级了可追溯系统，并宣布计划在2025年前推出全国统一的有机标志，以加强其监管框架。在有机牲畜强制认证以及地方政府在学校和社区积极开展有机消费相关计划的助推下，日本获认证的有机农地面积增长至300万公顷。印度尼西亚启动了首个有机奶制品计划，并通过YESS计划鼓励青年在有机农业领域创业。蒙古国计划在2025年实施《有机产品法》，其目标是在2030年实现有机产品占农业产出的5%。沙特阿拉伯通过综合支持系统和国际伙伴关系推进有机橄榄种植。此外，IFOAM亚洲有机联盟在中国注册成为非政府组织（NGO），启动了国际沙漠与旱地有机农业网络（DOAN），并计划于2025年举办第一届亚洲有机节。这些举措彰显了亚洲通过强有力的政策支持、创新计划和国际合作，对有机农业日益增长的承诺。

1.3.3 欧 洲

截至2023年年底，欧洲有494 624名有机生产者（欧盟为434 577名）管理着超过1 950万公顷的有机农地（欧盟为1 770万公顷）。欧洲的有机农地占比为3.9%（欧盟为10.9%），较2022年同比增加了77万公顷（增长4.1%），欧盟则增加了62万公顷（增长3.6%）。欧洲有机农地面积最大的国家是西班牙（299万公顷），其次是法国（277万公顷）和意大利（246万公顷）。16个国家的有机农地占比超过10%，其中，列支敦士登居首位（44.6%），其次是奥地利（27.3%）和爱沙尼亚（22.9%）。2023年，欧洲有机产品零售总额为547.36亿欧元（增长3%），欧盟为464.87亿欧元（增长2.9%）。欧洲最大的有机市场是德国，其零售总额为160.8亿欧元，其次是法国（120.8亿欧元）和瑞士（41.9亿欧元）。

2023年，欧盟有机农产品进口量下降了9.1%，从2022年的273万吨降至248万吨（减少247 456吨），是2018年以来的最低水平，主要由于动植物油脂、油料作物、糖和非热带水果进口量的缩减。尽管干豆类、谷物和饲料的进口量有所增加，仍不足以抵消进口量总额的减少，通货膨胀、供应链中断、气候变化影响、消费者行为和市场动态变化等多方面因素导致市场需求下降。

尽管消费者的兴趣日益增长，有机水产养殖仍然是一个利基市场。欧洲的有机水产养殖占其水产养殖总量的6.7%，主要生产贻贝、鲑鱼和鳟鱼。监管限制、高成本和有限的有机投入品对行业增长构成挑战。消费者的积极态度以及由环境和道德问题驱动的市场需求使行业增长颇具潜力。为实现欧盟“从农场到餐桌”战略的目标，有针对性的政策、激励措施和公众意识至关重要。

2024年，欧盟有机政策重点关注产品进口，有4项新法规涉及第三国经营者从等效到合规的过渡，将于2025年1月生效。除已有贸易协定的国家（如智利、英国）外，欧盟正在与阿根廷、加拿大和美国等主要贸易伙伴重新谈判等效协定。《欧洲绿色协议》引起了关于如何平衡环境目标与市场竞争力的辩论。欧盟农业未来战略对话强调在发展可持续农业的同时，确保农民生计。在欧洲有机食品和农业技术平台（TP Organics）的倡导下，有机农业研究通过欧洲地平线计划的资助以及欧洲土壤协议和农业生态伙伴关系等倡议得到了推进。在匈牙利举行的欧洲有机大会和TP Organics的有机创新日等活动强调了有机部门在应对气候、生物多样性和粮食系统的挑战方面起到关键作用。然而，欧盟共同农业政策（CAP）生态计划和国家战略并未显示出足够的雄心壮志，以实现欧盟2030年前有机农地占比达到30%的目标。2025年将为行业带来关键政策和资金决策。

若要实现欧盟“从农场到餐桌”战略的目标，即2030年前有机农地占比达到25%，则需要在目前10.9%（1 770万公顷）的基础上实现大幅增长。市场和政策支持是关键，但挑战依然存在，包括共同农业政策（CAP）资金不足和各国目标不均衡。有机行动计划和供需政策提供了可能，但仍需要更有力的改革、合作和创新。欧盟有机目标（OrganicTargets4EU）项目探讨了如何缩小目标差距的战略，预计在2026年前取得成果。农业知识与创新系统（AKIS）的改革和公众参与至关重要。

1.3.4 拉丁美洲和加勒比海地区

2023年，拉丁美洲和加勒比海地区有249 095名有机生产者管理着1 030万公顷的有机农地，占该地区农地总面积的1.6%，全球有机农地总面积的10.4%。该地区有机农地面积最大的国家是阿根廷（405万公顷），其次是乌拉圭（360万公顷）和巴西（100万公顷）。有机农地占比最高的国家（地区）是乌拉圭（25.4%），其次是法属圭亚那（13.0%）和多米尼克（11.6%）。许多拉丁美洲国家依旧是有机香蕉、咖啡、番茄和大豆等产品的重要出口国。

1.3.5 北美洲

2023年，北美洲有335万公顷的有机农地，其中美国有机农地面积为206万公顷，加拿大为129万公顷，合计占该地区农地总面积的0.7%。北美洲的有机市场销售总额达到639.2亿欧元。

有机贸易协会（OTA）于2024年开展的行业调查结果显示，美国有机食品销售总额达到590亿欧元（638亿美元）。该国有206万公顷的有机农地，占比为0.5%。2024年，美国有机行业在监管、经济和市场方面都发生了重大变化。《加强有机执法最终规则》改善了欺诈预防和可追溯性，要求进出口商进行认证并提供电子进口证书。新的有机畜禽生产标准对动物福利提出了更高的要求，预计在2029年前全面达标。通货膨胀和成本上升给农民带来了挑战，美国农业部因此推出了8 500万美元的有机市场开发补助金和有机乳制品营销援助计划等举措。在信任美国农业部有机标签的“千禧一代”和

“Z世代”消费者的推动下，2023年美国有机食品销售额达到创纪录的638亿美元（590亿欧元）。在政府推广资金的支持下，美国有机食品出口有所增长，亚洲、拉丁美洲和非洲的进口需求也在增加。尽管美国《农业法案》存在不确定性，新政府上台后政治局势也发生了变化，但行业仍表现出了韧性，在加强监管与全球市场机遇和消费者的持续需求之间取得了平衡。

2023年，加拿大的有机市场蓬勃发展，销售总额达到61.3亿欧元（90.1亿加元），有机食品与饮料市场自2020年以来增长了10.1%，达到48.8亿欧元（71.8亿加元）。尽管需求强劲，但认证生产者却减少至7 558名（下降2%），这反映出维持经营方面所面临的挑战。有机枫产量增长了21%，而有机牧场则缩减了29%。加拿大的有机产品出口总额达到4.655亿欧元（6.846亿加元），其中魁北克省占比47%，主要得益于枫糖浆（较2022年增长了131.9%）。政策方面，加拿大修订了与日本的有机等效协议（增加酒精饮料），并与韩国签署了一项新协议。同时，率先试行美国农业部更加严格的有机进口要求，促进了两国贸易的平稳过渡。这些努力凸显了加拿大在全球有机市场上的适应力和日益增长的地位。

1.3.6 大洋洲

2023年，大洋洲有15 575名有机生产者管理着5 320万公顷的有机农地，占该地区农地总面积的14.1%，全球有机农地的53.9%。大洋洲99.6%的有机农地位于澳大利亚（5 300万公顷），其次是新西兰（79 347公顷）和萨摩亚（41 307公顷）。大洋洲有机农地占比最高的国家（地区）是萨摩亚（14.6%），其次是澳大利亚（14.6%）、法属波利尼西亚（9.3%）、所罗门群岛（6.3%）和斐济（4.1%）。

2024年，澳大利亚有机产业面临本土监管缺失带来的挑战，这种监管缺失损害了消费者的信任和出口潜力。有机发展集团推动制定强制性标准，并最终出台了《2024年国家有机标准法案》，旨在建立统一的认证框架，解决“漂绿”问题。北部贸易报告强调了通过统一标准、财政支持和贸易援助促进有机产品贸易的增长，尤其是与东南亚地区贸易的增长。尽管澳大利亚拥有5 320万公顷经认证的有机土地（占全球有机农地面积的一半以上），但其销售额仅占全球有机产品销售额的1.3%，仍有增长空间。行业通过游说工作和公开听证会积极发声，而加强数据收集仍是推动和巩固澳大利亚在全球有机行业领导地位的关键所在。

2023年，太平洋诸岛国通过政策举措推进有机农业，培训了49名有机审计员，并扩大了参与式保障体系（PGS），现有2 000多名种植者参与其中。法属波利尼西亚的农业普查使用了全球首创的TAPE法分析有机农业。该地区依旧面临重重挑战，包括高昂的认证费用和欠发达的价值链。有机示范农场和PROTÉGÉ等项目促进了生态农业的发展，同时，本土市场随着获得PGS认证产品的增加和旅游需求而增长。

1.4 全球有机市场：逆流而上

IFOAM国际有机联盟执行主任Ravi R. Prada写道，尽管面临全球性挑战，有机行业在2023年表现出了顽强的生命力，全球有机农地面积增长了2.6%，其中非洲增长24.4%，超过了北美洲。有机产品零售额也在稳步增长。IFOAM国际有机联盟推进了其十年战略，主办了第二十一届世界有机大会，并在全球范围内倡导支持有机产品的政策。主要举措包括在亚洲和非洲开展能力建设项目，促进合作，将有机产品定位为气候、健康和食品系统解决方案的核心等。

1.5 瑞士有机农业研究所（FiBL）下一年度的全球有机农业调查

下一年度的全球有机农业调查将于2025年年中开始，数据结果将于2026年2月公布，并在2026年BIOFACH纽伦堡国际有机产品博览会发布。瑞士有机农业研究所（FiBL）将联系所有相关专家，并对提供数据的专家表示感谢。若在本书中发现任何有关数据的错误，请告知我们，FiBL将更正数据库中的信息，并在《2026年世界有机农业概况与趋势预测》年鉴中提供更正后的数据。更正后的数据也将发布在www.organic-world.net网站上。

联系方式：helga.willer@fibl.org

2 全球有机农业现状

2.1 全球有机农地面积、从业者、零售额和国际贸易①

第二十六次全球范围内的有机农业认证调查由瑞士有机农业研究所（FiBL）联合全球合作伙伴共同完成，调查结果由FiBL和IFOAM国际有机农业运动联盟联合发布。本次调查获得来自瑞士联邦经济事务秘书处（SECO）、瑞士COOP可持续发展基金、Bio Suisse以及纽伦堡国际博览集团②的支持。

本次调查获得了来自188个国家（地区）的数据，涵盖以下数据指标：有机农地面积、生产者和其他类型经营者、零售额和进出口贸易。

本次调查的数据共由超过200个专业组织及个人提供。数据的收集工作由政府部门、民间组织、认证机构及市场调研公司共同完成。其中，特别感谢以下国际认证

① 本部分作者为Bernhard Schlatter、Jan Trávníček、Manuela Helbing和Helga Willer；译者为正谷（上海）农业发展有限公司广州分公司黎榛。

② 纽伦堡国际博览集团是纽伦堡国际有机产品博览会（BIOFACH）的组织者，位于德国纽伦堡。自2000年开始，该机构资助了历年全球有机农业的数据收集以及世界有机农业统计年鉴的出版。

机构，他们提供了多个国家的数据：ACO Certification、BioInspecta、Bioagricert、CCPB、CERES、Certisys、Control Union、Ecocert、Mayacert、Ecoglobe、Ekoagros、Imocert、Kiwa BCS Öko-Garantie GmbH、LETIS、NASAA Certified Organic（NCO）、Organic Agriculture Certification Thailand（ACT）、Organización Internacional Agropecuaria（OIA）、OneCert和Quality Certification Services（QCS）。

本次调查与美洲有机农业委员会（CIAO）的合作在很大程度上减轻了拉丁美洲和加勒比海地区数据收集的压力。地中海国家的数据由地中海有机农业网络（MOAN，巴里地中海农业研究所）提供。太平洋岛国的数据由太平洋有机和道德贸易社区（POET.com）提供。此外，欧盟统计局（Eurostat）也是诸多国家数据的重要来源。

2.1.1 有机农地

2.1.1.1 有机农业用地

2023年，全球有机农地面积为9 885万公顷①，占农地总面积的2.1%，较2022年增加了250万公顷，增长2.6%。大洋洲的有机农地面积最大，为5 320万公顷，随后依次是欧洲（1 950万公顷）、拉丁美洲和加勒比海地区（1 030万公顷）、亚洲（910万公顷）、非洲（340万公顷）和北美洲（335万公顷）。

全球有机农地的53.9%位于大洋洲。多年来，欧洲的有机农地面积一直保持稳定增长，占比19.7%。拉丁美洲和加勒比海地区的占比为10.4%（图2-1）。

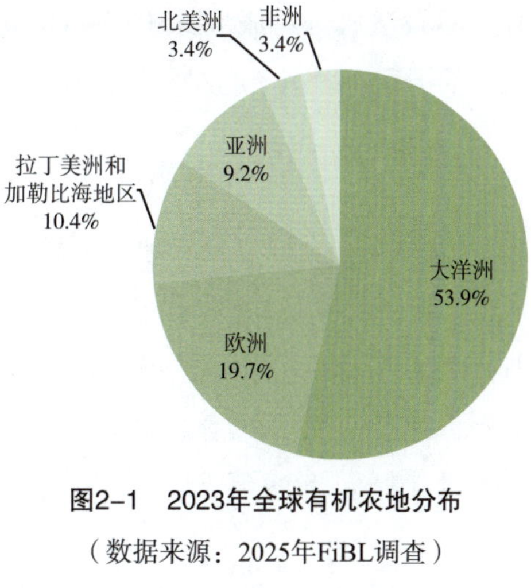

图2-1 2023年全球有机农地分布

（数据来源：2025年FiBL调查）

有机农地面积最大的国家是澳大利亚。据估计，该国99%的有机农地是广阔的牧区。印度位居第二，其次是阿根廷（图2-2）。位列前十的国家有机农地面积合计为8 071万公顷，占全球有机农地总面积的82%。除了农业用地外，其他用途的有机用地（如野生采集区域）约为3 020万公顷。

① 该数据包含尚处于转换期的农地，然而，有许多国家未能提供转换期农地的相关数据。

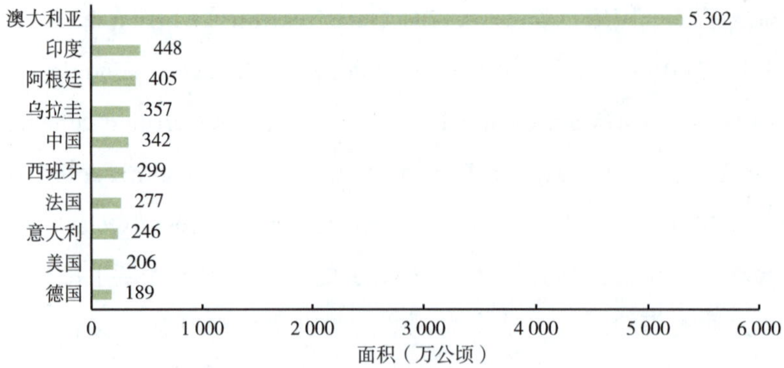

图2-2　2023年有机农地面积位列前十的国家

（数据来源：2025年FiBL调查）

2.1.1.2　有机农地占比

2023年，全球有机农地面积占农地总面积的2.1%。按照地区划分，有机农地占比最高的是大洋洲（14.1%），随后是欧洲（3.9%）以及拉丁美洲和加勒比海地区（1.6%）。欧盟的有机农地占比为10.9%。而在其他区域，有机农地占比不足1%。

许多国家（地区）的有机农地占比相对较高。有22个国家（地区）有机农地面积占比超过10%，大部分位于欧洲。有机农地占比最高的国家是列支敦士登，拥有近45%的有机农地。值得注意的是，许多岛屿地区拥有很高的有机农地占比，如圣多美和普林西比以及法属圭亚那（图2-3）。但是，在能够获得相关数据的国家（地区）当中，有55%的国家（地区）有机农地占比不到1%。

2.1.1.3　有机农地增长

2023年，全球有机农地面积较2000年（1 400万公顷）增长了近7倍，较2022年增长了250万公顷（2.6%）。除北美洲和大洋洲外，其他大洲的有机农地面积均有所增加。绝对增长值最高的是拉丁美洲和加勒比海地区（增长10.8%，增加100万公顷），其次是欧洲（增长4.1%，增加77万公顷）和非洲（增长24.4%，增加70万公顷）。北美洲（下降7.7%，减少30万公顷）和大洋洲（下降0.02%，减少10 123公顷）则有所下降。

部分国家的有机农地面积显著增长，主要包括乌拉圭（增长30.3%，增加超过80万公顷）、中国（增长18.0%，增加超过50万公顷）和西班牙（增长11.8%，增加超过30万公顷）。

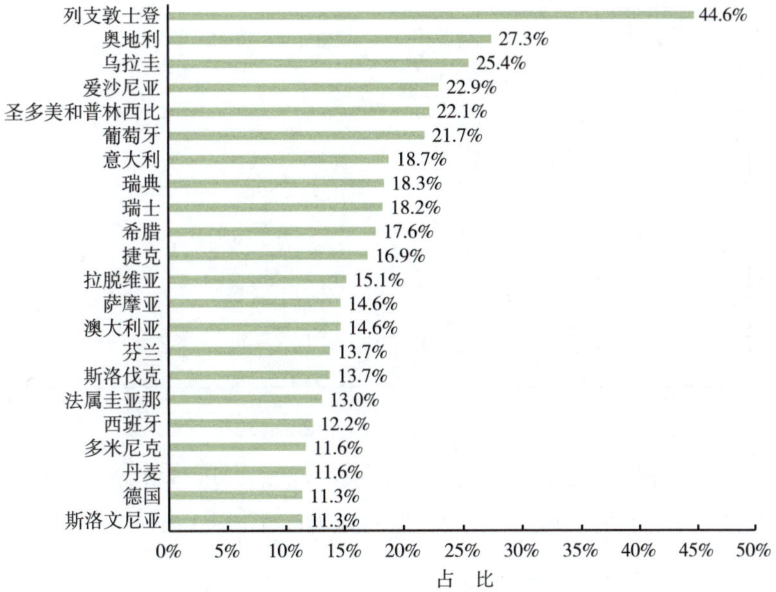

图2-3　2023年有机农地占比10%以上的国家（地区）

（数据来源：2025年FiBL调查）

78个国家（地区）的有机农地面积有不同程度的增加，同时也有57个国家（地区）的有机农地面积有所减少，另有34个国家（地区）的有机农地面积没有变化或未收到新的数据。图2-4至图2-6展示了历年数据，由于FiBL数据库的数据有部分修订和增加，故后续图表展示的往年数据可能与往年发布的数据有出入。

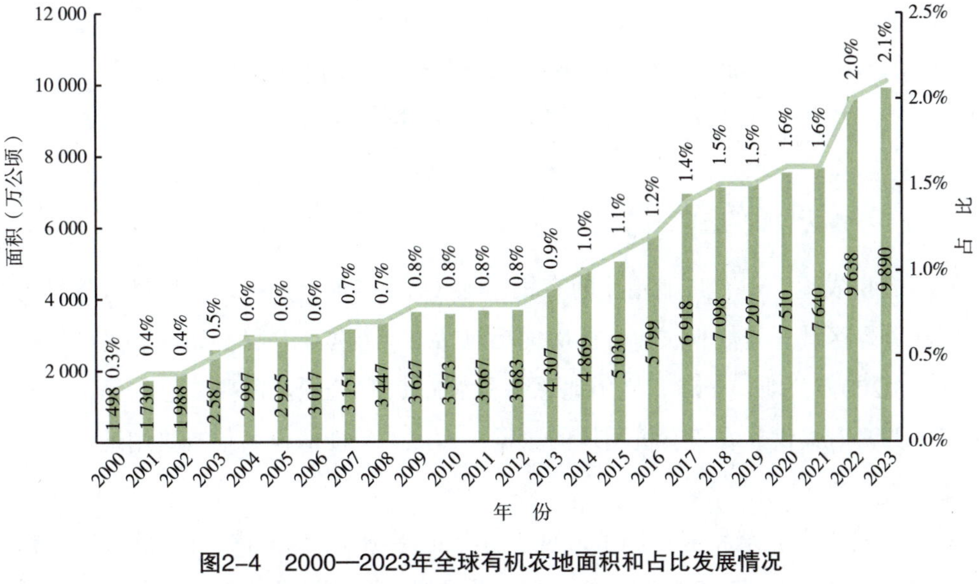

图2-4　2000—2023年全球有机农地面积和占比发展情况

（数据来源：2002—2025年FiBL-IFOAM-SOEL调查）

图2-5　2003—2023年全球各区域有机农地发展情况

（数据来源：2005—2025年FiBL-IFOAM-SOEL调查）

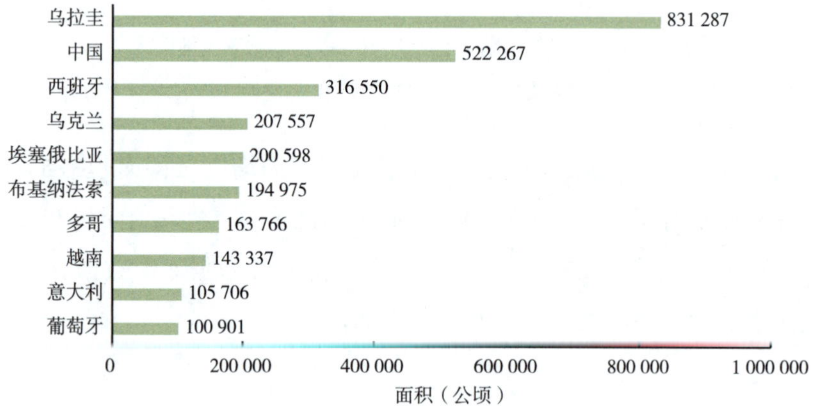

图2-6　2023年全球有机农地增长量位列前十的国家

（数据来源：2025年FiBL调查）

2.1.1.4　其他用途的有机用地

除了有机农地，还有其他用途的有机用地（图2-7）。其中，占比最大的是野生采集区域和养蜂区域。其他非农业有机用地还包括水产养殖、林区和牧场。这些区域的总面积达到3 200万公顷，全球有机用地总面积为1.308亿公顷。需要注意的是，很多国家（地区）并没有提供非农业有机用地的数据。因此，只能假设其他有机用地的数据是不完整的。

对于有机水产养殖和蜜蜂养殖来说，其他的指标（产量和蜂箱数量）比面积更有参考价值，而且有机水产养殖和蜜蜂养殖的重要性无法用面积来衡量。尽管可以获得部分地区有机水产养殖的数据，但应当指出，这些数据并不完整。

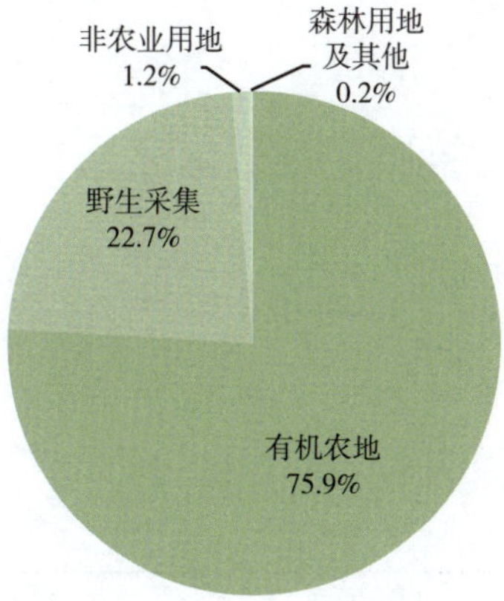

图2-7 2023年全球不同用途的有机农地面积分布情况

（数据来源：2025年FiBL调查）

2.1.2 有机生产者和其他类型经营者

2.1.2.1 有机生产者

2023年，全球有超过430万名有机生产者。根据所获得的数据，超过93%的生产者分布在亚洲、非洲和欧洲（图2-8）。有机生产者最多的国家是印度，其次是乌干达和埃塞俄比亚（图2-9）。相较于2022年，2023年全球有机生产者数量减少超过18.1万名，下降4.0%。欧洲和北美洲的有机生产者数量有所增加，非洲、亚洲、拉丁美洲和加勒比海地区、大洋洲则有所下降。

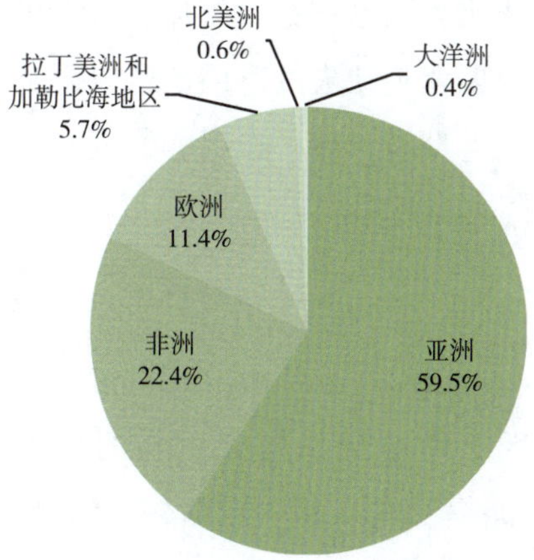

图2-8 2023年全球有机生产者分布情况

（数据来源：2025年FiBL调查）

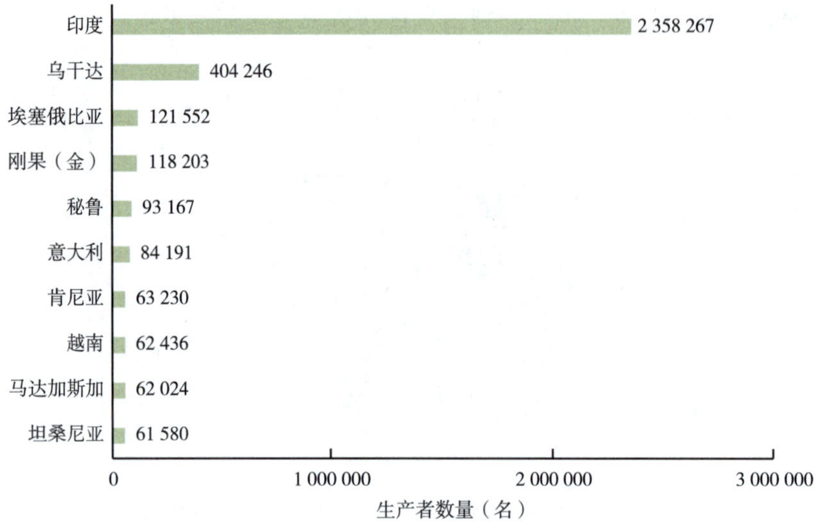

图2-9　2023年全球有机生产者数量位列前十的国家

（数据来源：2025年FiBL调查）

一些国家由于存在以下情况而难以获得有机生产者的准确数量：①仅报告公司、项目或者种植者团体的数量，其中可能包含许多个体生产者；②不提供有关生产者数量的数据；③拥有野生采集区的国家（地区），其统计数据包含了采集者的数量；④提供了每种作物的生产者数量，种植多种作物的生产者有可能被重复计算。因此，关于生产者数量的数据需要谨慎看待，有机生产者的总数量预计应高于报告统计数据。

2.1.2.2　其他类型经营者

根据其他类型经营者的有关数据，全球有超过13万名加工者和约10 400个进口商，大多数位于欧洲。然而，并非所有国家都报告了加工者、出口商、进口商或其他类型经营者的数量。例如，美国的数据就是缺失的，因此可以假定加工商、进口商和出口商的数量远远高于统计数据。其他类型经营者还包括养蜂人、小农户团体、水产养殖企业及采集者（野生采集）。

2.1.3　进出口数据

越来越多的国家（地区）能够提供国际贸易的相关数据（进出口量或进出口额）。许多国家（地区）未能提供进口相关数据，但欧盟自2018年起开始收集进口数据。美国有机产品进口数据（交易额和交易量）可在美国农业部（USDA）网站上查询，需要注意的是，美国有机产品进口数据尚未涵盖所有商品。

2.1.3.1 欧盟和美国的有机产品进口量合计超过524万吨

2023年，欧盟有机产品进口量达247万吨，美国达277万吨，较2022年合计增长了7.1%，近34.8万吨。然而需要指出的是，欧盟的进口量减少了247 456吨，下降9.1%，而美国的进口量则增加了595 249吨，增长27.4%。

2.1.3.2 墨西哥是最大出口国

2023年，墨西哥是向欧盟和美国出口有机产品最多的国家（728 632吨），其次是厄瓜多尔（665 483吨）和秘鲁（302 826吨）。

2.1.3.3 墨西哥、土耳其和加拿大的出口量大幅增加

2023年，对欧盟和美国出口量较2022年增加最多的国家是墨西哥（增加192 904吨，增长36.0%），其次是土耳其（增加96 489吨，增长58.6%）和加拿大（增加77 710吨，增长36.3%）。

2.1.3.4 欧盟和美国从乌克兰、多米尼加和巴拉圭的进口量大幅下降

2022—2023年，欧盟和美国有机产品进口量减少最多的出口国是乌克兰（减少89 848吨，下降32.9%），其次是多米尼加（减少59 981吨，下降23.5%）和巴拉圭（减少44 619吨，下降41.4%）。

2.1.3.5 香蕉、糖和饼粕是最主要的进口产品

2023年，香蕉、糖和饼粕占有机产品进口总量的41%。其中，香蕉的进口量为1 250 628吨，糖为500 733吨，饼粕为408 874吨。

2.1.3.6 蔬菜和饼粕的进口量有所增加

与2022年相比，2023年进口量增长最多的有机产品品类是新鲜蔬菜，主要是美国从墨西哥进口的蔬菜（增加188 505吨，增长108%），以及饼粕（增加185 776吨，增长83%，主要是来自中国、多哥、印度和埃塞俄比亚的大豆饼粕）。与此同时，进口量有所下降的品类是油料作物（减少150 653吨，下降28%，主要是从乌克兰、阿根廷和多哥进口的大豆）、燕麦（减少44 775吨，下降50.8%，主要源自爱沙尼亚和加拿大）和可可（减少16 577吨，下降23%）。

2.1.3.7 美国、荷兰和德国是最大的进口国

约81%的有机产品通过前三大进口国进口到欧盟和美国。2023年，美国有机产品进口总量为280万吨（占欧盟与美国进口总量的53%），其次是荷兰（80万吨，15%）和德国（42万吨，8%）。荷兰是有机进口商品的重要分销国。

2.1.4 零售额[①]

本部分展示了在FiBL有机农业调查框架下统计的与国家（地区）相关的市场数据。但由于汇率波动，将难以进行逐年对比。

在拥有有机数据的国家（地区）中，共有44个国家（地区）提供了零售总额数据，约占25%，许多从事有机农业活动的国家（地区）未能提供零售额数据。

根据FiBL调查，2023年全球有机产品零售总额接近1 360亿欧元。有机食品市场最大的国家是美国（590亿欧元），其次是德国（161亿欧元）、中国（126亿欧元）和法国（121亿欧元）（图2-10和图2-11）。最大的单一市场是美国，其次是欧盟（465亿欧元）和中国。按区域划分，北美洲领先（639亿欧元），其次是欧洲（547亿欧元）和亚洲（155亿欧元）（图2-12）。

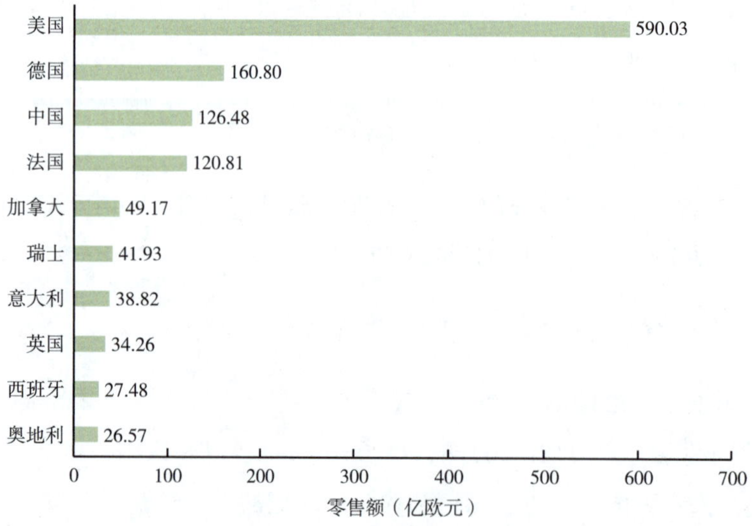

图2-10　2023年全球有机市场零售额位列前十的国家

（数据来源：2025年FiBL-AMI调查）

① 由于统计方法的差异，本部分内容的部分数据与Ecovia Intelligence收集的数据有所不同。

在可获得2023年数据的国家（地区）中，有11个国家（地区）的有机市场有所增长。爱沙尼亚是增长最快的国家（增长13.0%），其次是荷兰（增长12.5%）和比利时（增长9.0%）。自2017年以来，印度首次更新了其有机市场数据。

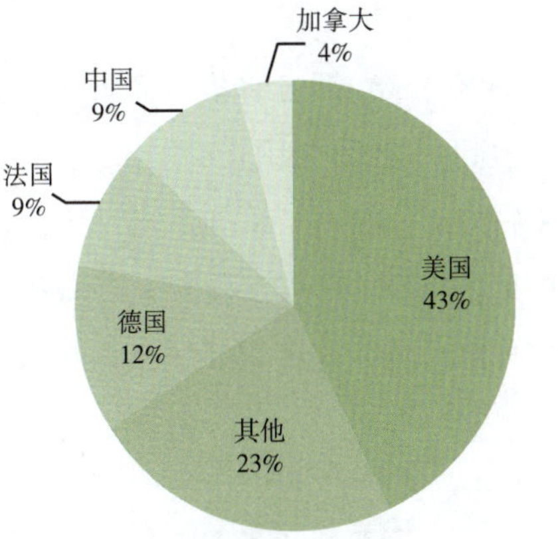

图2-11 2023年各国家（地区）有机食品零售额分布

（数据来源：2025年FiBL-AMI调查）

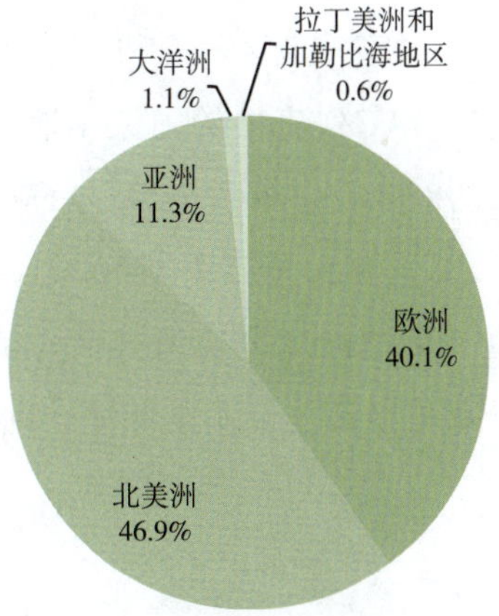

图2-12 2023年有机食品零售额的区域分布

（数据来源：2025年FiBL-AMI调查）

按区域划分，有机食品人均消费额最高的是北美洲（170.4欧元），而按国家划分，欧洲国家的人均消费额最高。2023年，瑞士是全球有机食品人均消费额最高的国家（468欧元），其次是丹麦（362欧元）、奥地利（292欧元）和卢森堡（228欧元）（图2-13）。从有机市场的市场份额来看，领先的是丹麦（11.8%），其次是瑞士（11.6%）和奥地利（11.0%）。

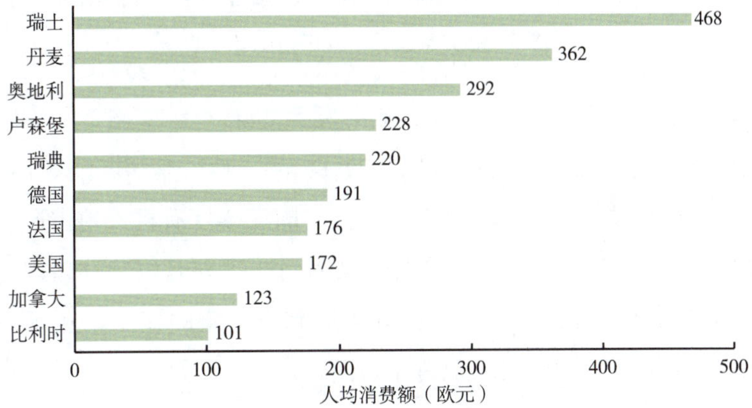

图2-13 2023年全球有机食品年人均消费额位列前十的国家

（数据来源：2025年FiBL-AMI调查）

2.1.5 发展中国家和新兴市场的有机农业

经济合作与发展组织发展援助委员会（OECD-DAC）是研讨发展中国家援助、发展和减贫问题的组织。本部分研究了根据发展援助委员会清单[①]获得官方发展援助（ODA）的国家（地区）有机农业概况。

出现在DAC列表中的国家（地区）合计拥有超过380万名有机生产者（占有机生产者总数量的88%），约占全球1/5的有机农地，达到1 980万公顷。

DAC列表中的国家（地区），有近一半（46%）的有机农地位于亚洲（900万公顷）、拉丁美洲和加勒比海地区（640万公顷）、非洲（340万公顷）。有机农地面积最大的国家（地区）依次是印度、阿根廷、中国和巴西。这些都是国土面积较大的国家（图2-14）。

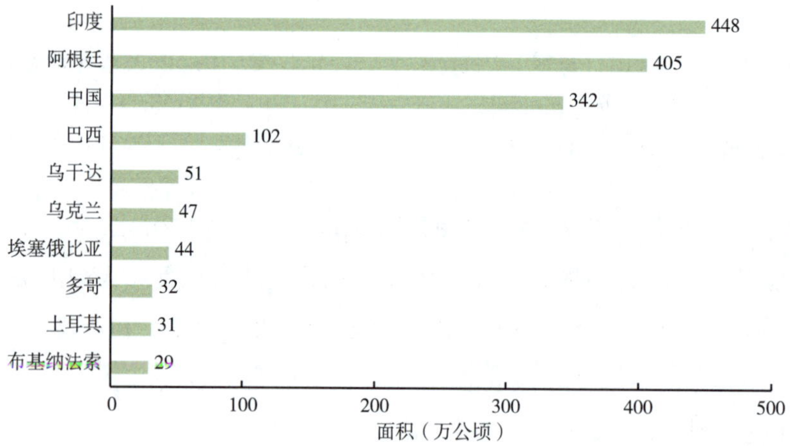

图2-14 DAC列表中2023年全球有机农地面积位列前十的国家

（数据来源：2025年FiBL调查）

然而，当涉及有机农地占比时，排名就会发生变化（图2-15）。在DAC列表中，有机农地占比最高的是圣多美和普林西比（21.1%），随后是萨摩亚（14.6%）和多米尼克（11.6%）。DAC列表中有机农地面积最大的国家印度有机农地占比为2.5%。有机农地占比最高的10个DAC国家与许多欧洲国家相当，主要是因为这些国家拥有较大的生产潜力且对出口格外重视，一些支持措施也起到了一定的作用。然而，DAC列表中只有约30%的国家（地区）的有机农地占比超过1%。

---

① 在经济合作与发展组织（OECD）网站上，可查询发展援助委员会（DAC）列出的国家（地区）名单，网址为http://www.oecd.org/dac/stats/daclist.htm。

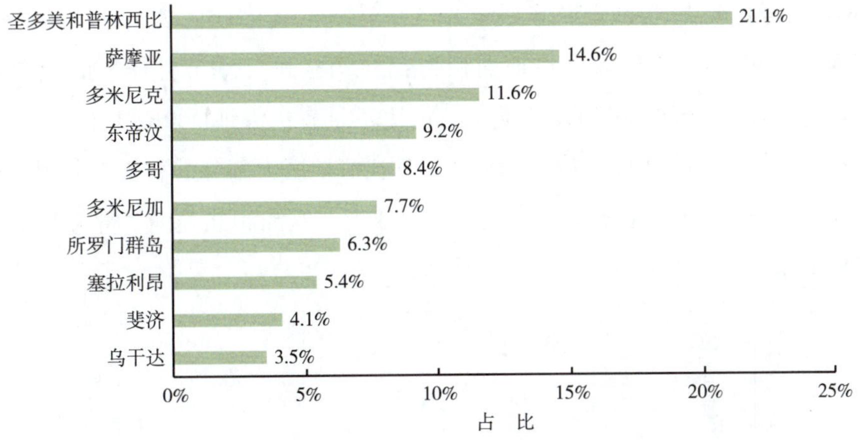

图2-15 DAC列表中2023年全球有机农地占比位列前十的国家

（数据来源：2025年FiBL调查）

DAC列表中超过72%的国家（地区）拥有详细的有机农地利用信息，但是，一些较大的生产国（印度和巴西）未能提供其作物的相关数据。现有统计数据显示，有机季节性作物农地面积占有机农地总面积的近33%，有机草场（牧区）近19%，有机多年生作物农地占比超过20%。

出口对DAC国家（地区）来说至关重要，欧盟和美国进口的有机产品有88%来自DAC列表中的国家（地区）。出口量最大的产品包括香蕉、糖、饼粕、大豆、蔬菜和咖啡。非洲最主要的出口产品是大豆、饼粕（主要是大豆饼粕）、植物油（主要是橄榄油）和香蕉；亚洲最主要的出口产品是饼粕、水稻和糖；拉丁美洲最主要的出口产品是香蕉、糖、蔬菜和咖啡。

2.1.6 有机农业用地的利用类型和主要商品形式

调查数据中，92%的有机农地拥有基本的土地利用信息，然而，由于部分国家（地区）未能提供作物相关数据（如巴西和印度），部分区域没有详细的作物信息①。

① 对于某些国家（地区），只能获得土地主要利用类型的资料［季节性作物用地、多年生作物用地和多年生草场（牧区）］；对于其他国家（地区），则可以获得非常详细的土地利用统计信息。本次调查在使用联合国粮食及农业组织（FAO）土地利用类型分类方法的基础上，稍做了调整。农作物分类则使用了类似于欧盟统计局（Eurostat）作物分类的统计系统。土地利用类型数据主要根据以下主要类别进行分类：季节性作物用地、多年生作物用地、无更多具体信息的耕地（耕地包含季节性作物用地和多年生作物用地）、多年生草场（牧区）、其他农业用地（如树篱）和完全没有任何详细信息的农业用地。水产养殖、林地和有放牧活动的非农业用地在此用一个单独的类别与农业用地区别开来，有机野生采集区和养蜂区也是如此。更多信息查询请登录FAOSTAT官方网站http://faostat.fao.org查询。

2023年，全球有机农地总面积为9 885万公顷，其中超过2/3是多年生草场（牧区），其面积超过6 850万公顷。耕地面积为2 290万公顷（季节性作物面积和多年生作物面积分别为1 620万公顷和670万公顷），占比不足有机农地面积的1/4。

按地理区域划分，大洋洲、拉丁美洲和加勒比海地区大部分的有机农业用地是多年生草场（牧区），非洲大部分是多年生作物用地，亚洲、欧洲和北美洲大部分是季节性作物用地（图2-16）。

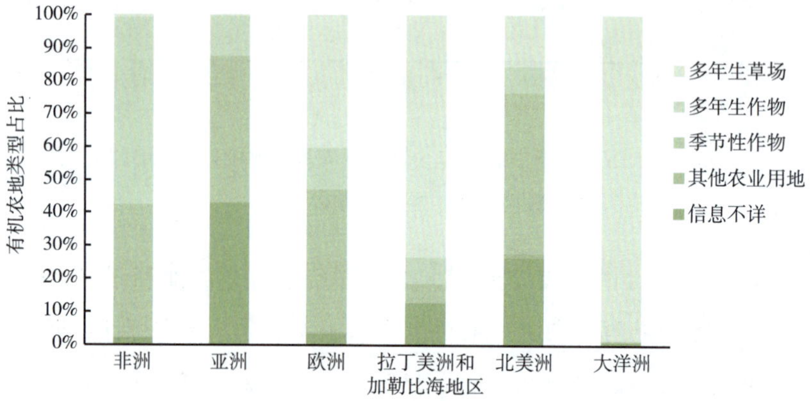

图2-16　2023年全球各区域有机农地使用类型分布比例

（数据来源：2025年FiBL调查）

全球最重要的季节性作物是谷物、青饲料作物和油料作物，最重要的多年生作物是坚果、咖啡和橄榄（图2-17）。

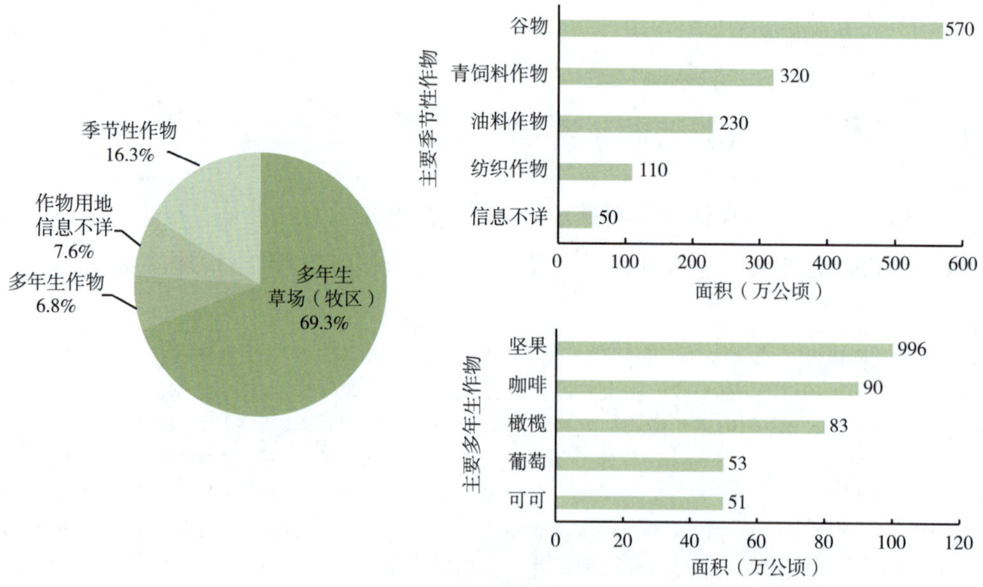

图2-17　2023年全球主要有机农地类型及作物种类

（数据来源：2025年FiBL调查）

2022—2023年，季节性作物、多年生作物和多年生草场（牧区）三种主要利用类型的作物面积均有所增长（图2-18）。其中，季节性作物面积增长了6.9%，多年生作物面积增长了8.5%，多年生草场（牧区）面积增长了1.2%。

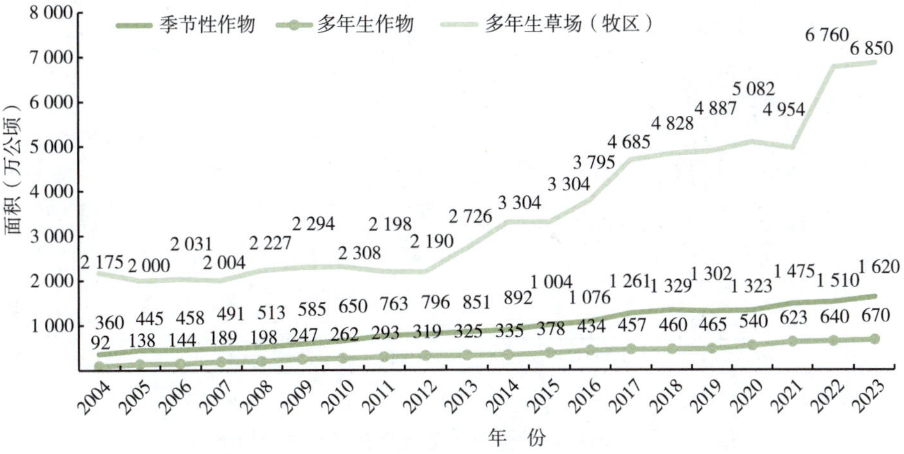

图2-18　2004—2023年全球主要农地利用类型发展情况

（数据来源：2006—2025年FiBL调查）

2.1.6.1　季节性作物用地

全球有机季节性作物用地总面积近1 620万公顷，占有机农地总面积的16.3%，季节性作物用地面积的1.2%，较2022年增加了6.9%。52.3%的季节性作物用地位于欧洲，其次是亚洲（25.0%）和北美洲（10.0%）（图2-19）。大部分季节性作物用地用于种植谷物（573万公顷），其次为青饲料作物（315万公顷）和油料作物（227万公顷）（图2-20）。

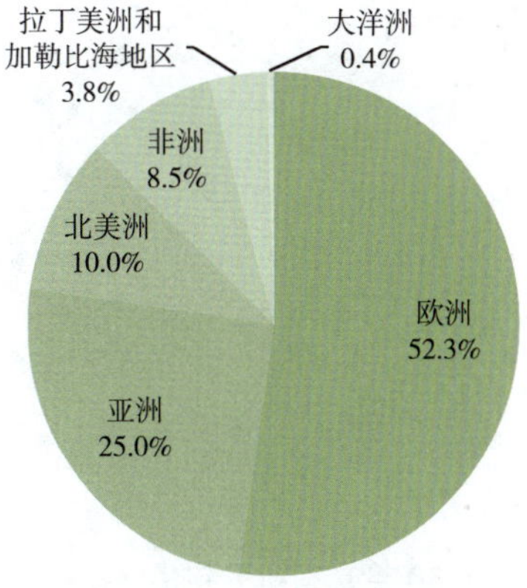

图2-19　2023年全球有机季节性作物用地区域分布

（数据来源：2025年FiBL调查）

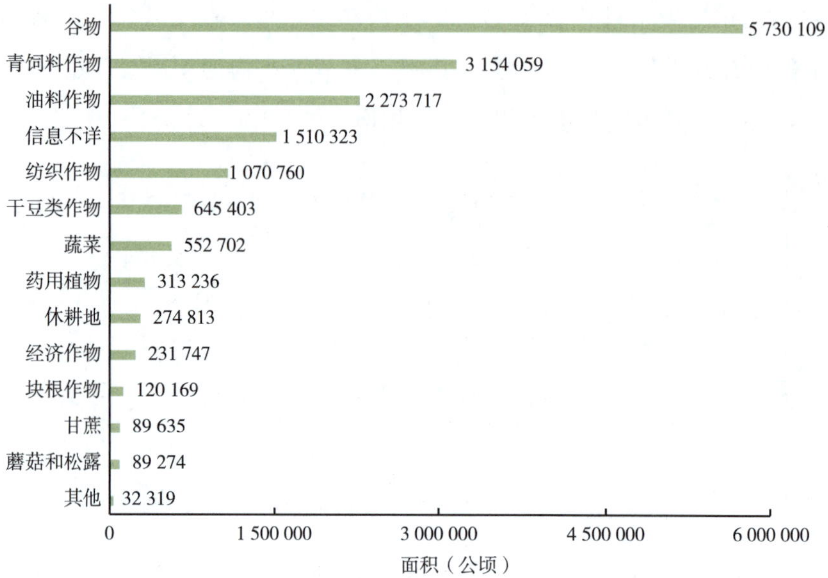

图2-20　2023年全球有机季节性作物主要品种用地面积

（数据来源：2025年FiBL调查）

2.1.6.2　多年生作物用地

全球有机多年生作物用地面积超过670万公顷，占有机农地总面积的7.0%，多年生作物用地总面积的3.8%，较2022年增加了超过52.3万公顷，增长8.5%。大部分多年生作物用地位于欧洲（近250万公顷），其次是非洲（超过190万公顷）和亚洲（近110万公顷）（图2-21）。有机多年生作物主要品种用地面积如图2-22所示。

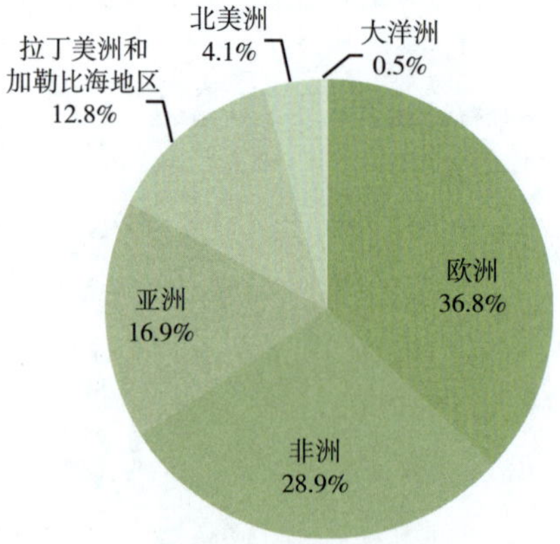

图2-21　2023年全球有机多年生作物农地区域分布

（数据来源：2025年FiBL调查）

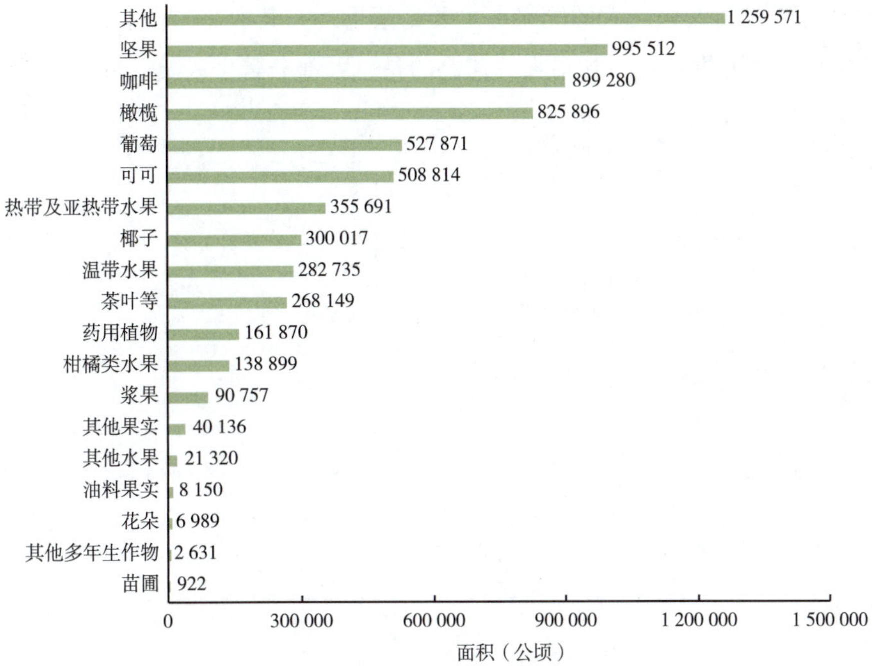

图2-22　2023年全球有机多年生作物主要品种用地面积

（数据来源：2025年FiBL调查）

2.1.6.3　野生采集和养蜂区域

IFOAM国际有机联盟对野生采集进行了定义，同时，野生采集活动也受到有机法规的监管。2023年，全球野生采集区域（包括养蜂区）面积为3 020万公顷。不同于有机农地，有机野生采集区主要集中在欧洲、非洲、亚洲、拉丁美洲和加勒比海地区（图2-23）。

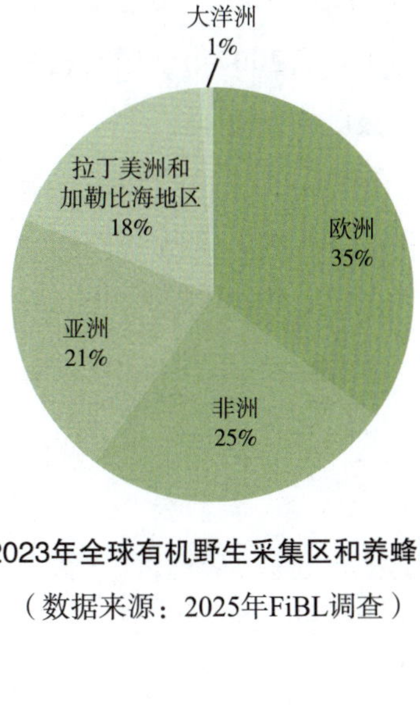

图2-23　2023年全球有机野生采集区和养蜂区地域分布

（数据来源：2025年FiBL调查）

芬兰是野生采集面积最大的国家（主要是浆果），其次是中国和印度（图2-24）。坚果、药用植物和芳香植物占比最大。遗憾的是，大部分野生采集区域没有详细信息。

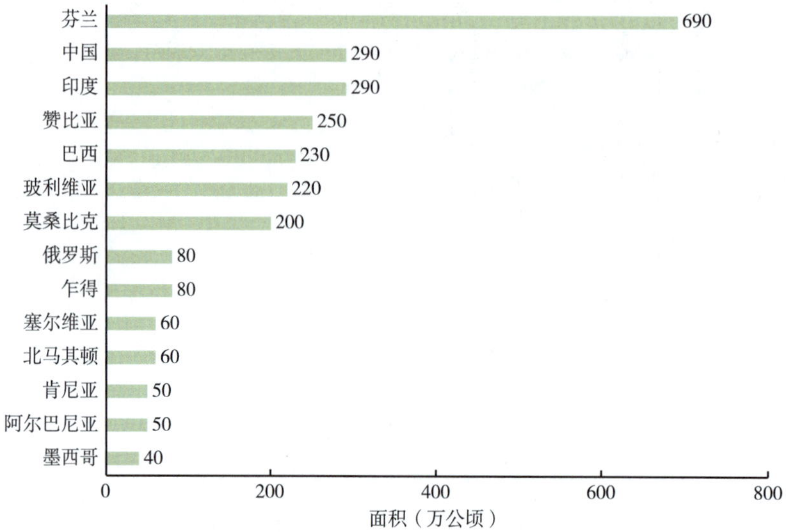

图2-24　2023年全球有机野生采集区和养蜂区面积位居前列的国家

（数据来源：2025年FiBL调查）

2.1.6.4　蜂　箱

2023年，全球有近250万个有机蜂箱，占蜂箱总数量的2.4%[①]。有机蜂箱主要集中在欧洲（43.2%）、非洲（32.3%）、拉丁美洲和加勒比海地区（23.6%）（图2-25）。墨西哥的有机蜂箱数量最多（超过47.5万个），其次是保加利亚（超过23.2万个）。自2007年全球有机蜂箱数量超过54.1万个以来，其总数已增加近4倍。

由于缺乏有机养蜂方法及有机认证的相关知识，新有机养蜂人在有机转换的过程中面临巨大挑战。同时，如何提高有机蜂蜜质量和用有机方法控制瓦螨寄生虫也是有机养蜂人面临的重要问题。

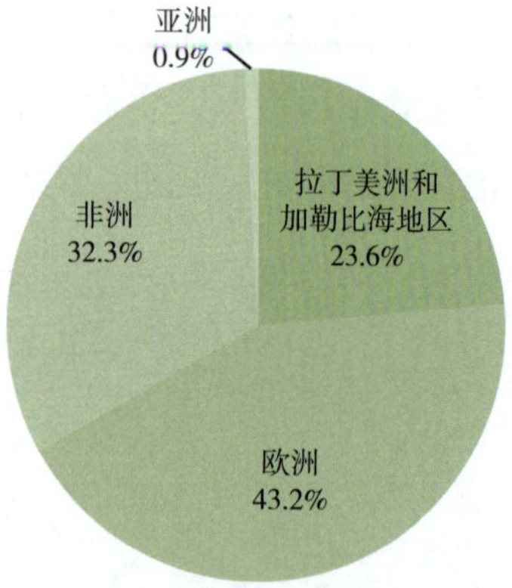

图2-25　2023年全球有机蜂箱地域分布

（数据来源：2025年FiBL调查）

① 根据FAO统计，2023年全球共有102 058 674个蜂箱。详情请查询FAOSTAT网址http://www.fao.org/faostat/en/#data/QA，选择“Production”>“Live animals”。

2.1.6.5 水产养殖

2023年，全球有机水产养殖总产量超过51万吨。根据现有数据，有机水产养殖主要位于亚洲（61.4%，主要在中国）和欧洲（35.2%，主要在挪威、爱尔兰、意大利和荷兰）。中国的产量最大，为313 168吨，但没有细分到水产品种的数据；其次是挪威，产量为54 111吨（图2-26）。

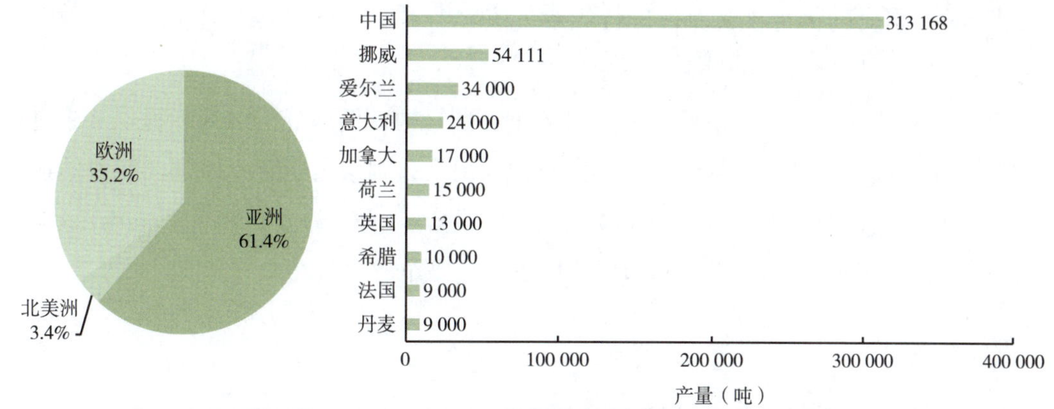

图2-26 2023年全球有机水产养殖分布及产量位列前十的国家

（数据来源：2025年FiBL调查）

遗憾的是，部分有机水产养殖产量较大的国家（如巴西和印度尼西亚）未能提供有机水产养殖数据，因此，全球实际有机水产的产量应高于统计数据。

全球有机水产总产量的1/4有按品种划分的详细数据。根据现有数据，贻贝的产量最高（54 806吨），随后是鲑鱼/鳟鱼/胡瓜鱼（50 245吨）和水生植物（21 800吨）（图2-27）。

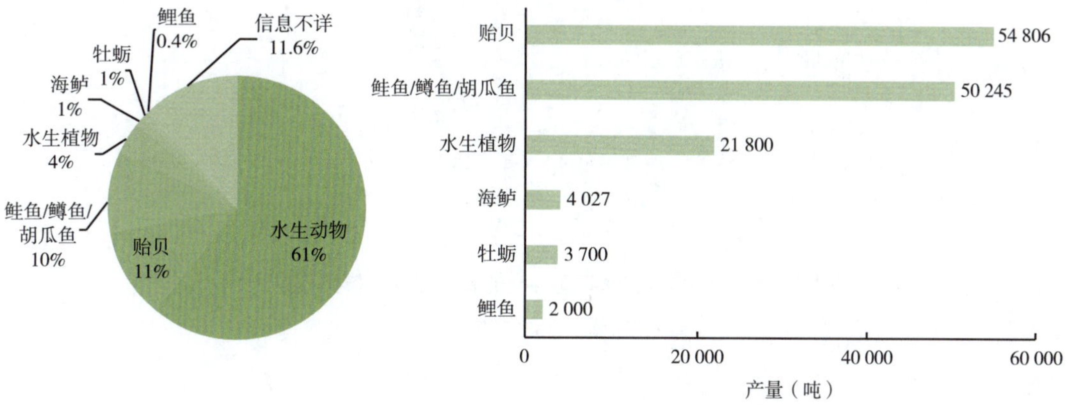

图2-27 2023年全球有机水产养殖主要品种比例及产量

（数据来源：2025年FiBL调查）

2.1.7 特定作物的数据统计

本部分展示了几种重要作物与作物群的数据，包括其有机种植面积与种植总面积的对比。FiBL于2004年首次收集了土地利用与作物数据，其发展态势图展示了自2004年以来的增长。

需要指出的是，有机种植面积主要与联合国粮食及农业组织（FAO）和欧盟统计局（Eurostat）提供的作物收获面积进行比较，该数据不一定与认证机构登记的播种面积或种植面积直接相当。

部分国家（地区）的转换期数据来自多个认证机构，但部分机构未能提供关于有机作物转换期状态的信息。在认证信息不完整的情况下，则假定所有土地都已完成转换。本部分呈现的统计图表只是FiBL作物数据库中可用信息的一部分，来源于statistics.fibl.org。此外，在www.organic-world.net可获取更多重要作物的图表。

2.1.7.1 谷　物

2023年，全球有机谷物的种植面积超过570万公顷，占谷物种植总面积的0.8%，详情见图2-28至图2-32。

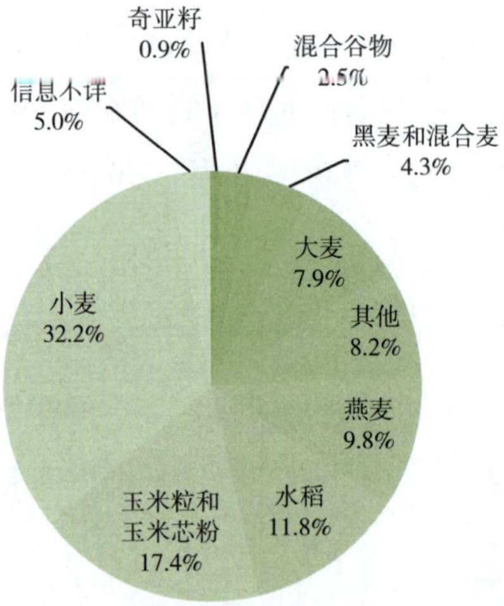

图2-28　2023年全球不同种类的有机谷物种植面积占比

（数据来源：2025年FiBL调查）

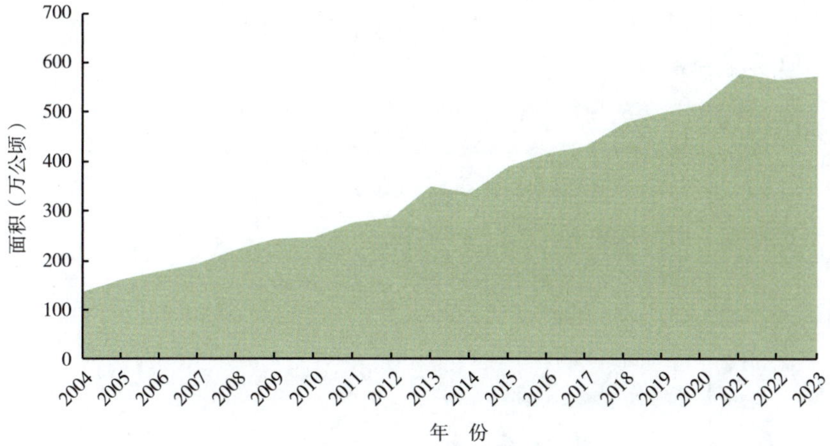

图2-29 2004—2023年全球有机谷物种植面积发展情况

（数据来源：2006—2025年FiBL调查）

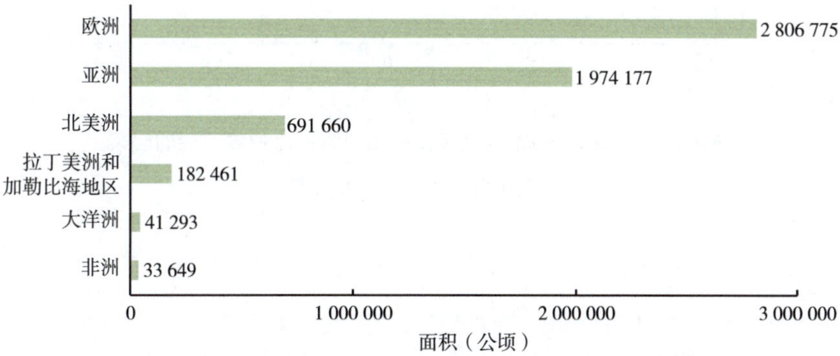

图2-30 2023年各区域有机谷物种植面积分布

（数据来源：2025年FiBL调查）

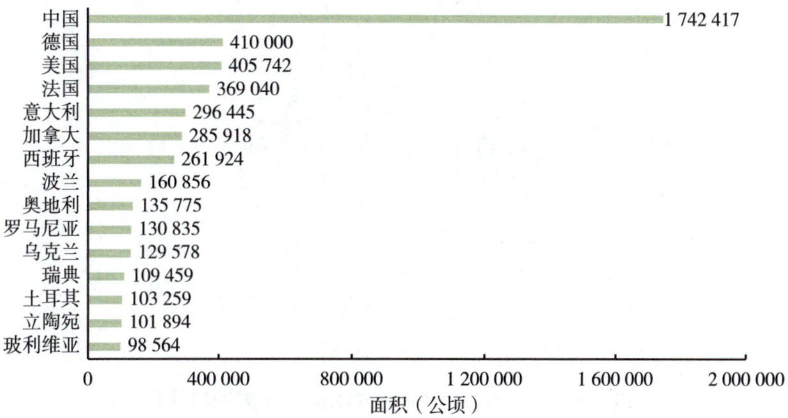

图2-31 2023年全球有机谷物种植面积位居前列的国家

（数据来源：2025年FiBL调查）

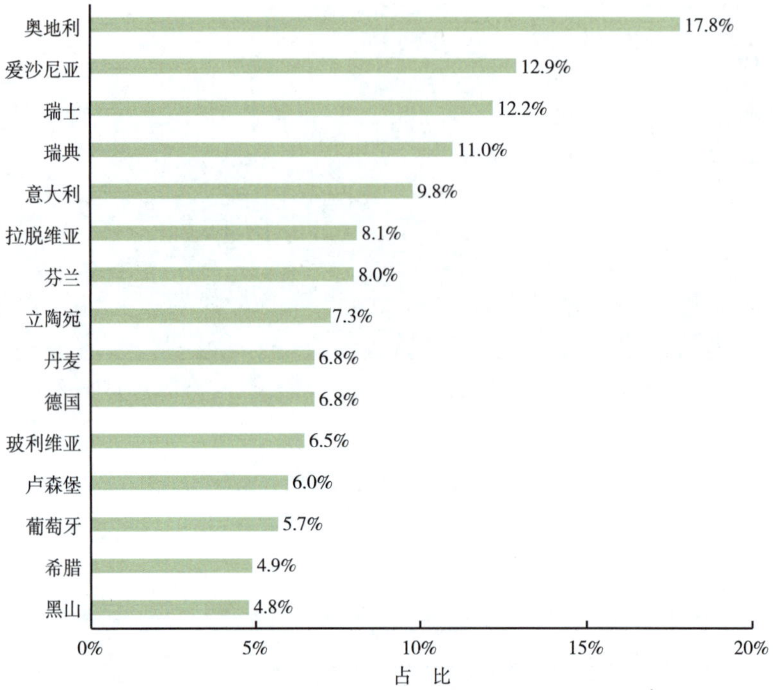

图2-32 2023年全球有机谷物种植面积占比位居前列的国家

（数据来源：2025年FiBL调查）

2.1.7.2 柑橘类水果

2023年，全球有机柑橘类水果的种植面积接近13.9万公顷，占柑橘类水果种植总面积的1.3%，详情见图2-33至图2-37。

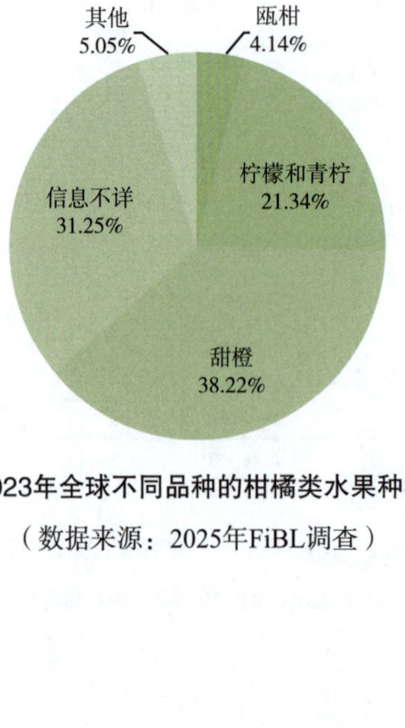

图2-33 2023年全球不同品种的柑橘类水果种植面积占比

（数据来源：2025年FiBL调查）

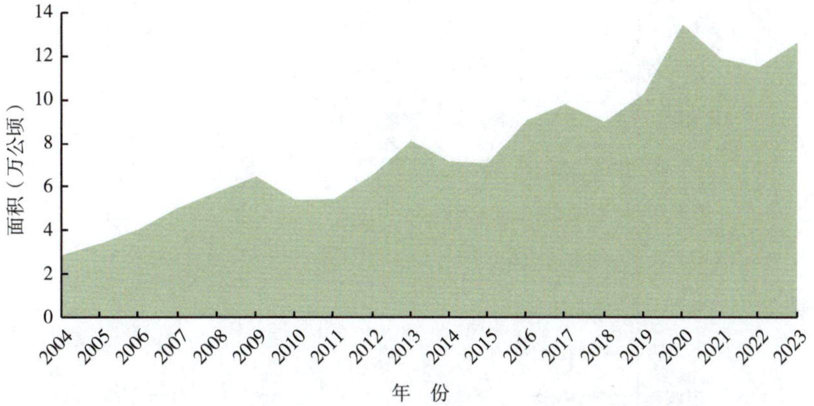

图2-34 2004—2023年全球有机柑橘类水果种植面积发展情况

（数据来源：2025年FiBL调查）

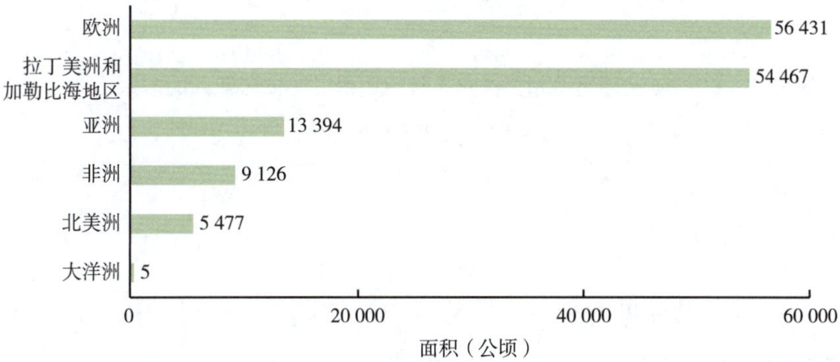

图2-35 2023年各区域有机柑橘类水果种植面积分布

（数据来源：2025年FiBL调查）

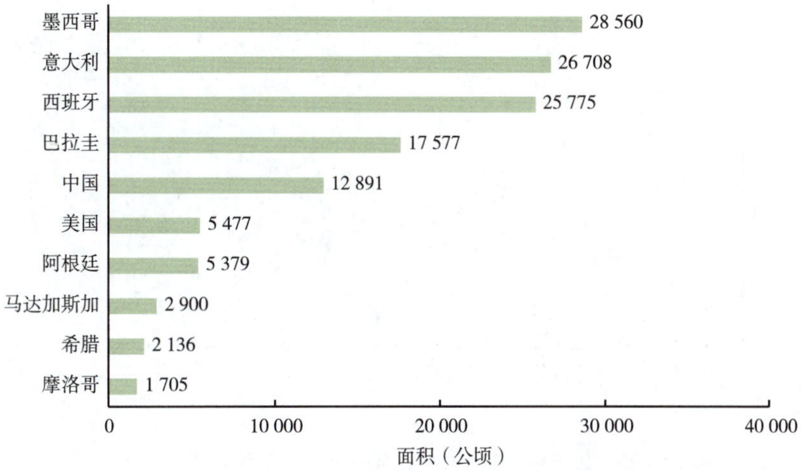

图2-36 2023年全球有机柑橘类水果种植面积位列前十的国家

（数据来源：2025年FiBL调查）

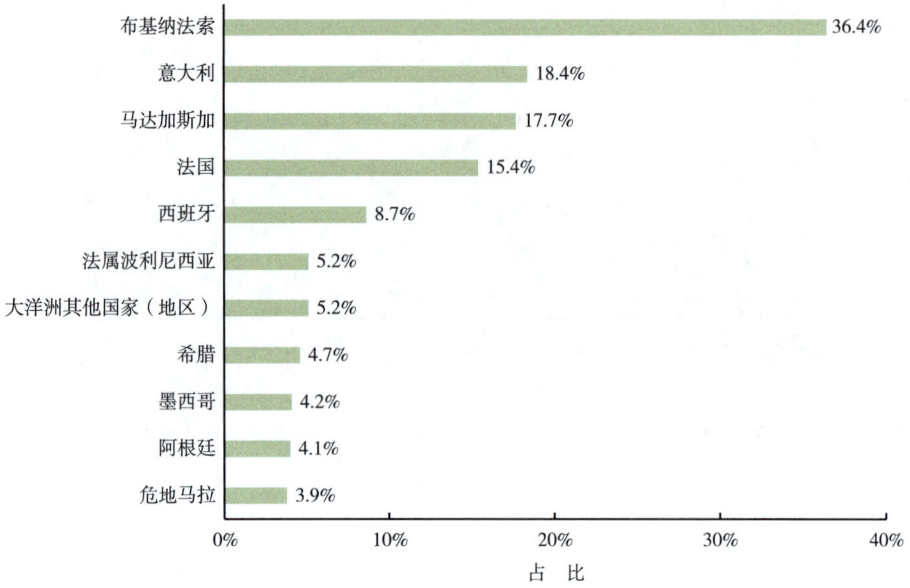

图2-37　2023年全球有机柑橘类水果种植面积占比位居前列的国家（地区）

（数据来源：2025年FiBL调查）

2.1.7.3　可　可

2023年，全球有机可可的种植面积约50.9万公顷，占可可种植总面积的4.3%，详情见图2-38至图2-41。

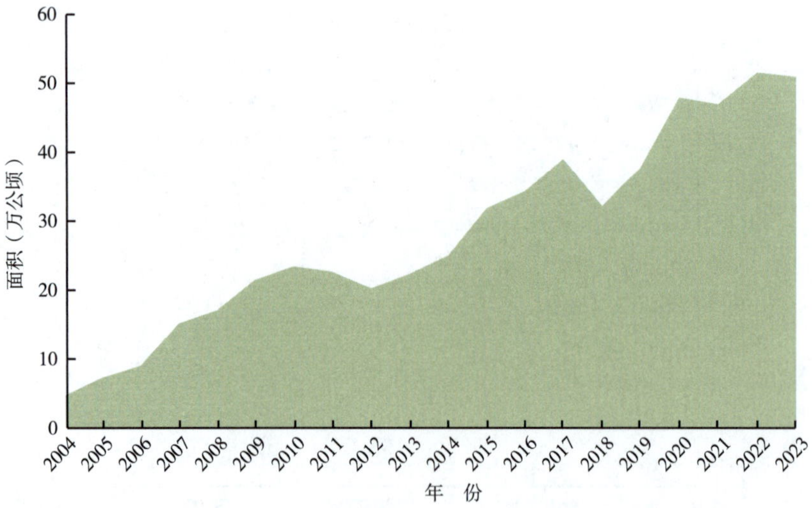

图2-38　2004—2023年全球有机可可种植面积发展情况

（数据来源：2006—2025年FiBL调查）

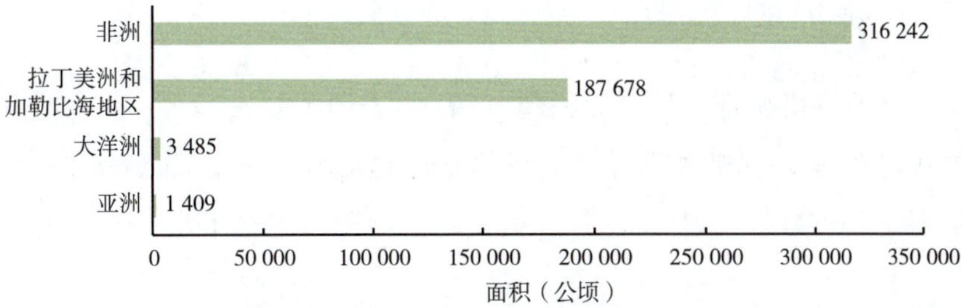

图2-39 2023年各区域有机可可种植面积分布

（数据来源：2025年FiBL调查）

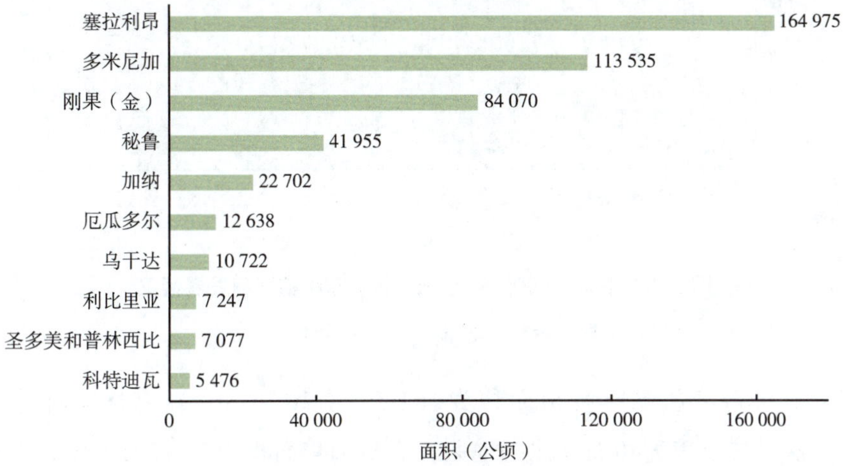

图2-40 2023年有机可可种植面积位列前十的国家

（数据来源：2025年FiBL调查）

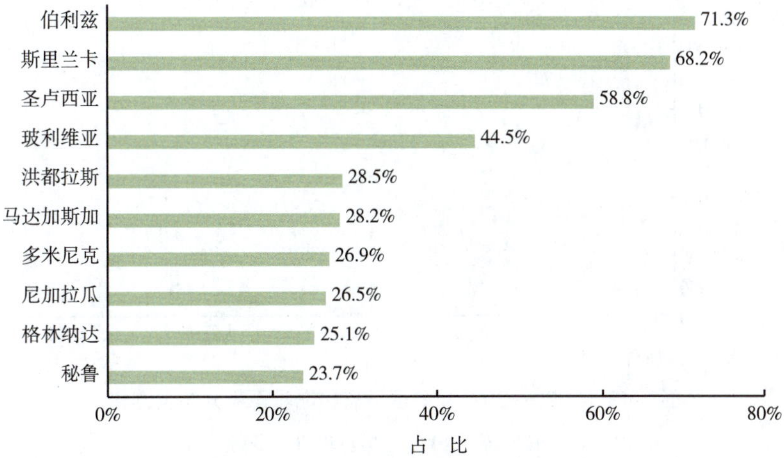

图2-41 2023年有机可可种植面积占比位列前十的国家

（数据来源：2025年FiBL调查）

2.1.7.4 咖　啡①

2023年，全球有机咖啡的种植面积超过89.9万公顷（图2-42），占咖啡种植总面积的7.4%。2004年以来，有机咖啡种植面积的复合增长率为8%，高于全球有机农地面积的复合增长率（5.6%）。其中2018年有机咖啡的面积有大幅下滑，与咖啡数据统计源更新有关。

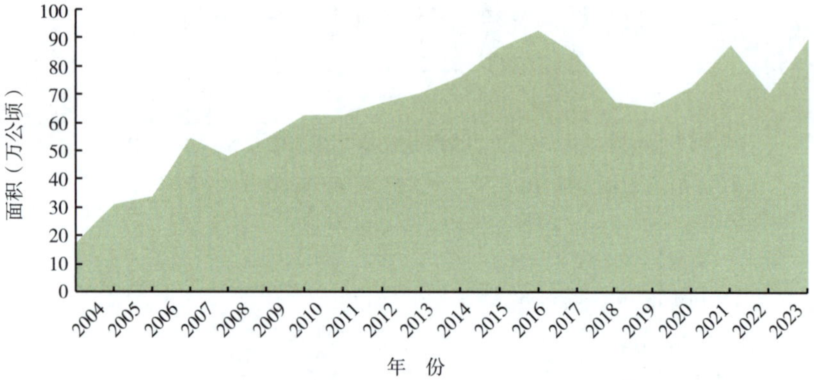

图2-42　2004—2023年全球有机咖啡种植面积发展情况

（数据来源：2006—2025年FiBL调查）

2023年，非洲有机咖啡种植面积为461 511公顷，占全球有机咖啡种植面积的51.32%，其次是拉丁美洲和加勒比海地区，有机咖啡面积为363 721公顷，占全球有机咖啡种植面积的40.45%，这两个区域占比接近92%；亚洲有机咖啡种植面积仅占全球的8.05%，而大洋洲和北美洲则占比非常低（图2-43和图2-44）。

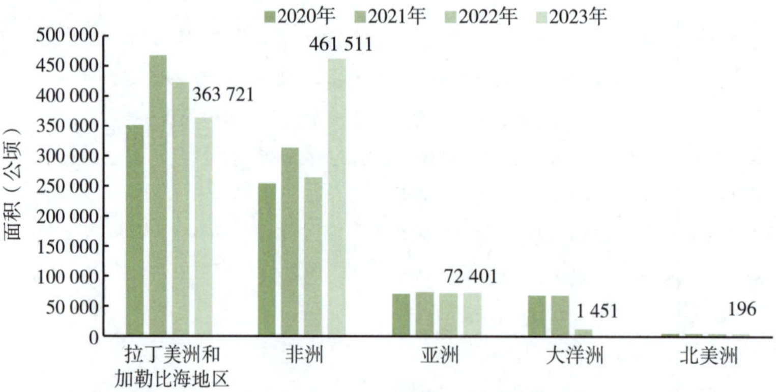

图2-43　2020—2023年各区域有机咖啡面积分布及变化

（数据来源：2022—2025年FiBL调查）

① 由于咖啡在中国发展迅速，原文中咖啡部分内容有限，编者在原有数据基础上，结合近几年的发展变化，对有机咖啡做进一步的分析，由张友廷、张向东、于瑶、赵惠娟、李华贞编写。

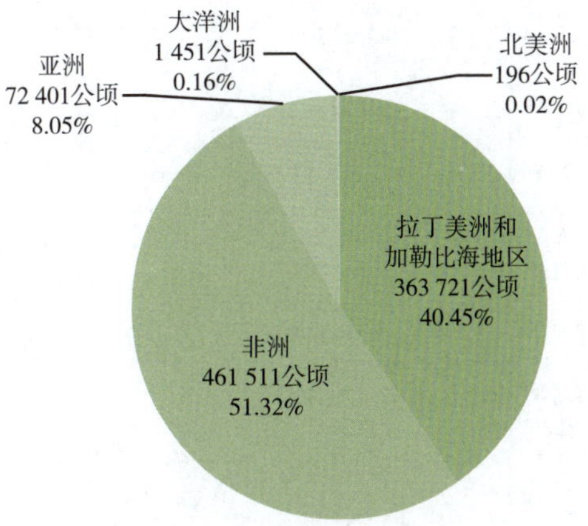

图2-44 2023年有机咖啡在各区域的面积占比

（数据来源：2025年FiBL调查）

2023年非洲有机咖啡面积增长74.5%，主要是因为埃塞俄比亚有机咖啡在2023年有大幅增加，达到34.68万公顷，占全球有机咖啡面积约38.6%，比2022年增加了17.2万公顷，增加了接近1倍。其次是秘鲁，有机咖啡面积为116 415公顷，占全球的13.0%，紧随其后的是墨西哥，面积达到102 140公顷，占全球的11.4%（图2-45）。有机咖啡面积前五位的国家占了全球有机咖啡面积的77.4%。2023年中国有机咖啡面积为5 332公顷，占全球有机咖啡面积的约0.6%。

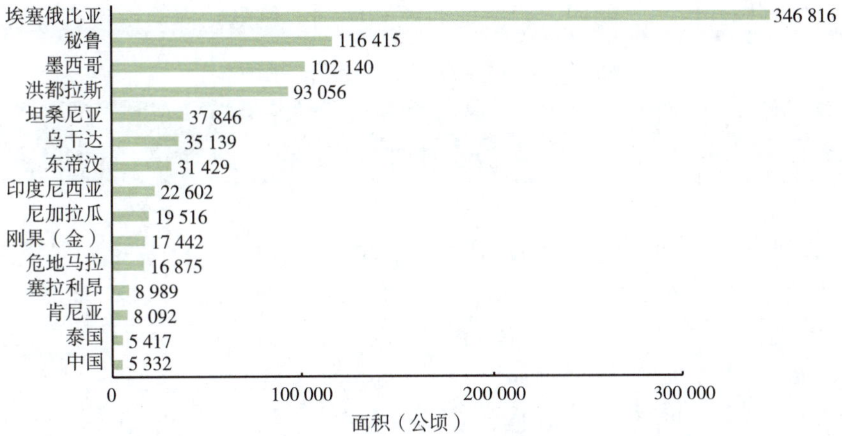

图2-45 2023年有机咖啡种植面积位居前列的国家

（数据来源：2025年FiBL调查）

2023年，埃塞俄比亚有机咖啡占了本国咖啡种植面积的46.8%，接近一半，这说明埃塞俄比亚咖啡很容易从常规咖啡转化为有机咖啡种植。洪都拉斯有机咖啡占比为36.0%，刚果（布）为27.5%。总计有12个国家的有机咖啡种植面积超过了10%（图2-46）。

2023年，中国有机咖啡种植面积占比为6.8%，是有机占比较高的作物之一。

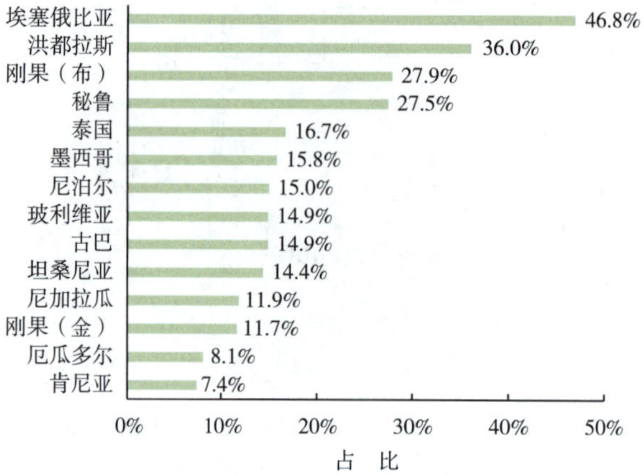

图2-46　2023年有机咖啡种植占比位居前列的国家

（数据来源：2025年FiBL调查）

哥伦比亚是重要的咖啡生产国家，咖啡种植面积居全球第三位，虽然统计数据显示2023年有机咖啡只有3 059公顷（有机占比0.4%），但是哥伦比亚是全球生物多样性极为丰富的国家之一，适合种植有机咖啡。联合国生物多样性大会（COP16）于2024年10月21日至11月1日在哥伦比亚卡利（Cali）举行，会议的主题是“与自然和平相处”（Peace with nature），哥伦比亚作为此次盛会的东道主，可谓“实至名归”。哥伦比亚的生物多样性仅次于巴西、印度尼西亚和中国，位列全球第四（表2-1）。

表2-1　全球生物多样性位列前十的国家

排名	国家/地区	物种数目（种）					
		两栖动物	鸟类	鱼类	哺乳动物	爬虫类	植物
1	巴　西	1 175	1 864	4 930	776	868	34 387
2	印度尼西亚	393	1 791	5 014	777	799	19 232
3	中　国	604	1 330	3 838	710	631	31 362
4	哥伦比亚	832	1 917	2 182	525	657	24 025
5	秘　鲁	672	1 892	1 661	567	542	19 812
6	墨西哥	424	1 137	2 671	582	1 015	23 385
7	澳大利亚	251	833	5 189	381	1 145	19 324
8	印　度	454	1 271	2 860	436	889	15 000
9	厄瓜多尔	688	1 684	1 148	441	493	18 466
10	美　国	345	1 036	3 133	444	558	15 500

数据来源：Worldstats 2025，统计数据来自联合国环境规划署世界保护监测中心、世界自然保护联盟、美国哺乳动物学等数据库。

2.1.7.5 干豆类作物

2023年，全球有机干豆类作物的种植面积约64.5万公顷，占干豆类作物种植总面积的0.7%，详情见图2-47至图2-51。

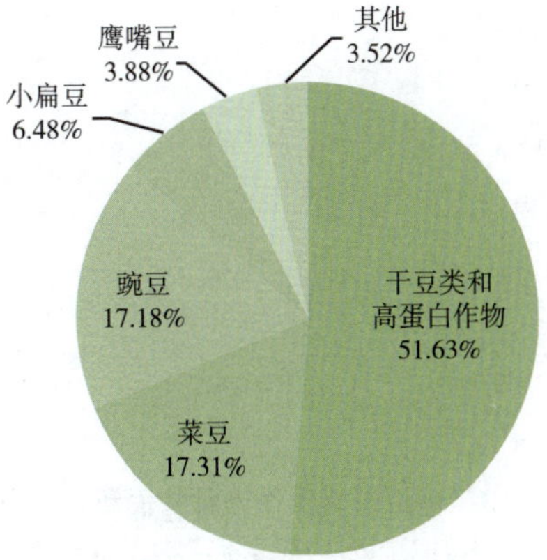

图2-47　2023年全球不同种类的干豆类作物种植面积占比

（数据来源：2025年FiBL调查）

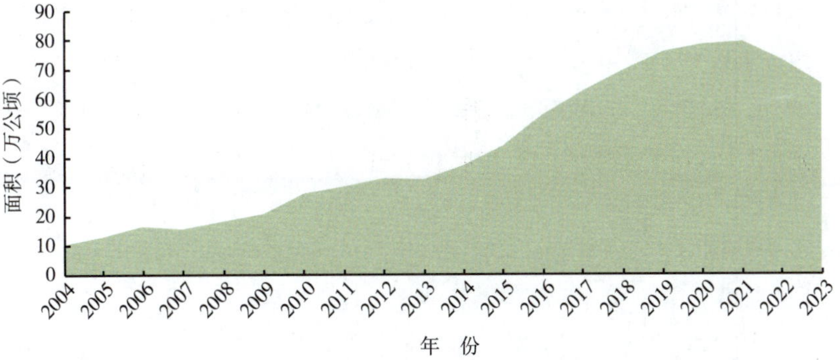

图2-48　2004—2023年全球有机干豆类作物种植面积发展情况

（数据来源：2006—2025年FiBL调查）

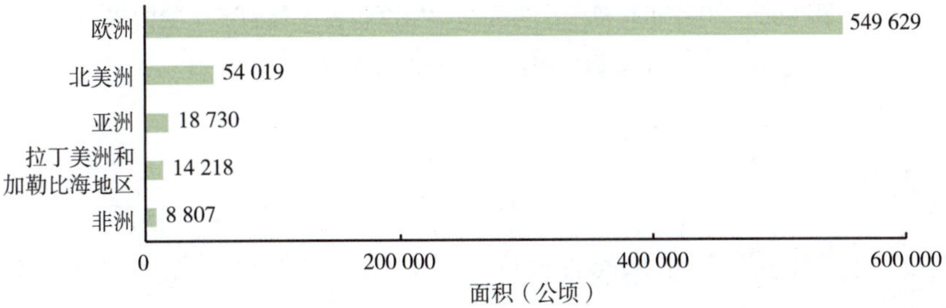

图2-49　2023年各区域有机干豆类作物种植面积分布

（数据来源：2025年FiBL调查）

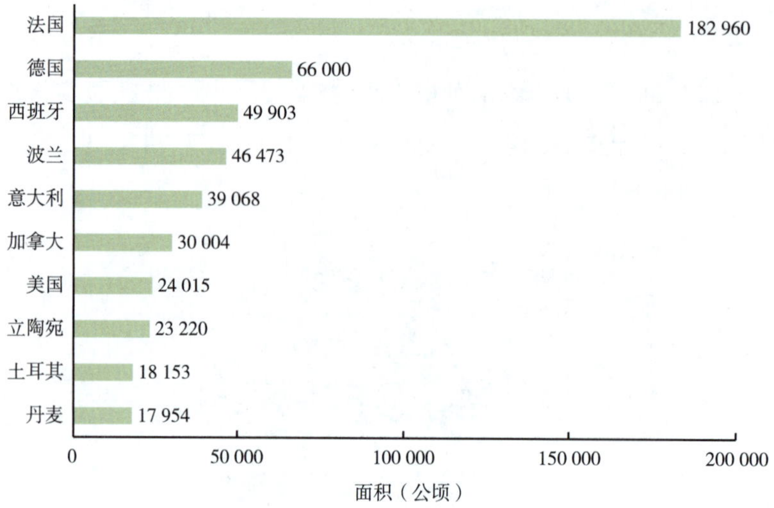

图2-50　2023年有机干豆类作物种植面积位列前十的国家

（数据来源：2025年FiBL调查）

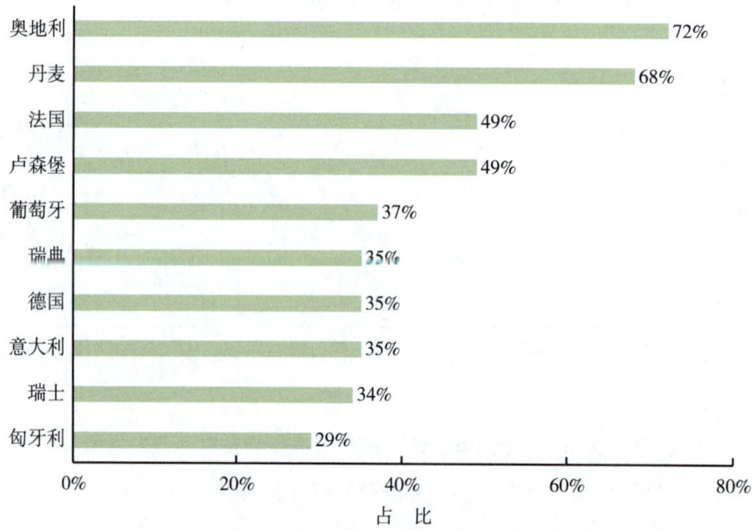

图2-51　2023年有机干豆类作物种植面积占比位列前十的国家

（数据来源：2025年FiBL调查）

2.1.7.6　温带水果

2023年，全球有机温带水果的种植面积近28.3万公顷，占温带水果种植总面积的2.4%，详情见图2-52至图2-56。

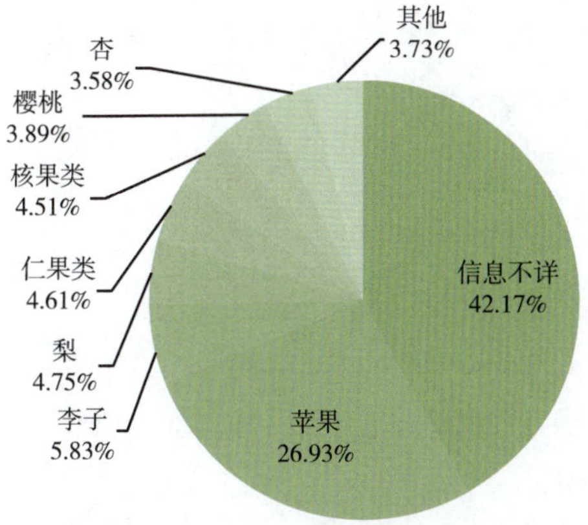

图2-52 2023年全球不同种类有机温带水果品类种植面积占比

（数据来源：2025年FiBL调查）

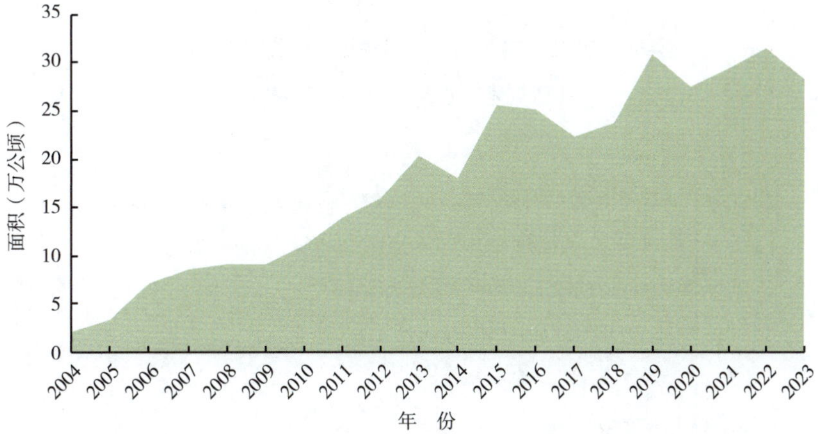

图2-53 2004—2023年全球有机温带水果种植面积发展情况

（数据来源：2006—2025年FiBL调查）

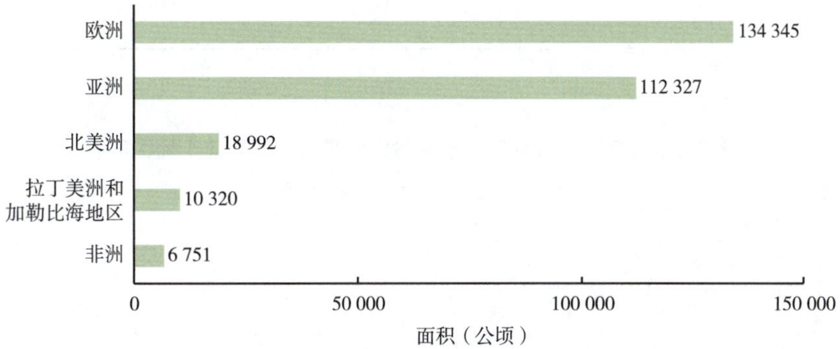

图2-54 2023年各区域有机温带水果种植面积分布

（数据来源：2025年FiBL调查）

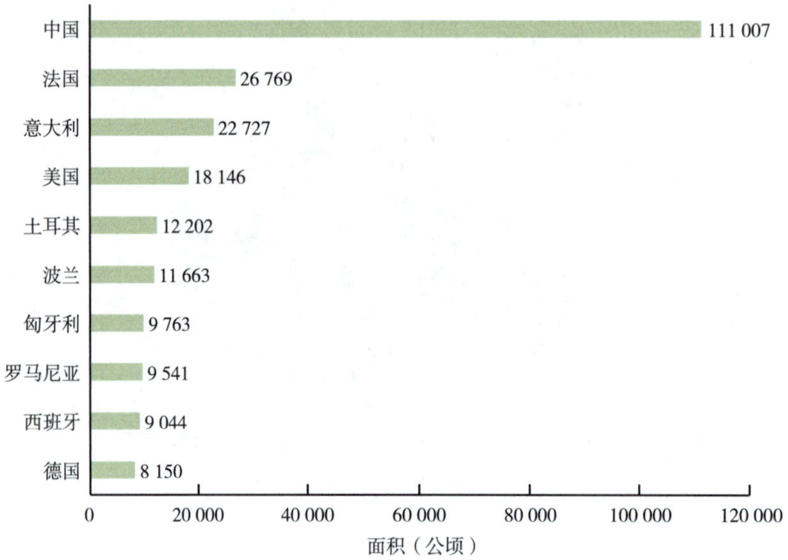

图2-55　2023年有机温带水果种植面积位列前十的国家

（数据来源：2025年FiBL调查）

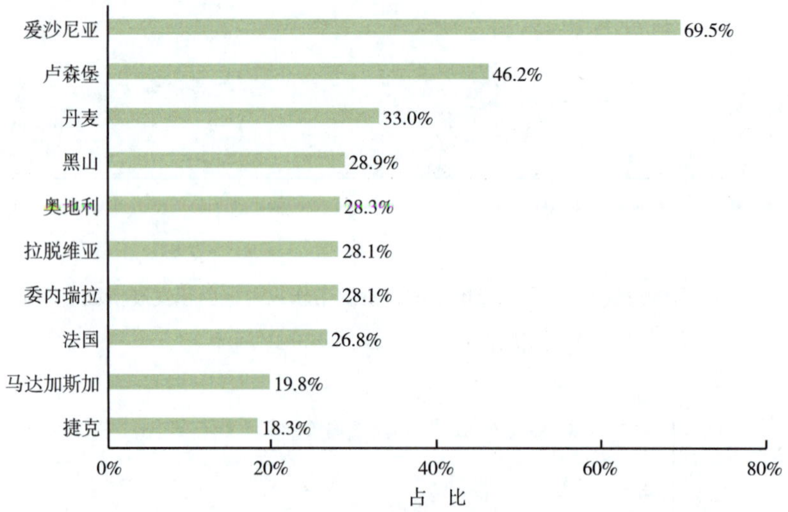

图2-56　2023年有机温带水果种植面积占比位列前十的国家

（数据来源：2025年FiBL调查）

2.1.7.7　热带及亚热带水果

2023年，全球有机热带及亚热带水果的种植面积约35.6万公顷，占热带及亚热带水果种植总面积的1.3%，详情见图2-57至图2-61。

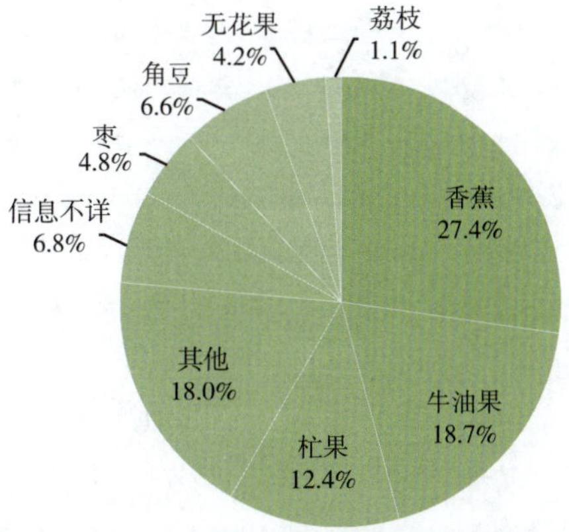

图2-57　2023年全球不同种类有机热带及亚热带水果品类种植面积占比

（数据来源：2025年FiBL调查）

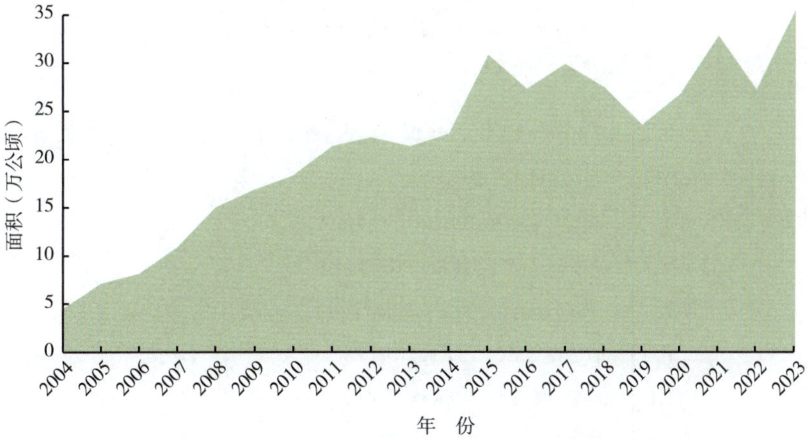

图2-58　2004—2023年全球有机热带及亚热带水果种植面积发展情况

（数据来源：2025年FiBL调查）

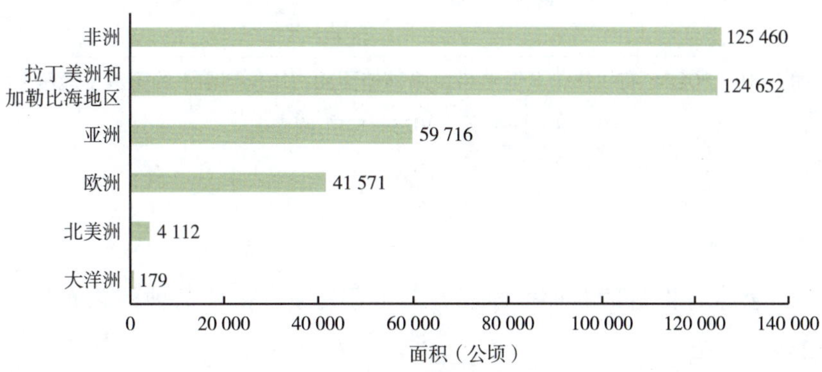

图2-59　2023年各区域有机热带及亚热带水果种植面积分布

（数据来源：2025年FiBL调查）

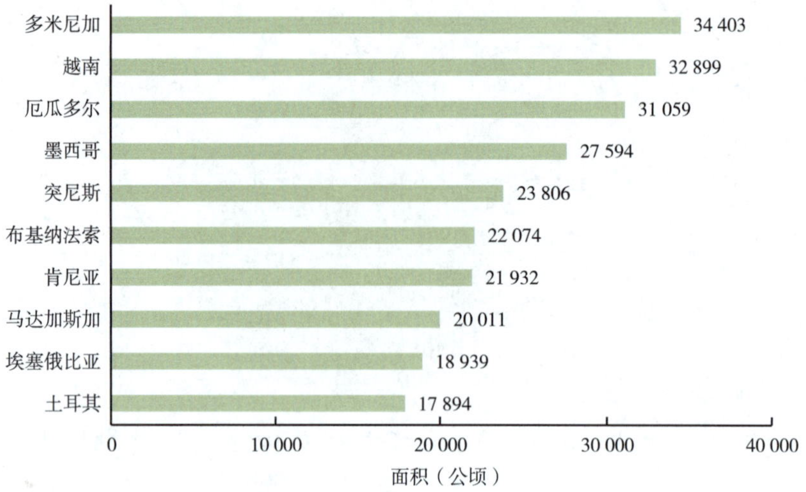

图2-60　2023年有机热带及亚热带水果种植面积位列前十的国家

（数据来源：2025年FiBL调查）

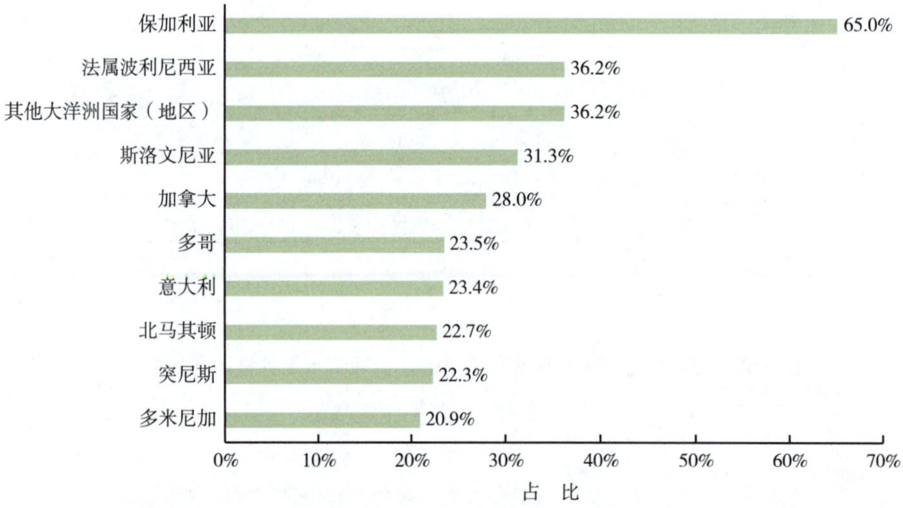

图2-61　2023年有机热带及亚热带水果种植面积占比位列前十的国家（地区）

（数据来源：2025年FiBL调查）

2.1.7.8　葡　萄

2023年，全球有机葡萄的种植面积近52.8万公顷，占葡萄种植总面积的7.8%，详情见图2-62至图2-65。

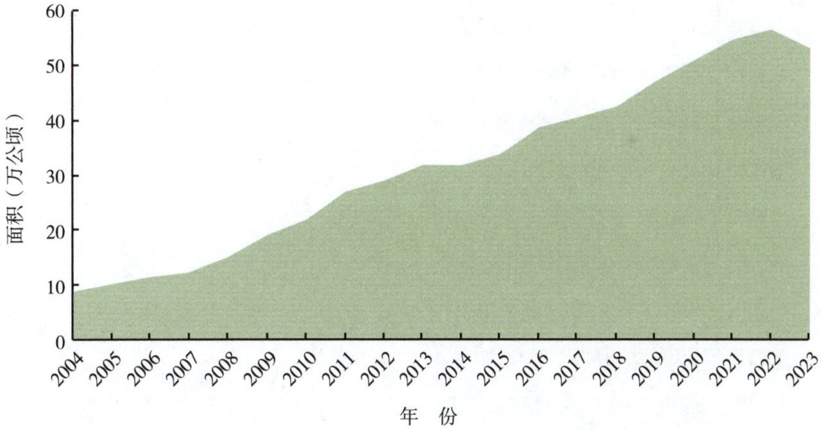

图2-62　2004—2023年全球有机葡萄种植面积发展情况

（数据来源：2006—2025年FiBL调查）

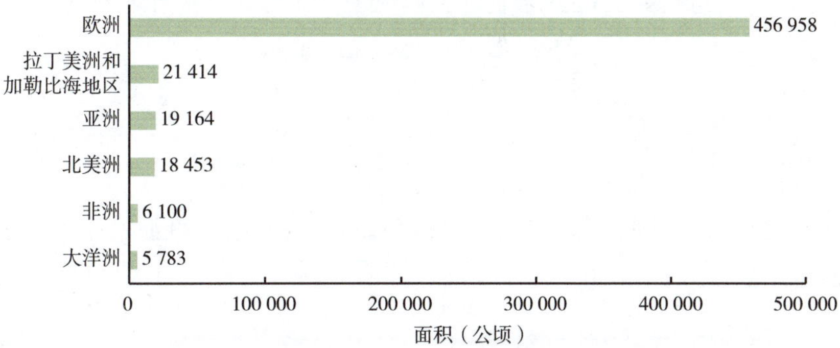

图2-63　2023年各区域有机葡萄种植面积分布

（数据来源：2025年FiBL调查）

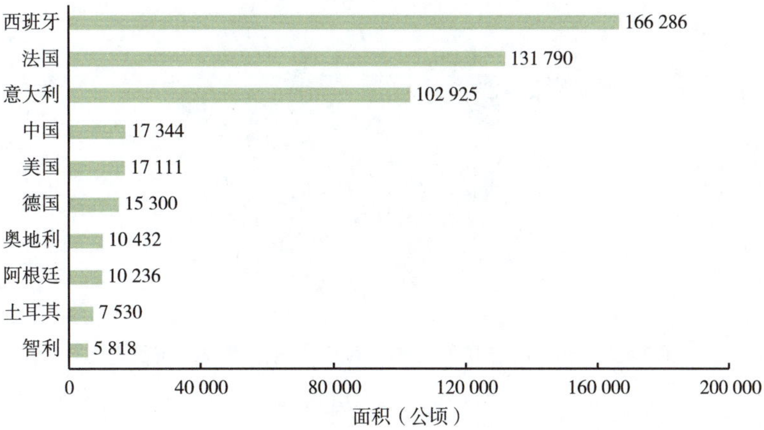

图2-64　2023年有机葡萄种植面积位列前十的国家

（数据来源：2025年FiBL调查）

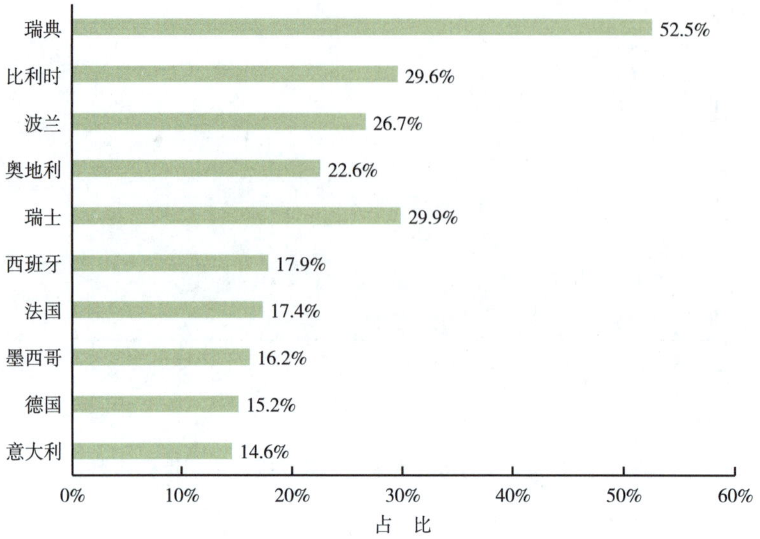

图2-65 2023年有机葡萄种植面积占比位列前十的国家

（数据来源：2025年FiBL调查）

2.1.7.9 油料作物

2023年，全球有机油料作物的种植面积约227.4万公顷，占油料作物种植总面积的0.9%，详情见图2-66至图2-70。

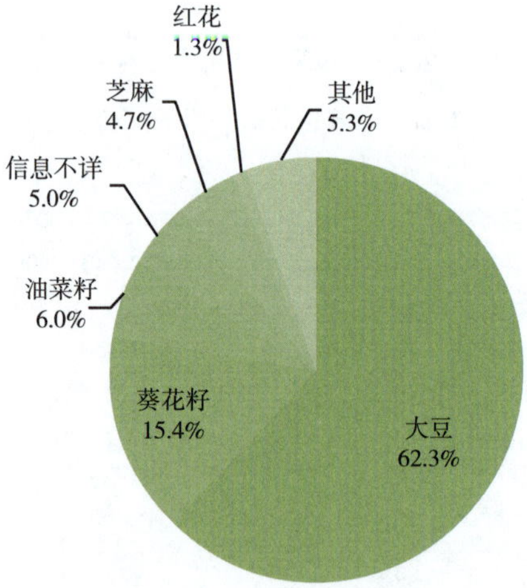

图2-66 2023年全球不同种类有机油料作物种植面积占比

（数据来源：2025年FiBL调查）

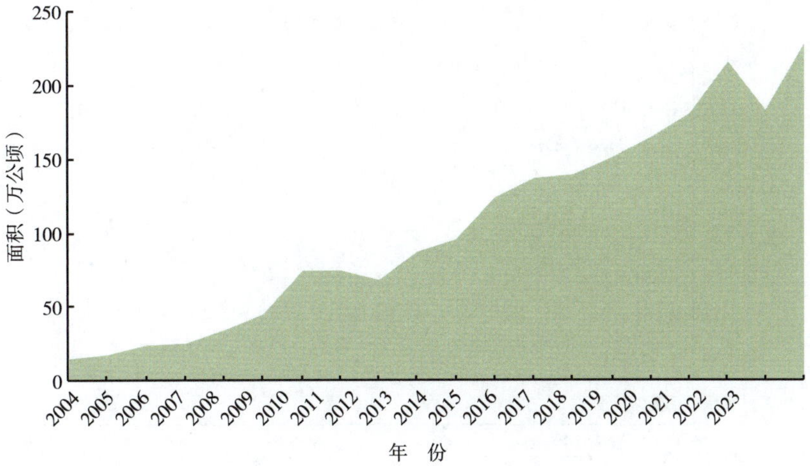

图2-67 2004—2023年全球有机油料作物种植面积发展情况

（数据来源：2025年FiBL调查）

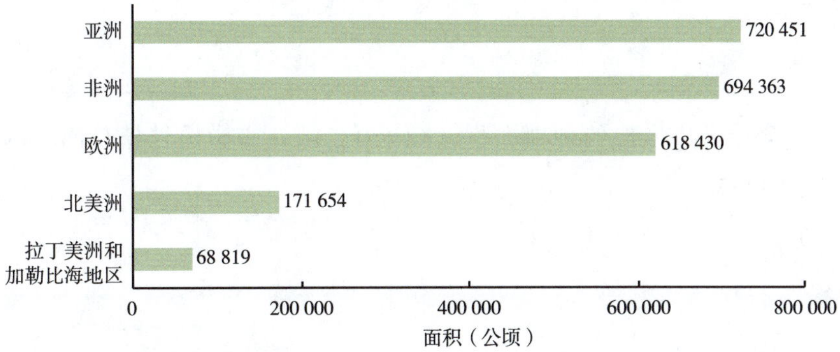

图2-68 2023年各区域有机油料作物种植面积分布

（数据来源：2025年FiBL调查）

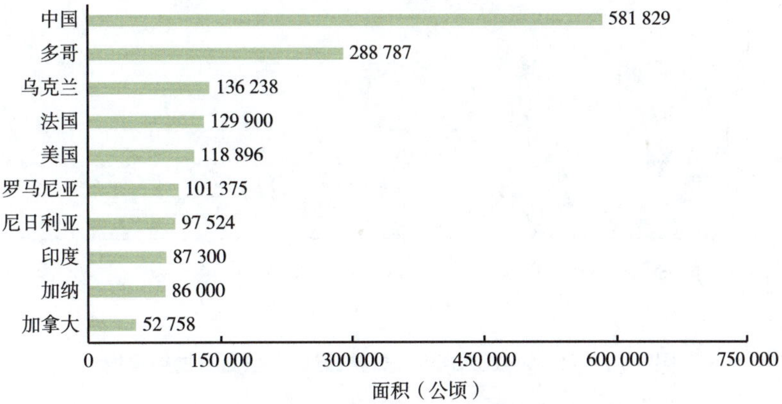

图2-69 2023年有机油料作物种植面积位列前十的国家

（数据来源：2025年FiBL调查）

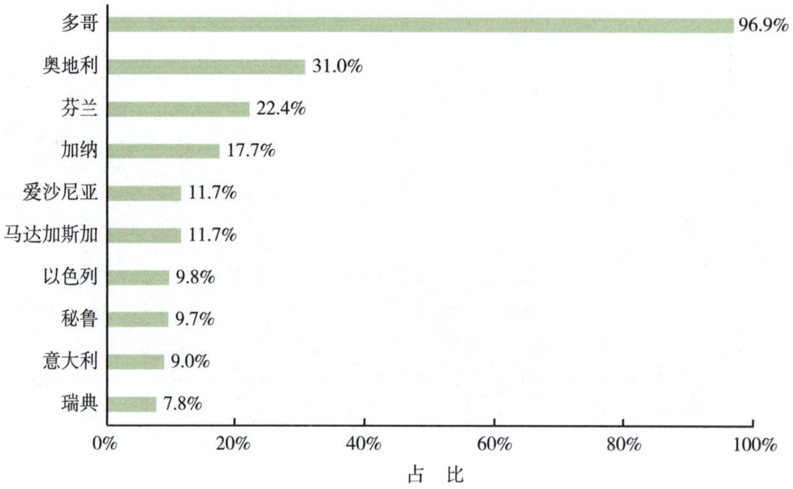

图2-70 2023年有机油料作物种植面积占比位列前十的国家

（数据来源：2025年FiBL调查）

2.1.7.10 橄 榄

2023年，全球有机橄榄的种植面积近82.6万公顷，占橄榄种植总面积的7.5%，详情见图2-71至图2-74。

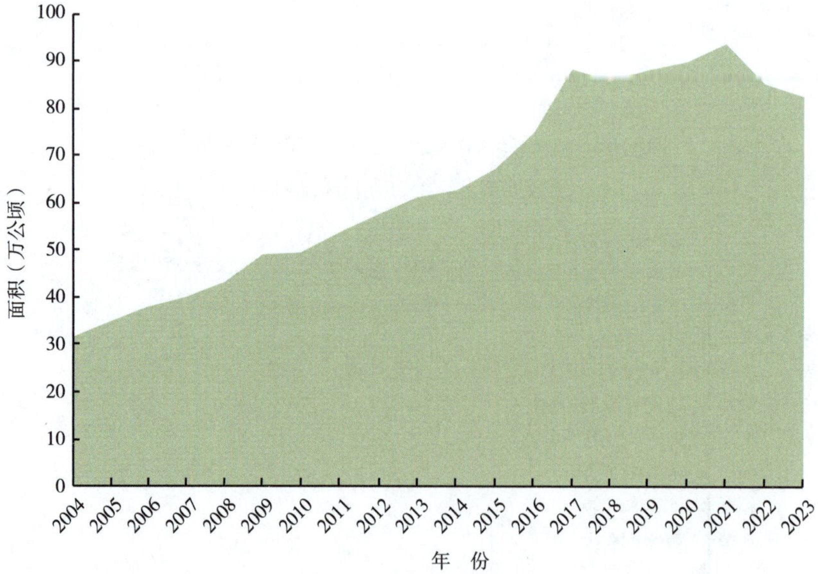

图2-71 2004—2023年全球有机橄榄种植面积发展情况

（数据来源：2025年FiBL调查）

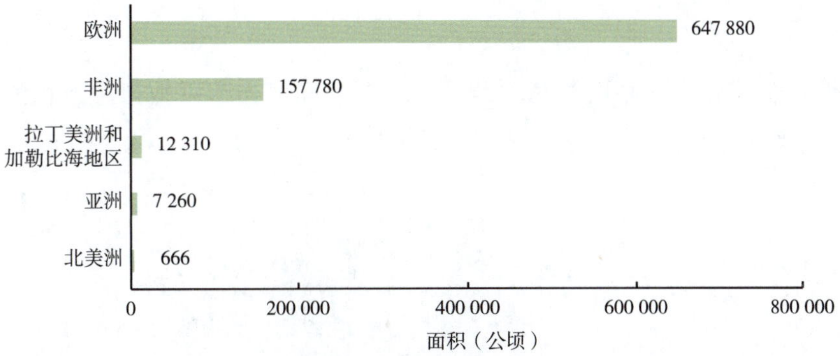

图2-72 2023年各区域有机橄榄种植面积分布

（数据来源：2025年FiBL调查）

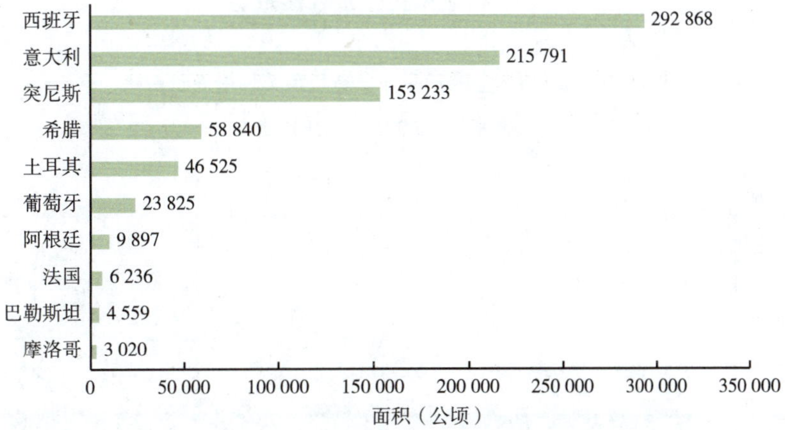

图2-73 2023年有机橄榄种植面积位列前十的国家

（数据来源：2025年FiBL调查）

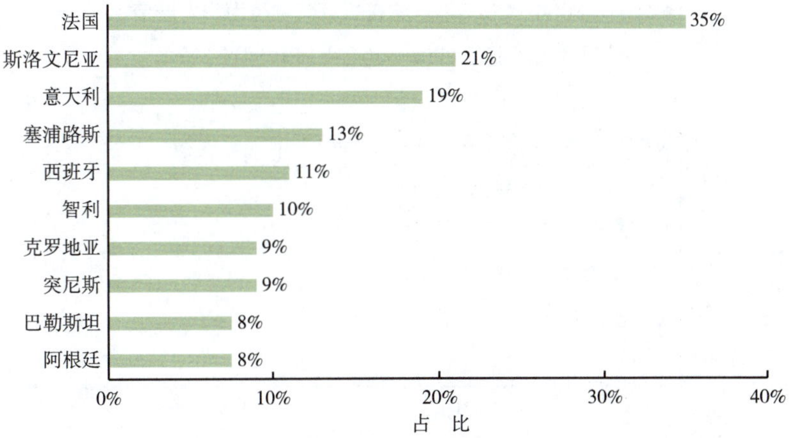

图2-74 2023年有机橄榄种植面积占比位列前十的国家

（数据来源：2025年FiBL调查）

2.1.7.11 蔬　菜

2023年，全球有机蔬菜的种植面积约55.3万公顷，占蔬菜种植总面积的1.0%，详情见图2-75至图2-79。

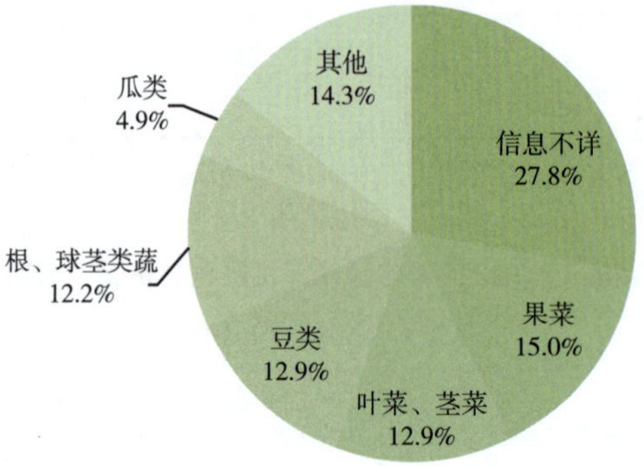

图2-75　2023年全球不同种类有机蔬菜种植面积占比

（数据来源：2025年FiBL调查）

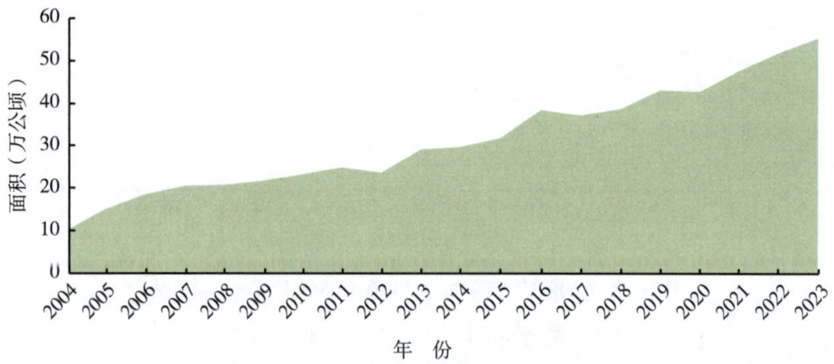

图2-76　2004—2023年全球有机蔬菜种植面积发展情况

（数据来源：2006—2025年FiBL调查）

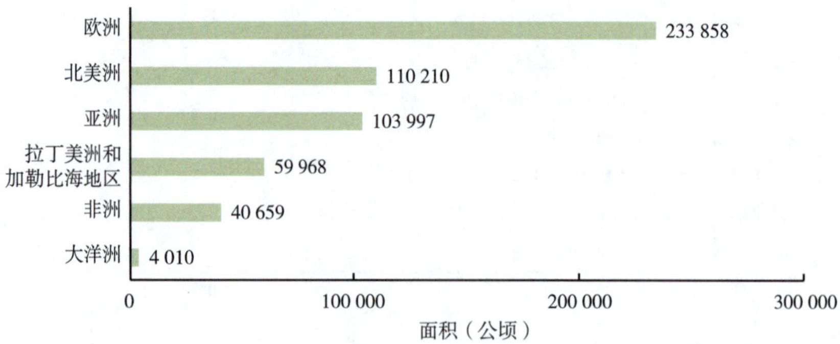

图2-77　2023年各区域有机蔬菜种植面积分布

（数据来源：2025年FiBL调查）

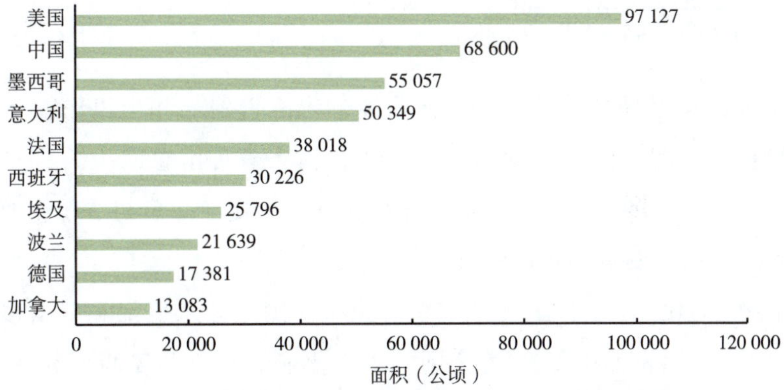

图2-78 2023年有机蔬菜种植面积位列前十的国家

（数据来源：2025年FiBL调查）

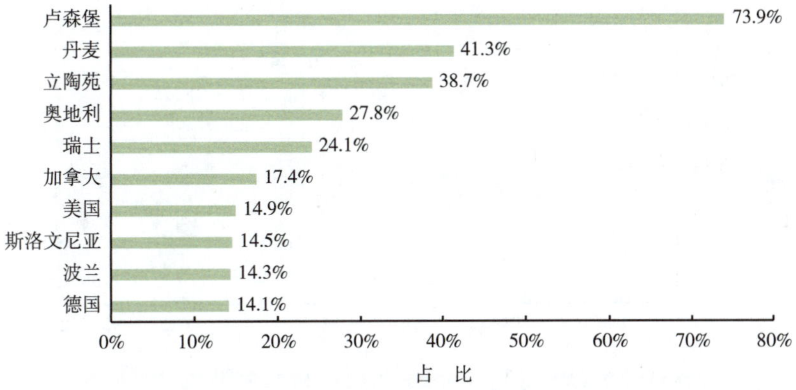

图2-79 2023年有机蔬菜种植面积占比位列前十的国家

（数据来源：2025年FiBL调查）

2.2 有机香蕉的国际市场趋势与挑战①

几十年来，香蕉一直是全球最受欢迎且消费量最大的水果之一。除了对健康有益（如钾含量高有利于心脏功能和血压控制，维生素B_6等维生素可增强免疫力），还具有其他重要优势：即使是通过有机认证的香蕉，价格也比其他水果便宜，且随时都能买到；由于有果皮保护，香蕉运输和食用都很方便。这些优势也使香蕉成为广泛使用的食品原料。

① 本部分作者为Paul von den Berge、Salvador V. Garibay和Thomas Bernet；译者为正谷（上海）农业发展有限公司广州分公司黎榛。

2.2.1 生产情况及面临困境

全球热带地区均可种植香蕉，是产区重要的家庭消费品和出口作物。2023年，全球有机香蕉种植面积超过10万公顷（图2-80），占香蕉种植总面积的2.1%。主要的香蕉生产及出口国是厄瓜多尔、多米尼加、菲律宾和哥伦比亚。有机香蕉主要种植在病害（尤其是黑条叶斑病）发生率较低的气候带。

据FiBL调查，2023年全球最大的有机香蕉生产国是多米尼加和厄瓜多尔，两国各种植约3万公顷。菲律宾种植了2.9万公顷，哥伦比亚、秘鲁和墨西哥种植了超过4 000公顷（图2-81）。科特迪瓦种植了1 000公顷，主要供应法国市场。这些数据大多来自监管机构，在部分情况下并不完整。

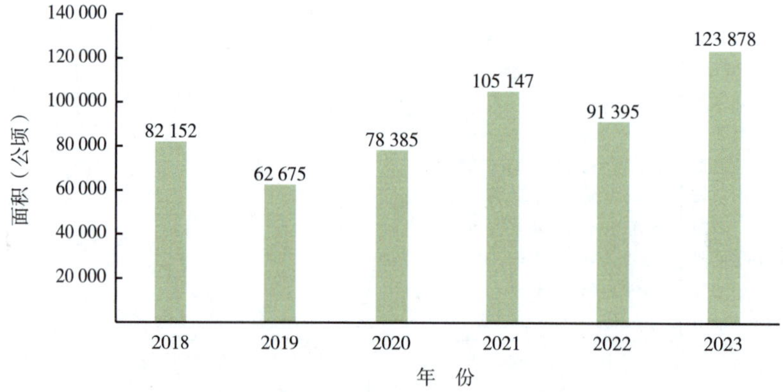

图2-80　2018—2023年全球有机香蕉种植面积发展情况

（数据来源：2020—2025年FiBL调查）

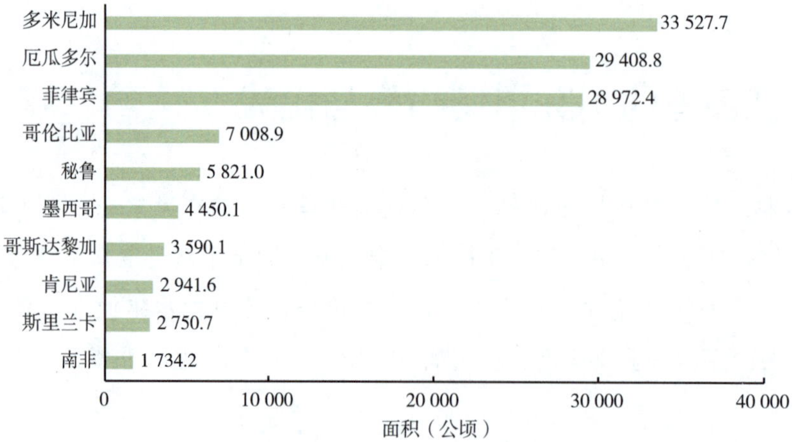

图2-81　2023年有机香蕉种植面积位列前十的国家（地区）

（数据来源：2025年FiBL调查）

在极端气温和日益频繁的飓风影响下，多米尼加对欧盟和美国的香蕉出口量自2021年以来急剧下降。不过，根据美国农业部GATS和欧盟委员会TRACES的数据，该数据在2018—2023年总体增长了18%。多米尼加的蕉农目前将重点放在本土市场和大蕉生产上，既用于加工业，也用于新鲜产品出口。

尽管全球种植了超过1 000种香蕉，但出口到国际市场的几乎都是卡文迪什品种，包括有机生产的香蕉。卡文迪什香蕉不能自然繁殖，只能无性繁殖，这意味着全世界所有卡文迪什香蕉的基因都是相同的。若对病虫害的抵抗力下降，所有卡文迪什香蕉种植园都会受到影响。不过，有机管理的卡文迪什种植园似乎比传统管理的种植园更能抵御病虫害，尤其是非密集型有机生产。这种耐受性的提高可能是由于有机种植园内的生物多样性更高，以及施肥强度低使香蕉植株生长更加缓慢。

香蕉易受多种病虫害的影响。在传统生产中，杀虫剂的使用量很大。在有机生产中，有效的预防措施和良好的作物管理是控制病虫害的关键。有机香蕉主要来自病害（尤其是黑条叶斑病）发生率较低的气候带。

香蕉尖孢镰刀菌（*Fusarium oxysporum* f.sp.*cubense*）是影响传统香蕉和有机香蕉生产的主要土传病害之一，它会导致香蕉植株枯萎并死亡。休眠孢子可在土壤中存活30余年，使病害管理变得十分困难。黄叶病热带第4型（TR4）菌株尤其具有威胁性，因为香蕉和芭蕉植物很容易通过灌溉水受到感染，真菌在植株内不断发展，最终导致其死亡。迄今为止，还没有任何化学、生物或育种技术能抵御其致病作用。

许多拉丁美洲国家已经受到严重影响，且TR4仍在继续向全球蔓延。东南亚、中东地区、印度次大陆、非洲甚至欧洲都出现了案例。

TR4无疑是当下香蕉生产最紧迫的挑战之一，严重影响了有机香蕉的供应。短期内，随着该疾病的迅速蔓延，尤其是在无法有效实施检疫措施的地区，预计有机香蕉的供应量将会下降。并且，TR4的持续传播让进口国开始要求出口方提供实验室检测报告，从而保护本土作物。欧洲已经采取了此类措施以保护马铃薯、番茄、辣椒等茄科作物。

为应对这一危机，FiBL与秘鲁的合作伙伴（瑞士发展组织Helvetas、Centro Ecuménico de Promocióny Acción Social Cedepas）、秘鲁致力于促进可持续发展的非政府组织，以及秘鲁国家农业创新研究所（INIA）合作，启动了由瑞士联邦经济事务秘书处（SECO）资助的田间试验。这些试验旨在根据小规模种植者的需求，制定有机条件下的疾病控制、保护和预防战略。

2.2.2 市 场①

根据联合国粮食及农业组织的数据，2023年全球香蕉产量达1.39亿吨，种植面积约600万公顷。总产量的80%左右在生产国本土消费，20%左右出口到国际市场。

近年来，有机香蕉的增长趋势也很明显，对欧盟和美国的有机香蕉出口量从2018年的111万吨增至2023年的125万吨（图2-82）。2023年对欧盟和美国出口有机香蕉的主要国家如图2-83所示。

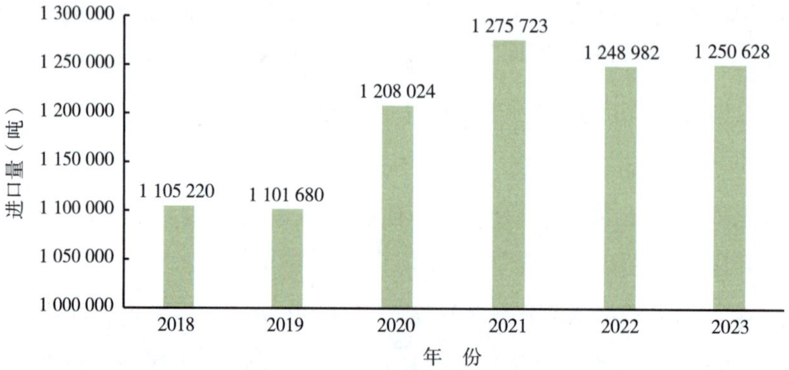

图2-82 2018—2023年欧盟和美国有机香蕉进口情况

（数据来源：GATS/USDA/TRACES/欧盟委员会调查）

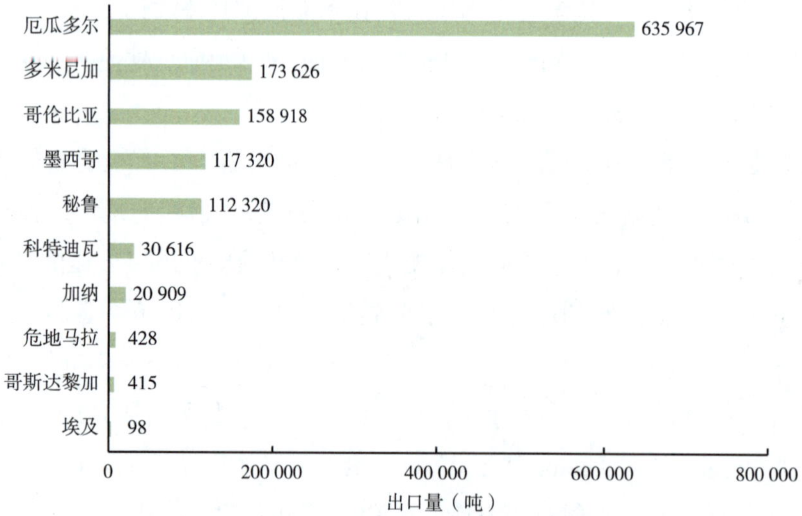

图2-83 2023年对欧盟和美国出口有机香蕉的主要国家

（数据来源：GATS/USDA/TRACES/欧盟委员会调查）

① 由于统计方法不同，此处引用的部分数据与本书第3部分所引用的Ecovia Intelligence数据不同。

2.2.2.1 额外的认证标准

在国际市场上，尤其是在美国和欧洲，不仅有机认证非常重要，通过其他类型可持续认证的香蕉也开始广受追捧。2022年，至少有37万公顷（约7%）的香蕉通过了自愿性可持续性标准（VSS）认证，如GLOBAL GAP、雨林联盟认证等（图2-84）。有机香蕉通常还拥有额外的认证，有机—国际公平贸易的双重认证尤为常见。

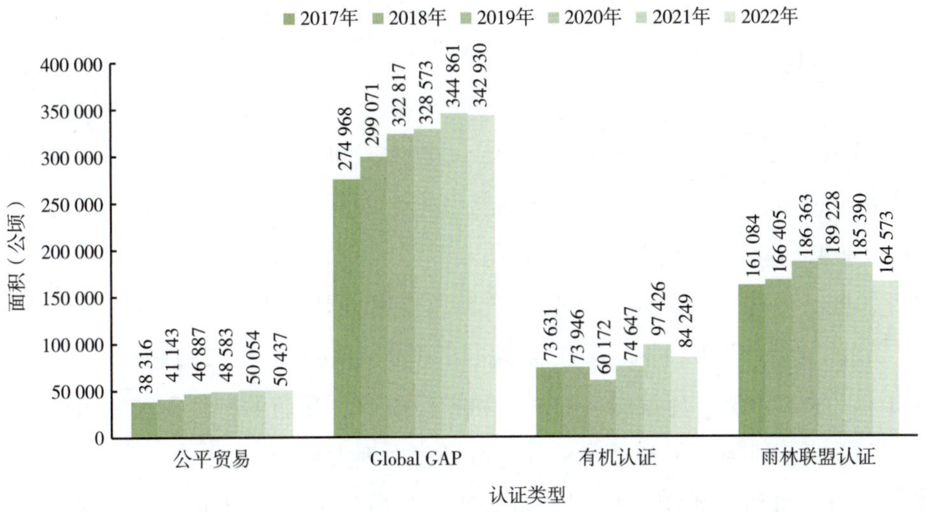

图2-84　2017—2022年经自愿性可持续标准认证的有机香蕉种植发展情况

（数据来源：2024年FiBL-VSS调查）

有机法规制定了严格的环境标准，禁止使用化学合成杀虫剂、可溶性氮肥和磷肥，而公平贸易则规定了最低产品价格，以覆盖生产成本、保障农民工资，同时，给予生产者一定的收益。对于美国和欧洲的高端市场来说，双重认证至关重要。获得公平贸易认证的香蕉，约有60%也获得了有机认证。

2.2.2.2 市场价格

香蕉是价格较便宜的水果之一。瑞士连锁零售店出售的国产苹果价格约为经过有机—公平贸易双重认证香蕉价格的两倍。

连锁零售店之间的竞争非常激烈，低价香蕉往往被用于吸引顾客，有时甚至亏本销售。由于贸易和零售决定了产品供应量和价格，零售商掌握着巨大的议价权，且这种议价权还在不断增强。这对农场，尤其是小农场的出场价造成了持续的压力。

与此同时，零售链的利润平均约为零售价的40%，而生产商的利润约为最终零售价的15%。对于获得有机—公平贸易双认证的生产商来说，情况要好一些。国际公平贸易组织设定了最低产品价格，以覆盖生产成本并保障农民收入。2022年，根据原产国的不同，获得公平贸易认证的非有机香蕉每箱（18.4千克）收入为10.35~12.55美元（离岸价①），而获得公平贸易认证的有机香蕉每箱（18.4千克）收入为11.50~14.90美元（离岸价）。

未获得公平贸易认证的有机香蕉不能享受最低价格保证，但其价格仍比非有机香蕉平均高出60%。

2.2.3 行业展望

虽然TR4镰刀菌对许多香蕉出口国造成了重大威胁，但那些没有该病害或通过强有力的生物安全措施有效控制该病害的国家将在未来几年受益匪浅。在这一全球性疾病被根除之前，香蕉价格很可能会持续上涨。

尽管如此，由于市场需求依然强劲，商业专家预计2024年有机香蕉市场规模将达到16.1亿美元，预计到2029年将增长至27.1亿美元，预测期内（2024—2029年）年均增长率为11%，主要来源于日益增长的消费和零售需求。受访的种植者和零售商对行业前景没有这么乐观，但他们仍预计有机香蕉市场将出现大幅增长。

无论如何，有机香蕉仍将占据重要地位，其中新鲜产品将继续保持领先。同时，由于香蕉是食品加工的上好原料，其在方便食品行业的机会也在不断增加。除卡文迪什香蕉外，新的香蕉品种有望在贸易中受到重视，有机认证也将受到消费者和零售商偏好的推动。

近期，瑞士连锁零售店Coop与瑞士有机农业研究所（FiBL）合作启动了一个项目，旨在开发小香蕉和其他品种的有机供应链，以应对不断变化的市场格局。

2.3 生物动力德米特国际联盟②

生物动力德米特国际联盟是由53个从事生物动力学农业的组织构成的伞状组织，成立于1997年，其主要目标是团结、促进和支持全球可持续农业运动。可持续农业运动于2024年迎来百年诞辰。生物动力德米特国际联盟是唯一成功建立的全球生物动力

① 离岸价是国际贸易术语，表示卖方在指定港口将货物运上买方指定的船只，货物运至指定港口的运输费用由卖方承担。

② 本部分作者为Clara Behr；译者为正谷（上海）农业发展有限公司广州分公司黎榛。

农业实践个体认证网络的生态协会，所有认证都带有德米特标志。

该联盟的53个成员组织中，有19个是德米特认证机构。在没有成员组织的国家，认证工作由联盟的国际认证办公室（ICO）负责。该网络共认证了超过7 000个德米特农场，分布在62个国家，覆盖面积超过26万公顷。

生物动力德米特国际联盟与其成员合作开展活动，体现了以民主理念为指导的国际联盟原则。生物动力农业的核心是鲁道夫·斯坦纳于1924年在“农业课程”中提出的方法。此后，这些方法通过实际应用和研究不断发展。从本质上讲，这套综合理念扎根于对人类的关爱、责任和公开透明。它还体现了人们承诺对社会环境、社区福祉和自然环境保护保持公平与尊重的态度。

生物动力德米特国际联盟在几个关键领域开展活动，主要包括：①积极参与和支持研究项目；②为农民、顾问、认证员和检查员提供培训服务；③维持德米特商标的管理；④根据国际德米特生物动力标准对农场、加工商和贸易商进行认证；⑤传播信息并开展宣传活动，以提高人们对德米特商标和生物动力农法细节的认识；⑥协助销售经德米特认证的生物动力农产品；⑦倡导采用更加可持续的农业种植制度，惠及农民与自然环境；⑧支持全球新兴的生物动力项目和计划。

在过去的几十年中，德米特认证农场的数量持续增长。自2000年以来，全球德米特农场的数量急速增长了约4 000个，2024年总数达到7 081个（图2-85）。近期发展趋势表明，人们对德米特认证产生了浓厚的兴趣，已有超过26万公顷的农业用地用于生物动力种植（图2-86）。值得注意的是，德米特香蕉和德米特橄榄油等行业蓬勃发展，随着关注度的增加和新销售渠道的建立，相当多的地区正在向生物动力农法过渡。

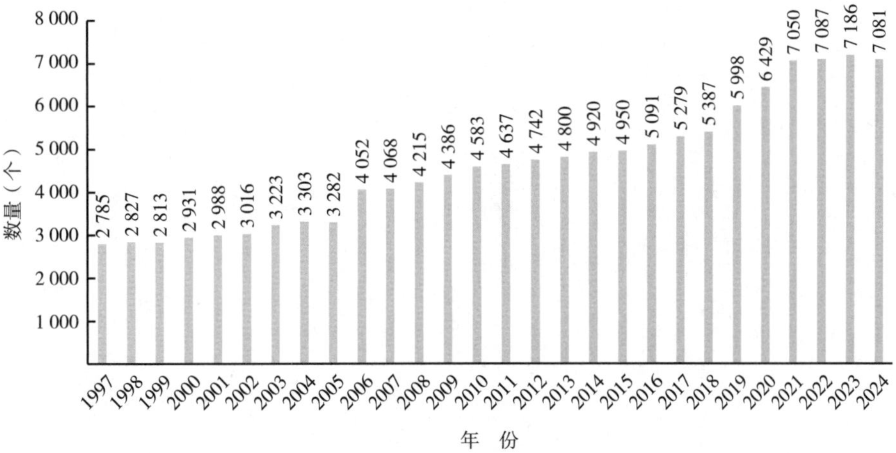

图2-85　1997—2023年德米特认证农场数量发展情况

（数据来源：1998—2024年生物动力德米特国际联盟调查）

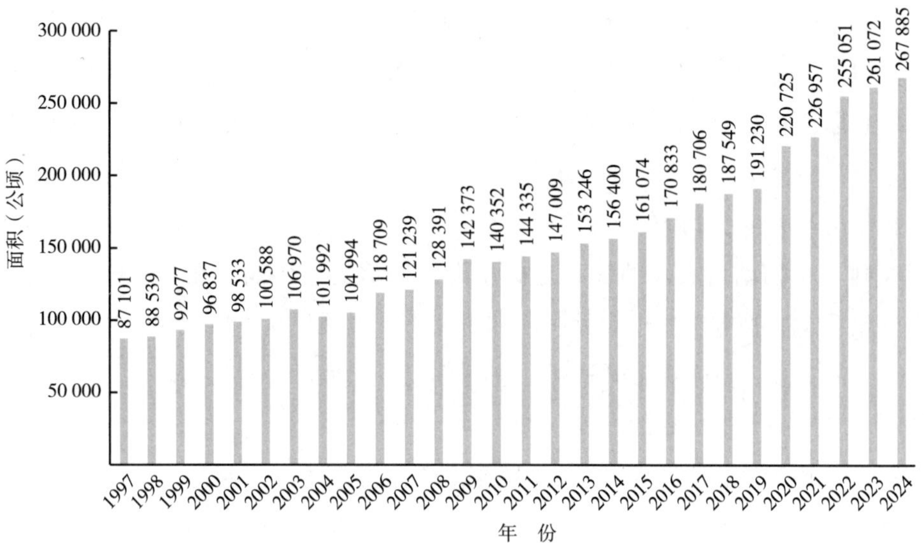

图2-86　1997—2023年德米特认证农地面积发展情况

（数据来源：1998—2024年生物动力德米特国际联盟调查）

生物动力葡萄栽培也日益突出，全球约有1 400座德米特认证的酒庄，以法国数量最多（729座）。除欧盟以外，美国、智利和阿根廷的德米特认证酒庄数量位居前列。全球合计约有2.6万公顷的德米特认证土地被用于生物动力葡萄栽培。

3 全球有机食品与饮料市场概况①

3.1 概　况

2023年，全球有机食品与饮料市场价值达1 304亿欧元②，所有区域都实现了增长，但增长率各不相同。欧洲的增幅最大，部分国家正在从2022年的负增长中逐步恢复。在市场盈利方面，欧洲增长了近20亿欧元。

主要国际货币的汇率波动继续影响有机食品市场的收入增长。以欧元计算，2023年的市场增长率为1.6%，而若以美元计算，则为4.4%。造成这一差异的原因是2023年欧元兑美元走强。因此，若以美元收入计算，欧洲的市场增长率将更高。若以欧元计算，美元的下跌抵消了北美洲市场的实际增长。汇率波动将继续扭曲收入增长的衡量

① 本部分作者为Amarjit Sahota；译者为正谷（上海）农业发展有限公司广州分公司黎榛。本部分由Ecovia Intelligence（前身为Organic Monitor）根据其对全球有机食品和饮料市场的持续研究编写而成。未经Ecovia Intelligence书面同意，不得在其他商业出版物中复制或使用本部分内容。如欲获得许可，请致函Ecovia Intelligence，79 Western Road，London W5 5DT；电话为+44 20 8567 0788；电子邮件为services@ecoviaint.com。

② 由于统计方法不同，Ecovia Intelligence和FiBL在计算有机食品销售额时存在差异。

标准。

全球有机市场越来越容易受到宏观因素的影响。在2020年出现销售高峰后，地缘政治冲突和疲软的经济状况抑制了市场增长。俄乌冲突给欧洲经济带来了不确定性，影响了消费者的行为。食品通胀对所有地区的食品消费支出都产生了重大影响，尤其是在消费者对价格较为敏感的欧洲和北美洲。在部分国家，有机食品销售额的增加更多是由于价格上涨，而不是销量增加。

3.2 北美洲

2023年，北美有机产品市场价值为645亿欧元，是全球最大市场。大部分收入来自全球最大的单一市场美国（590亿欧元）。

虽然北美市场的收入创下了历史新高，但市场增长却低于前几年。美国和加拿大消费者对有机产品的需求依然旺盛，但通货膨胀和经济状况影响了消费支出。自2021年以来，有机和非有机食品的价格均有所上涨。尽管销量也有所上涨，但销售额增长主要来源于有机食品的价格上涨。

2023年，北美有机食品与饮料的销售额增长了3.0%，均来自美国市场。同年，加拿大市场萎缩了1%。自2022年以来，加拿大的有机农地面积、生产者数量和产品销售额持续下降，其原因包括经济疲软和通货膨胀。未来几年，北美洲有机食品市场有望继续保持健康增长。美国经济前景乐观，该地区受地缘政治冲突的影响相对较小，有机产品的消费市场也很强劲。各种研究表明，“千禧一代”和“Z世代”消费群体正在成为有机食品的狂热买家。随着他们可支配收入的增加，预计他们会购买更多有机食品。

3.3 欧　洲

2023年，欧洲的有机食品与饮料市场价值为532亿欧元①，市场规模位居前列的是德国、法国、瑞士、意大利和英国，合计占欧洲整体的2/3。

受到欧洲经济环境的影响，2023年部分国家（如法国和瑞典）的有机市场几乎没有增长，而其他国家则多表现为通胀性增长。只有极少数国家出现强劲增长，比利时的增幅最高（21%），部分来源于佛兰德斯地区的高需求。相反，芬兰市场在2023年继续

① 由于统计方法不同，不同部分展示的有机食品销售额数据存在差异。

下滑，缩减了6%。2023年欧洲市场的总体增长率为3.6%。这在很大程度上是由于价格上涨，而不是实际销量的增长。

欧洲面临的生活成本危机和高通货膨胀都对有机食品销售产生了不利影响。部分有机食品专卖店在严峻的经济形势下被迫倒闭，而其他零售商则对供应品类进行了缩减。2022年，法国约有172家有机食品店倒闭。英国领先的有机食品零售连锁店Planet Organic在2023年濒临破产。有机食品零售商受到了能源成本、食品价格和劳动力成本上升的重大打击。

通货膨胀也导致有机和非有机食品价格上涨。德国和英国等市场收入增长的部分原因是有机产品的价格上涨。在销售渠道方面，情况喜忧参半。部分国家（如法国）专卖店的销售额有所增长，而主流零售商的销售额则有所下降；另有部分国家（如德国）超市和折扣店的销售额有所增长。

3.4 地域划分

如图3-1所示，北美洲和欧洲是全球有机食品销售的主要地区，合计占90%。尽管有机食品在各大洲都有生产，但需求主要集中在这两个地区。亚洲位居第三，占据除北美洲和欧洲外127亿欧元总收入的大半部分，位居前列的市场依次是中国、日本、韩国和印度。大洋洲的有机产品市场也很重要，澳大利亚和新西兰不仅拥有本土市场，同时也是主要的出口国。拉丁美洲和加勒比海地区是主要的生产和出口区域，巴西是有机产品的重要市场。非洲已成为重要的有机产品出口国，但其国内市场仍在增长，南非也是有机产品的重要市场。

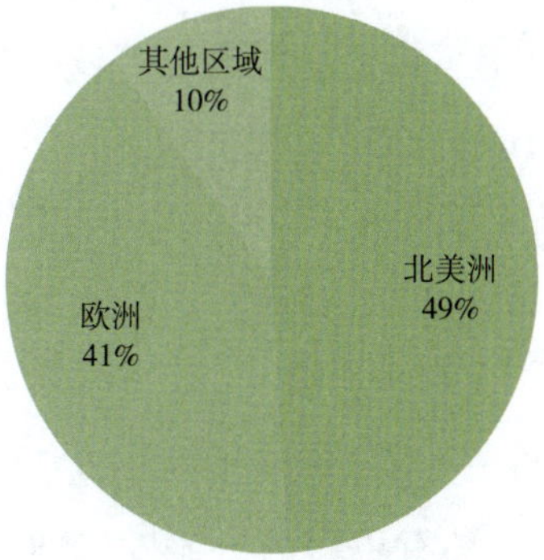

图3-1 2023年各区域有机市场情况

（数据来源：Ecovia Intelligence调查）

3.5 有机标志的未来

食品行业的有机标志正面临重重挑战。美国农业部的国家有机项目（NOP）标志在北美洲市场已经广为人知，欧盟有机标志也普遍在欧洲的有机食品包装上使用。这两种有机标志都受到政府法规的保护。与此同时，新的有机标志也在不断涌现。

部分美国有机食品生产商在NOP的基础上，尝试采用更高的标准。行业先驱者采用了再生有机认证（ROC），该标准于2020年推出，目前已被近300个农场和61 104个小农户采用，涵盖1 840万英亩（约740万公顷）农地。该标准有三大支柱：土壤健康、动物福利和社会公平。通过认证的产品带有ROC标志，该标志在北美洲的有机产品上越来越常见。

目前已有223个品牌采用了ROC标准，包括Nature's Path、Alter Eco、Bonterra Vineyards和Lundberg Family Farms等美国知名品牌。国际运营商也开始采用ROC标准，包括Aliet Green（印度尼西亚）、Big Tree Farms（印度尼西亚）、Daabon（哥伦比亚）、Native（巴西）、Serendipol（斯里兰卡）和印度EcoFarms。国际时尚品牌H&M和Patagonia采用了ROC有机棉标准。

还有部分有机农户转向了“真正有机项目”（The Real Organic Project），这是一项由农民主导的“草根”运动，于2018年在佛蒙特州启动。该标准比美国农业部NOP标准更严格，涵盖了种植和养殖的有机食品。目前已有1 000多名有机农民参与该项目，通过认证的产品都贴有相应标签。

在欧洲，有机产品大多贴有多个标签。在许多国家，有机产品通常有两三个或更多标签。在德国，许多有机产品贴有Naturland、Bioland和类似组织的标志，以及欧盟有机标志。Biosiegel（德国有机标志）也很常见。其他国家也有国家有机产品标志：法国有Agriculture Biologique（AB）标志，丹麦有“Ø-”标志。2015年，德国巴伐利亚州还推出了地区有机标签Bayerisches Bio-Siegel。

部分国家为有机产品设立了国家统一标志，包括巴西、印度、日本和中国。而有机行业规模较小的国家则大多依赖第三方标准，例如，亚洲和非洲的许多生产商通常采用欧洲或美国的有机标准。

全球有机食品行业的认证标志正在不断增加，这引发了人们对未来的疑问：我们是否还会看到更多有机标签？是会有更多的自愿性标准/标志，还是国家统一标识？不断扩大的有机等效协议会对这些标志产生什么影响？消费者能否区分越来越多的有机标志？全球有机食品行业如何防止标准和标志的分歧？

3.6 总 结

2023年，全球有机产品销售额持续上涨。尽管消费者对有机食品与饮料的需求依然强劲，但购买行为日益受到宏观因素的影响。疲软的经济状况和通货膨胀抑制了消费者的需求。2023年的增长主要来源于产品价格上涨，而不是销售量的增加。

展望未来，北美洲市场有望在未来几年继续领跑。美国经济依然强劲，与欧洲相比，受地缘政治冲突的影响较小。除了疲软的经济状况，政治不确定性是2025年可能影响欧洲消费者行为的另一个宏观因素，例如，德国将于2025年春季举行大选。政府的变动将影响经济形势，从而使消费者产生连锁反应。

短期内，供过于求是行业面临的重大问题。2020年，消费者需求激增曾一度导致产品短缺。许多生产商预测高需求将持续下去，因而提高了产量。市场增速的放缓导致部分有机产品流入传统市场。有机肉类和乳制品行业受到的影响最大，生产成本上升、植物基食品的发展以及当前产能过剩都给有机畜牧业带来了挑战。

4 政策法规及参与式保障体系

4.1 全球生态农业（含有机农业）政策和法规概览①

全球越来越多的政府正在积极支持推广生态农业政策，并为此推出符合可持续发展目标的针对性政策，其区域性趋势表明会优先考虑生态、社会和经济因素。

4.1.1 欧 洲

根据《欧洲绿色协议》和“从农场到餐桌”战略，新法规旨在加强可持续性和食品安全，但可能会使合规成本增加，抵消与“全球南方”现有优惠贸易协定带来的好处。

新法规的一项重要更新是针对有机产品中不合规的农药残留制定了更严格的规定，预计将于2025年完成。2024年4月2日颁布的实施条例（EU）2024/989取代（EU）2023/731，概述了2025—2027年的多年期协调控制计划，以监管产品中的农药最大残留

① 本部分作者为Sahar Brahim和Gábor Figeczky；译者为正谷（北京）农业发展有限公司张友廷。

量，并评估消费者接触植物源和动物源食品中农残的情况。

2025年1月1日，欧盟将全面过渡到（EU）第2018/848号法规，届时有机认证体系将发生重大变革。这一变化将逐步淘汰之前用于认证第三国进口产品的有机等效体系，要求所有产品直接符合欧盟标准。在2025年10月15日前的拟议过渡期内，在特定条件下，来自指定监管机构的等效证书将视作有效。新法规指定的监管机构有3年的过渡期，到2024年12月31日结束，以便从等效转为合规。需要注意的是，有14个通过等效或贸易协定获得认可的出口国，在2026年年底等效体系被完全取代之前，仍可以继续将协议中的产品出口至欧盟。

欧盟通过其2023—2027年共同农业政策（CAP）和促进措施，将可持续和有机农业设为优先事项，与《欧洲绿色协议》的可持续性、竞争力和粮食安全目标保持一致。

4.1.2 非　洲

4.1.2.1 概　况

非洲越来越多国家将生态农业纳入其农业框架，以改变粮食系统、加强粮食安全、减少贫困，并履行全球和地区承诺，如联合国可持续发展目标（SDGs）和《非洲联盟2063年议程》。生态农业与有机农业拥有许多共同原则，在适应气候变化、保护生物多样性、维护粮食安全和性别平等等关键优先事项上得到了认可。

《非洲农业发展综合计划》《马拉博宣言》和南部非洲发展共同体的《地区农业投资计划》都强调要将国家预算的10%用于农业。尽管如此，这些地区的大部分政府支持仍倾向于传统农业，在2023—2024财政年度，用于生态农业实践的预算不到农业部门预算的50%。对生态农业的支持通常侧重于促进农民、研究人员和政策制定者的参与、知识共创，以及经济多样化，以减少对某种作物的依赖并提高抗灾能力。这些原则与有机农业注重地方控制、社区知识和可持续性的原则相一致。然而，在减少农民对外部投入的依赖、促进循环利用和改善动物健康等关键领域，资金仍然不足。

2022年，PSA联盟开发并试行了非洲生态农业融资分析工具（AFAT），以帮助其成员评估农业公共融资。该工具的重点是确定对农业生态转型的支持、投资和承诺水平，包括气候适应性和性别响应实践，以造福小农户。AFAT由国际合作促进发展与团结组织以及农业生态、水与恢复力中心领导的全球实践社区提供指导，该社区以粮食安全与营养问题高级别专家小组的13项农业生态原则为框架，制定了农业生态指标。该工具提供了一份开放式指标清单和良好做法范例，可根据当地情况进行调整。使用AFAT

进行的一项研究显示，在2023—2024财政年度，马拉维、坦桑尼亚、赞比亚和津巴布韦对生态农业的支持程度各不相同：①马拉维将12%的预算分配给农业部门，其中44%与生态农业兼容，大部分资金用于可负担投入计划和灌溉项目等农业项目，而这些项目非常重视合成投入品；②坦桑尼亚将9%的预算用于农业，其中27%用于支持生态农业，大部分资金用于灌溉，但严重的支出不足阻碍了进展；③赞比亚拨出了7.4%的农业预算，其中只有24%符合生态农业要求，投入品供应计划侧重于保护性农业，但严重依赖合成肥料和商业种子；④津巴布韦也拨出了7.4%的预算，其中64%支持生态农业，Pfumvudza和指令性农业等项目反映出津巴布韦在向可持续发展的道路上迈出了坚实的一步。AFAT根据粮食安全和营养问题高级别专家小组框架定义生态农业，该框架概述了13项生态农业的关键原则。这些原则与有机农业的原则完全一致，强调可持续性、地方控制和社区知识。

调查结果显示，尽管各部门的现行国家政策在一定程度上与生态农业原则相符，但这些政策很大程度上受限于以出口导向型农业、商业化运作方式及常规农业作为主要支持战略的整体环境。要实现农业可持续发展以及对气候变化和粮食不安全因素的长期抵御能力，就必须加大投资力度，重新调整优先事项，全面推进生态和有机农业。

4.1.2.2 肯尼亚

肯尼亚的粮食系统转型路径计划旨在通过推广可持续、有韧性和包容性的解决方案，应对国家粮食系统面临的主要挑战。生态农业是这一方法的核心，它为生态友好型公平粮食生产提供了一条途径，可平衡生计、农场生态系统和更广泛的粮食系统。虽然肯尼亚的《2021年农业政策》和《2030年远景规划》承认了生态农业的潜力，但该国仍然缺乏一项全面的国家战略支持生态农业的推广。

为了弥补这一差距，肯尼亚政府与生态农业和农业生物多样性跨部门论坛（ISFAA）合作，推出了2024—2033年粮食系统转型国家生态农业战略。该战略以13项生态农业原则（与联合国粮食及农业组织的10项生态农业要素密切相关）为指导，重点关注肯尼亚粮食系统在营养、健康、环境可持续性和社会经济成果等关键领域的转型。该战略还旨在推广有机农业，将其作为更广泛的生态农业方法的一部分。这些做法对于改善土壤健康、保护生物多样性、提升营养和减少对合成投入品的依赖至关重要。通过将生态和有机农业纳入国家和县级计划，该计划促进了生物多样性、气候适应能力、粮食安全和可持续生计。穆朗阿、基安布、维希格和布西亚等郡已率先实施这些做法，为其他郡提供了宝贵的范例。

该战略是由不同利益相关者参与制定，其中概述了5项关键行动：①通过生态农业（包含有机农业）推广具有韧性的可持续农业；②鼓励可持续消费和健康饮食；③支持生态农业政策和激励措施；④加强生态和有机农业的研究、创新和培训；⑤加强粮食系统的公平性和参与式管理。

该战略预计耗资268亿肯尼亚先令，将由ISFAA在全国范围内进行协调，并通过郡级工作组在当地实施。通过将有机农业纳入其框架，促进粮食系统转型的国家生态农业战略（NAS-FST）为肯尼亚创建可持续、包容和更健康的粮食系统提供了一个强有力的途径。

4.1.2.3 乌干达

乌干达的国家生态农业战略在经过广泛磋商后即将制定完成，将促进可持续农业、改善土壤健康、提高粮食安全，向更加公平和可持续的粮食系统过渡。该国明确承诺将摆脱工业化农业，转向符合有机原则的生态农业。推广服务和加强职业学校建设的第一批政策措施，以及关于生态农业的培训计划和课程在该国初见成效。

4.1.3 拉丁美洲和加勒比海地区

拉丁美洲和加勒比海地区继续扩大其有机农业部门，适应更严格的全球法规，并强调生态农业是应对环境挑战的一种解决方案。贸易谈判以及促进可持续发展与生物多样性的国家政策为该区域提供了支持。

4.1.3.1 巴　西

巴西通过2012年推出的国家生态农业和有机生产政策（PNAPO）继续引领生态农业实践。该政策将可持续农业纳入国家战略，旨在改善农村发展、加强粮食安全并促进健康饮食。2024年10月16日，为纪念世界粮食日，巴西推出了第三个国家生态农业和有机生产计划。这项更新的计划旨在支持有机和生态农业产品的生产、处理和加工，是巴西在2026年前消除饥饿和促进可持续发展战略的一部分。它进一步加强了巴西对生态农业、可持续性和粮食安全的承诺。

此外，联邦政府还批准了2025—2028年的《盘中餐——首个国家粮食供应计划》（Planaab），并正式制定了《国家粮食供应政策》。Planaab中概述的各项举措于2024年10月21日正式生效。根据政府的说法，Planaab的目标是在巴西建立一个可持续和高效的粮食供应系统，重点关注弱势人群，并加强家庭农场。

4.1.3.2 墨西哥

墨西哥采取了重大措施促进生态和有机农业，表明其对可持续农业和粮食主权的承诺。主要进展包括：①《适当和可持续粮食基本法》于2024年4月17日颁布，将粮食主权放在首位，规定转基因产品必须贴上警告标签，并在粮食政策中执行预防原则；②《转基因玉米禁令》于2024年2月颁布，提出禁止使用和种植转基因玉米，旨在保护墨西哥的农业遗产、生物多样性和粮食主权；③克劳迪娅·辛鲍姆·帕尔多总统的政府优先考虑玉米的自给自足，并为小农户提供更多支持，强调采取非转基因的可持续农作方法。

4.1.3.3 哥伦比亚

2024年年底，哥伦比亚农业与农村发展部通过了一项雄心勃勃的生态农业公共政策。该政策是所有利益相关者自2023年初起广泛磋商的结果，其主要目标：①根据当地人民和社区的社会现实、知识和专长，加强生态农业教育、推广和创新进程；②促进生态农业和替代性可持续农业做法（如有机农业），以及耕地和农业生产系统的生态农业转型；③加强粮食和生态农业产品的分配、交换、营销及消费的地区进程；④促进生物多样性、热带农业生物多样性和生物文化系统的保护，以此作为应对气候危机的战略；⑤鼓励和组织处于弱势和被边缘化的群体，以提高他们自主进行转换的能力。该政策明确规定了相关管理制度，预计在2025年及以后的几年中陆续出台具体措施。

4.1.4 亚　洲

在国家战略和区域框架的推动下，亚洲在推行生态和有机农业方面取得了长足进步。这些努力旨在提高可持续性、应对环境退化，并改善各类农业系统的粮食安全。

泰国制订了以下两项综合行动计划，旨在促进可持续农业、生态农业和有机农业发展。尽管每项计划都有其侧重点，但它们共同表明了泰国致力于创建一个具有韧性、对环境负责的农业部门。①《2023—2027年有机农业行动计划》旨在推行有机农业，提高农业的可持续性，其目标是在2027年前将有机农业面积增至32万公顷，良好农业规范（GAP）认证面积增至40万公顷。该计划优先改善本土有机生产、认证和营销，同时通过培训、财政激励和市场准入为农民提供支持。该计划还强调研究、创新和建立有机农业数据库，以加强供应链和促进可持续发展。②《2023—2027年农业部门气候变化行动计划》则采取更广泛的方法，侧重于气候变化的减缓与适应。该计划旨在改善水资源管理、减少温室气体排放、促进土地的可持续利用，与泰国2050年实现碳中和、2065年实现净零排放的目标保持一致。该计划吸取了过往战略以及利益相关者的经验教训，在应对各种气候情景的同时，纳入有机农业等可持续做法，以减少排放并提高韧性。

4.1.5 总　结

2024年，欧洲、非洲、拉丁美洲和加勒比海地区、亚洲以及其他地区出台了一些渐进的政策、倡议和财政承诺，以支持向生态和有机农业的过渡。欧洲需要通过《欧洲绿色协议》等框架保持其信心。非洲在肯尼亚和乌干达实施的战略凸显了生态农业在气候适应和粮食安全方面的潜力，但投资缺口依然存在。拉丁美洲和加勒比海地区以及亚洲也取得了进展，巴西、哥伦比亚、墨西哥和泰国将生态农业实践纳入了国家战略。尽管前景广阔，相关部门仍须采取更多行动，使预算与可持续实践保持一致，扩大创新规模，并确保包容性。持续合作、战略投资和技术进步对克服障碍至关重要。随着各国不断完善其方法，生态农业和有机农业有望改变全球粮食系统，将可持续性、生物多样性和公平性放在首位，造福子孙后代。

4.2 参与式保障体系（PGS）①

4.2.1 各区域发展情况

根据IFOAM国际有机联盟的全球参与式保障体系（PGS）地图，截至2024年，全球共有343项PGS计划，其中，拉丁美洲和加勒比海地区的PGS数量上仍居首位，有149项计划；其次是亚洲有93项计划，非洲有53项计划（表4-1）。拉丁美洲和加勒比海地区PGS计划数量占全球的43%，亚洲占27%，非洲占15%，欧洲占8%，大洋洲占5%。北美洲注册的PGS计划数量最少，只有2项，占全球总数的不到1%。在所有PGS计划中，79%已投入运行，其余21%仍在开发中（表4-2）。

① 本部分作者为Carolina De Jorge；译者为正谷（北京）农业发展有限公司张友廷。

表4-1 不同地区的PGS计划数量

地 区	PGS计划数量（项）
拉丁美洲和加勒比海地区	149
亚 洲	93
非 洲	53
欧 洲	28
大洋洲	18
北美洲	2
总 计	343

数据来源：2024年IFOAM国际有机联盟PGS调查。

表4-2 PGS组织的状态

PGS计划状态	PGS计划数量（项）	占 比
运行中	272	79%
开发中	71	21%
总 计	343	100%

数据来源：2024年IFOAM国际有机联盟PGS调查。

4.2.1.1 拉丁美洲和加勒比海地区

拉丁美洲和加勒比海地区的PGS计划数量全球领先，2024年有149项计划登记在案（占全球总数的43%），通过PGS认证的土地面积达14 237公顷。

其中，玻利维亚的PGS计划数量最多，共有45项；其次是巴西（29项），该国拥有一些声誉卓著、影响深远的PGS计划，如Ecovida PGS认证协会，共有5 662名生产者参与。智利的参与度也很高，目前有24项PGS计划。

4.2.1.2 北美洲

2024年，北美洲共有2项计划注册，占全球PGS计划总数的不到1%，认证土地面积为8 440公顷。其中，自然种植认证倡议位于美国，共有650名生产者参与，均已获得认证，该计划认证了北美洲全部8 440公顷PGS计划土地；波多黎各的PGS计划仍在发展之中，记录显示，目前已有10家生产商参与了该计划的实施。

4.2.1.3 非　洲

根据IFOAM国际有机联盟的全球PGS地图，目前非洲PGS计划数量占全球的15%，共有53项，40 465公顷的认证土地。

其中，最具代表性的是南非，共有18项PGS计划，其次是坦桑尼亚（6项）和多哥（5项）。有几项PGS计划在全球范围内脱颖而出。例如，埃及的“爱的经济”计划，共有4 399公顷认证土地，涉及53名生产者，全部获得认证；另一项是纳米比亚有机协会的PGS计划，认证面积达26 502公顷。

4.2.1.4 亚　洲

亚洲在2024年登记了93项PGS计划，数量占全球的27%，拥有最大的认证土地面积，共计1 212 263公顷。菲律宾的PGS计划数量最多，目前共有20项；泰国紧随其后（15项），越南和尼泊尔并列第三（12项）。

在已登记的PGS计划中，印度在生产者数量和认证面积方面明显突出，涉及1 196 403公顷土地和1 933 641名生产者。

4.2.1.5 欧　洲

欧洲PGS计划数量占全球的8%，共有28项计划，认证面积达4 470公顷。西班牙的PGS计划数量居首位，共有11项，其次是意大利和法国，各有4项。

4.2.1.6 大洋洲

大洋洲PGS计划数量占全球的5%，共有18项计划和13 415公顷认证土地。PGS计划最多的国家是斐济，有7项，其次是澳大利亚，有3项。斐济的“爱心群岛”PGS计划尤为引人注目，该计划涉及256个利益相关方，其中185个已获得认证，获得认证的土地面积达9 166公顷。

4.2.2 全球整体发展情况

PGS在全球范围内有日益增长的趋势。2019—2023年，注册PGS计划的数量不断增加。2019年，全球共有223项倡议（166项已投入运营，57项正在开发中），认证土地总面积为406 040公顷；而在2024年，全球共有343项计划（272项已投入运营，71项正在开发中），认证土地总面积达1 293 290公顷（表4-3）。这表明，在过去5年中，全球PGS计划的数量增长了53%，认证面积增长了219%。尽管所有地区都有PGS项目，但拉丁美洲的PGS项目数量在全球范围内仍处于领先地位；而在参与生产者的数量和通过PGS认证的土地数量方面，亚洲明显处于领先地位。

表4-3 2023年全球PGS统计数据

区　域	国家（地区）	PGS计划数量（项目）	获得认证的生产者数量（名）	参与的生产者数量（名）	PGS认证面积（公顷）
非　洲	贝　宁	2	472	805	236
	布基纳法索	1	864	1 476	180
	布隆迪	1	0	4 820	0
	喀麦隆	1	80	192	0
	埃　及	1	53	53	4 399
	埃塞俄比亚	1	0	30	0
	加　纳	3	62	526	2 120
	几内亚	1	0	59	0
	科特迪瓦	1	0	35	0
	肯尼亚	1	1 078	1 587	1 442
	马　里	1	250	1 352	112
	毛里求斯	1	0	0	0
	摩洛哥	1	55	61	352
	莫桑比克	1	167	167	0
	纳米比亚	1	5	5	26 502
	尼日利亚	1	706	706	45
	卢旺达	1	0	158	0
	圣多美和普林西比	1	13	40	2
	塞内加尔	1	306	500	382
	南　非	18	361	641	479
	坦桑尼亚	6	2 320	2 581	3 605
	多　哥	5	573	979	603
	乌干达	1	450	7 224	0

（续表）

区 域	国家（地区）	PGS计划数量（项目）	获得认证的生产者数量（名）	参与的生产者数量（名）	PGS认证面积（公顷）
非 洲	津巴布韦	1	15	15	6
	区域合计	53	7 830	24 012	40 465
亚 洲	孟加拉国	1	0	123	0
	不 丹	1	0	100	0
	柬埔寨	7	26	132	2
	中 国	3	0	1 129	0
	印 度	5	1 933 041	1 933 641	1 196 403
	印度尼西亚	2	369	558	136
	日 本	1	6	8	2
	吉尔吉斯斯坦	1	1 097	1 097	2 667
	老 挝	3	334	500	773
	马来西亚	1	26	115	0
	蒙古国	2	6	35	4
	缅 甸	1	304	304	379
	尼泊尔	12	171	288	15
	菲律宾	20	229	595	363
	韩 国	1	780	2 200	207
	斯里兰卡	3	408	837	224
	中国台湾	2	233	729	500
	泰 国	15	8 603	8 606	8 855
	越 南	12	719	1 332	1 733
	区域合计	93	1 946 352	1 952 329	1 212 263
欧 洲	比利时	2	90	224	0
	波斯尼亚和黑塞哥维那	1	0	5	0
	捷 克	1	8	15	0
	法 国	4	1 064	1 798	250

（续表）

区　域	国家（地区）	PGS计划数量（项目）	获得认证的生产者数量（名）	参与的生产者数量（名）	PGS认证面积（公顷）
欧　洲	德　国	1	38	38	2 670
	希　腊	1	0	0	0
	匈牙利	2	0	10	0
	意大利	4	237	347	1 368
	西班牙	11	210	305	92
	土耳其	1	0	30	90
	区域合计	28	1 647	2 772	4 470
拉丁美洲和加勒比海地区	阿根廷	2	20	40	170
	伯利兹	1	0	5	0
	玻利维亚	45	262	1 720	107
	巴　西	29	8 908	9 054	2 696
	智　利	24	264	264	908
	哥伦比亚	6	373	649	1 528
	哥斯达黎加	7	69	74	187
	古　巴	1	0	3 712	0
	厄瓜多尔	5	657	1 897	80
	萨尔瓦多	1	18	18	0
	危地马拉	1	25	50	1
	洪都拉斯	1	0	0	0
	墨西哥	7	85	216	177
	巴拉圭	2	320	1 112	1 655
	秘　鲁	16	4 627	11 121	6 178
	乌拉圭	1	135	500	550
	区域合计	149	15 763	30 432	14 237
北美洲	波多黎各	1	0	10	0
	美　国	1	650	650	8 440

（续表）

区　域	国家（地区）	PGS计划数量（项目）	获得认证的生产者数量（名）	参与的生产者数量（名）	PGS认证面积（公顷）
北美洲	区域合计	2	650	660	8 440
大洋洲	澳大利亚	3	17	23	2 202
	库克群岛	1	4	17	23
	斐　济	7	303	624	9 166
	法属波利尼西亚	1	67	115	323
	法属新喀里多尼亚	1	155	155	1 676
	新西兰	1	130	130	0
	帕　劳	1	0	0	0
	萨摩亚	1	0	190	0
	所罗门群岛	1	48	54	25
	瓦努阿图	1	0	1 611	0
	区域合计	18	724	2 919	13 415
全球总计		343	1 972 966	2 013 124	1 293 290

数据来源：2024年IFOAM国际有机联盟PGS调查。

5 非洲有机农业现状

5.1 非洲有机农业发展动态①

目前，农业和粮食系统正从目前的次优状态向更高效、有韧性和健康的膳食系统过渡，这一趋势日益明显。非洲生态有机农业（EOA）倡议是实现转型的途径之一，尤其是在全球面临公共卫生事件、地缘政治冲突和环境危机等挑战之后，生态有机农业继续受到农民、生产者、研究人员、决策者等各利益相关方的关注。越来越多证据表明，相较于传统农业，生态有机农业具有保障粮食安全和改善营养状况、恢复土地退化、减轻贫困、减缓气候变化和增强韧性等众多社会、经济和环境效益。这些证据已在2023年3月举行的首届东非生态农业会议（EAAC）上发表。会议发言强调了东非生态农业的发展进程和势头，以及乌干达和坦桑尼亚等国在采取有机政策方面取得的进展。第二届会议计划于2025年3月25—28日在肯尼亚内罗毕举行。

① 本部分作者为David Amudavi、Venancia Wambua、Alex Mutungi、Chariton Namuwoza、Mgeta Daud、Olugbenga O. AdeOluwa、Oluwatoyin M. Ologundudu和Francis Nsanga；译者为正谷（上海）农业发展有限公司朱雯珺。

5.1.1 非洲生态有机农业倡议（EOA-I）

在非洲联盟（AU）、瑞士发展合作署（SDC）和瑞典自然保护协会（SSNC）等多家机构的支持下，非洲生态有机农业倡议（EOA-I）已向非洲多地的众多小农户伸出援手。该倡议旨在2025年前将非洲生态有机农业（EOA）纳入国家农业生产系统，以提升非洲的农业生产力、粮食安全、市场准入和可持续发展。为实现这一目标，将通过在非洲开展机构能力建设、科学创新、市场体系建设、公共政策与项目、外联与交流、高效协调、建立网络与伙伴关系等活动，推广有利于生态和有机农业的战略和方法。

5.1.1.1 非洲生态有机农业惠及280万农户

2024年数据显示，约280万名农民（45%为女性，55%为男性）获得了有关EOA的信息和知识，以促进有机农业实践。此外，包括运输商、投入品供应商、市场营销人员和消费者在内的1 281名价值链参与者也获得了相关知识，涵盖作物管理、土壤肥力管理、有机种子生产和管理、产品增值、市场情报、有机标准与认证等多个领域。通过EOA-I的实施伙伴和执行机构，在国家、区域和非洲大陆各层面组织的培训和实地交流活动中，约1万名农民实践EOA和生态农业的能力得到了广泛提升。

5.1.1.2 非洲近90%的农民践行EOA

在9个实施EOA的非洲国家中，小农户的实践比例一直是EOA-I取得成功的关键指标，因为它既反映了农民向有机农业转换的意愿，也反映了推广、培训和其他支持工作的有效性。家庭调查数据显示，采用EOA实践的农民数量新增了7 378名，截至2024年，其总数达到11 694人（占比88.9%）。通过EOA实践，小农户能更好地提高作物产量、保持土壤肥力、增强抵御气候变化影响的能力，同时减少对环境的负面影响。

5.1.1.3 EOA验证并向农户提供55种知识产品

通过开发和传播知识产品实现的知识管理，在推动非洲采用EOA方面发挥着关键作用。在此背景下，相关方在收集与验证后，向公众（特别是农民）提供了55种EOA知识产品。这些知识产品涵盖了多个领域，包括土壤肥力管理（如何制备优质肥料和蚯蚓堆肥）、作物保护（作物轮作、混合种植、伴生种植）、水资源收集与管理、各种农业企业的增值、有机标准与认证、牲畜管理。

5.1.1.4 EOA项目区域的有机农地比例

根据2024年的数据，EOA项目区域中，有86%由小农户管理的农业用地已转换为有机农地，增长了37%，超过EOA二期项目10%的增长目标。

5.1.1.5 非洲生态有机农业成立参与式保障体系（PGS）小组

根据2024年数据，EOA-I通过建立PGS小组，在建立有机市场并加强市场准入方面取得了重大进展。这些组织支持地方认证有机产品的开发，在有机行业发挥了重要作用。PGS框架通过参与式方法提供了一种高性价比的有机质量保障，从而取代需要较高费用的第三方认证。PGS系统通过农民团体运作，采用学习交流、自我评估和同行评价等协作方式，以确保可信度。

截至2024年，已有998名农民加入PGS小组，EOA-I参与国共成立了32个PGS小组，比目标（18个小组）高出177%。通过这些小组，各国正在推广一系列有机产品，包括蔬菜、水果、香料、番茄、大豆、香蕉和菠萝。

5.1.1.6 非洲生态有机农业在国家政策框架中的实践或要素

为配合将EOA纳入非洲各国政策、战略和计划的工作，负责监督SDC支持的EOA第二阶段第四支柱项目的国家牵头组织（CLOs）在推进各国的EOA政策和宣传方面取得了重大进展，9个EOA实施国的政策、法令、立法、计划和战略等19个相关方面已被纳入国家政策。此外，还实施了18个与EOA有关的计划。坦桑尼亚推出的国家生态有机农业战略是一份出色的政策文件。

5.1.2 非洲生态有机农业的区域性成就

非洲联盟委员会（AUC）、南部非洲发展共同体（SADC）和非洲生态有机农业倡议（EOA-I）秘书处继续加强南部非洲交流平台，在博茨瓦纳首都哈博罗内召开了由非洲联盟主持的生态有机农业倡议大陆指导委员会（CSC）会议。由非洲联盟、西非国家经济共同体（ECOWAS）和南部非洲临时技术工作组（ITWG）成员率领的非洲大陆指导委员会代表团受邀前往南部非洲发展共同体（SADC）总部，讨论南部非洲地区EOA的发展问题。南部非洲临时技术工作组（ITWG）成员来自南非、马拉维、赞比亚、塞舌尔、津巴布韦、纳米比亚、博茨瓦纳和莫桑比克。在CSC会议期间，由南非发展与合作委员会（SDC）资助并由非洲不同利益相关方实施，备受期待的生态农业促进计划正式启动。该计划包括全球、东南亚和非洲三个部分，非洲部分由非洲生物愿景信托基金负责协调。

5.1.3 非洲大陆层面的政策工作

在非洲联盟委员会农业、农村发展、蓝色经济和可持续环境部（AUC-DARBE）的指导下，非洲生态有机农业倡议（EOA-I）取得了显著成就，包括成为制定《非洲农业发展综合计划》（CAADP）马拉博议程的关键机构。EOA-I是审查和编制《马拉博非洲农业发展综合计划和行动计划（2026—2035年）》的编写小组成员，该计划于2025年1月在乌干达坎帕拉举行的历史性特别峰会上获得批准，随后还通过了《坎帕拉非洲农业发展综合计划宣言》，旨在建立具有韧性和可持续的农业粮食系统。这标志着《马拉博宣言（2014—2025年）》实施期的结束，以及《坎帕拉非洲农业发展综合计划宣言》第三个十年（2026—2035年）的开始。EOA-I还参与了非洲肥料和土壤健康峰会，该峰会提出了关于土壤健康的《内罗毕宣言》，这是推动非洲生态农业发展的关键因素。峰会还提出了非洲土壤倡议，目前由非洲农业与农村发展基金会（FARA）负责实施。峰会结束后不久，EOA-I秘书处与FARA举行了一次会议，共同讨论EOA-I如何在非洲土壤倡议下落实生态农业成果。

EOA-I继续扩大其网络和伙伴关系，并有幸接待了由欧盟委员会、国际伙伴关系总干事（DG-INTPA）和国际农业发展基金（IFAD）率领的代表团，共同讨论南部非洲生态有机农业的发展。本次会面产生了一项由国际农业发展基金（IFAD）领导的南部非洲生态农业推广计划，该计划由EOA-I秘书处负责政策部分。欧盟委员会通过DeSIRA倡议资助了当前EOA倡议战略计划（2015—2025年）的审查。审查得出的见解将为制定新的EOA-I战略计划（2026—2035年）提供依据。DeSIRA倡议还资助了一项关于农民管理种子系统（FMSS）的研究，以提高农业生产力、粮食安全与营养状况以及农业韧性。该研究报告在2024年12月于肯尼亚内罗毕举行的非洲种子和生物技术伙伴关系平台第五次指导小组会议上进行了交流。指导小组还批准了非洲可持续农业与粮食安全战略及其行动计划，以及可持续农业与粮食安全政策和宣传战略。这两份政策文件正在等待AUC-DARBE的批准。批准后，它们将成为在非洲实施农民管理种子系统（FMSS）的官方政策指南。

此外，EOA-I将继续支持第五个两年期报告期间在非洲农业发展综合计划框架内的三项指标数据收集。EOA-I已计划为非洲农业发展综合方案区域和国家协调中心开展能力建设活动，以确保他们更好地了解非洲生态有机农业的参数及其数据来源。

5.1.4 非洲有机农业和生态农业知识中心

非洲有机与生态农业发展受到了多方助力，尤其是由德国联邦经济合作与发展部（BMZ）的“没有饥饿的世界”倡议主导的有机农业和生态农业知识中心（KCOA）。基于EOA/生态农业的多功能性及对可持续发展的帮助，该项目可带来以下好处：①促进土壤健康，增加土壤中水和二氧化碳的存储量，提高农业系统的恢复力（生态可持续性）；②改善本土市场（包括偏远地区）的健康、优质食品供应，有利于粮食安全；③建立有机和生态农业价值链，为农村人口（尤其是青年和妇女）创造就业机会，促进经济可持续发展；④通过减少对化肥、杀虫剂、化石燃料的依赖促进农业可持续发展，并通过减缓价格波动促进经济可持续发展；⑤通过收集、处理和传播有关EOA/生态农业的知识，增强偏远地区的社群能力并为其提供发展前景，从而支持社会可持续发展。

该项目由德国国际合作机构（GIZ）负责协调，旨在为东非、南部非洲、西非、北非和中非地区知识中心的参与者及其网络赋能，推广有机农业和生态农业的发展。地区知识中心分别位于：① 西非地区的塞内加尔、贝宁、冈比亚、马里、尼日利亚；② 东非地区的乌干达、肯尼亚、坦桑尼亚、卢旺达、马达加斯加；③ 南部非洲地区的赞比亚、纳米比亚、南非、马拉维；④ 北非地区的埃及、摩洛哥、突尼斯；⑤ 中非地区的喀麦隆。这5个地区的知识中心通过4项主要战略进行整合：综合知识管理系统战略、传播和能力建设战略、市场系统开发和联网战略、宣传战略。

有机农业和生态农业知识中心项目已取得了多项成果：① 数字知识平台已投入运行，目前有1 400名注册用户；② 使用20多种不同语言收集并验证了1 000种知识产品，均已上传数字知识平台；③ 举办了81次关于开放式获取/开放式教育的宣传以及消费者教育活动；④ 在非洲各地发表了71篇博客文章；⑤ 惠及非洲大陆1 900万名农民和其他价值链参与者；⑥ 与720个非政府组织和粮食系统组织建立联系；⑦ 共有1 100名农民通过参与性保障体系（PGS）获得认证。

有机农业和生态农业知识中心作为一个值得信赖的信息来源以及传播有机与生态农业知识的重要枢纽，正在迅速发展壮大。它还是一个促进与国际和地区组织、倡议和网络建立联系的动态平台。

5.1.5 治理与机构发展

5.1.5.1 新生态农业推广计划（APP）

由非洲联盟主持的非洲大陆指导委员会（CSC）批准于2024年7月在博茨瓦纳启动新的生态农业推广计划（APP），并公布了南部非洲生态农业平台临时技术工作组成员。该团队将通过建立管理架构，为巩固南部非洲生态农业平台提供支持。

EOA第二阶段无成本延长期于2024年4月结束。将在非洲实施新的生态农业推广计划旨在促进实现三项成果：①民间推动变革，各组织、农村人口、妇女、青年、小农户都具备采取行动的能力，能够提出并落实生态农业实践，从而改善粮食系统；②政策促进变革，决策者和政府官员认识到生态农业的价值，并将其作为改变国家和地区粮食系统的手段与指南；③建立成熟市场，市场参与者（消费者、生产者、中小型企业）获得更多知识、人脉和经济资源，从而与生态农业原则保持一致，形成具有吸引力和经济效益的本土健康市场。

新的生态农业推广计划的活动包括两个主要会议，即计划于2025年在东非举行的地区生态农业会议，以及计划于2027年在西非举行的非洲大陆会议。CSC正式批准将于2025年3月25—28日在肯尼亚内罗毕举行第二届东非生态农业会议。

5.1.5.2 非洲有机农业现状数据

生态有机农业和生态农业的作用必须得到政策和投资机构的佐证。目前，相关部门正在努力收集可靠的非洲有机农业数据，包括制定纳入报告程序的指标以改进未来的数据收集工作。这些指标包括：① 有预算拨款支持的国家政策；② 有机法规的存在和实施情况；③ 是否符合国家标准及认证；④ 政府对有机行业的支持力度；⑤ 民间对EOA发展的参与程度；⑥本土及出口EOA市场的表现。

此外，为了评估非洲全域的EOA-I、计划和项目情况，非洲联盟、瑞士发展合作署和非洲生物愿景信托基金委托开展了一项研究，在非洲5个地区抽样调查，以了解与非洲联盟有机农业决策相关的、符合《马拉博宣言》标准的国家农业投资计划和地区农业投资计划。评估表明，生态农业是传统可持续发展的可行替代方法，有望缓解非洲的粮食安全、环境可持续性和社会经济挑战。生态农业（包括生态有机农业）通过显著提高农业生产力，带来可观的经济收益。在某些情况下，遵循生态有机农业原则开展生产的小农户可将玉米、木薯、水稻和蔬菜等关键作物的产量提高30%～50%，从而加强粮食安全并为本土和国际市场创造盈余。

5.1.6 非洲有机网（AfrONet）取得的成就

非洲有机网（AfrONet）成立于2012年，是一个非洲大陆有机行动者的伞式组织，旨在领导、团结、链接和促进非洲有机行业发展。其工作重点包括政策对话、能力建设、信息传播，以及支持有机价值链发展和贸易。AfrONet与国家、地区和非洲大陆的相关组织、运动和协会合作，推动非洲有机农业的发展。作为IFOAM国际有机农业联盟的成员，AfrONet积极与非洲大陆和全球的主要行动者开展合作。

建立Kilimohai倡议　AfrONet参加了2024年9月在桑给巴尔举行的东非Kilimohai标签概念说明开发研讨会。该研讨会旨在推广东非有机农业和生态可持续农业的国内市场发展。Kilimohai标签是可持续食品体系认证系统的一部分，符合联合国可持续发展目标（SDGs）。该标签创建于2007年，表明产品符合东非有机生产标准（EAOPS），旨在区分市场上的有机产品。它最初依赖捐助者的支持，但在肯尼亚有机农业网络（KOAN）的帮助下已实现自立，包括引入新的“Kilimohai生态农业”标签，并将重点放在市场开发上。研讨会涉及肯尼亚、坦桑尼亚、乌干达和卢旺达的国家有机运动（NOAMs），深入探讨了在这四个国家推广和实施Kilimohai标签的技术性和组织性问题。AfrONet主席主持了联合管理委员会（JMC）会议，以协调正在开发中的Kilimohai倡议。

国家有机农业运动/网络（NOAMs）评估　AfrONet正在对非洲大陆的国家有机农业运动/网络进行评估，以评价其提供技术支持和加强运作的能力。为促进这项工作，AfrONet开发了一个指导工具，用于组建和加强国家有机农业运动/网络。

西非有机农业论坛　2024年10月在尼日利亚举行的西非有机农业和生态农业论坛上，AfrONet派出3名董事会成员作为正式代表参会。AfrONet主席主持了西非有机农业小组大会，该活动是西非有机农业和生态农业论坛的亮点之一。

桑给巴尔有机节　AfrONet为2024年9月21—29日举办的桑给巴尔有机节作出了重要贡献。该活动由坦桑尼亚桑给巴尔政府在其农业部的支持下，与实用生态文化研究所、桑给巴尔旅游委员会、桑给巴尔国立大学和桑给巴尔国营贸易公司合作举办，展示了桑给巴尔丰富的自然遗产。AfrONet主席代表非洲有机兄弟会发表演讲，强调政府需要大力支持非洲大陆的有机农业和贸易，并指出有机农业是应对非传染性疾病、减缓气候变化和解决环境退化问题的关键战略。坦桑尼亚桑给巴尔总统兼革命委员会主席姆维尼作为贵宾出席会议，并发表演讲。

为欧盟关于植物繁殖材料的新法规颁布后的过渡工作指明方向　AfrONet与乌干

达国家有机农业运动（NOGAMU）、荷兰发展中国家出口促进中心（CBI）和美国国际开发署（USAID）未来粮食计划合作，共同组织了关于欧盟新法规的乌干达会议。2024年8月举行的会议吸引了乌干达国内外知名政府官员和有机行业知名机构代表参会，同时还吸引了大量在线参与者。会议提出了若干建议，作为接下来的行动指南。会议结束后，AfrONet与PELUM协会和施世面包组织（Bread for the World）合作，在2024年9月组织了一次重要的网络研讨会，会议研讨的重点是欧盟关于植物繁殖材料（PRM）生产和销售的拟议法规对非洲农民的影响以及非洲为过渡工作所做的准备，此外，还就这些问题向欧盟发出了联名信。综合各有机利益相关者对欧盟新法规的声音和呼吁，欧盟决定将该法规的实施推迟到2025年10月。

东非有机产品标准审查协商进程　2024年11月，AfrONet与国际可持续发展研究所（IISD）、东非共同体（EAC）、东非标准局和国家有机运动（NOAMs）合作，启动一项协商进程，讨论东非有机产品标准（EAS 456:2007）的评估结果和建议，旨在审查和更新该标准，将其纳入《东非标准草案》（FDEAS 456:2024），以满足当前有机商业环境的需求。目前各方正在为实现这一目标进行协商。肯尼亚、坦桑尼亚、乌干达和卢旺达等东非国家在注册东非Kilimohai标志上也取得了良好进展。布隆迪尚未重新注册该商标。索马里、刚果（金）和南苏丹作为新成员，将在后续阶段加入。

有机从业者大会　非洲有机大会是三年一度的非洲有机从业者聚会，第五届非洲有机大会于2023年12月12—15日在卢旺达基加利成功举办，共有180名现场参会者和120名来自非洲各地及全球的线上参会者。该次会议以“通过有机农业加强具有韧性的非洲可持续粮食系统”为主题，重点讨论了促进非洲有机农业发展有关的关键问题。卢旺达有机农业运动（ROAM）是此次大会的主办方，而AfrONet则继续担任众多利益相关者的召集人。会议最终提出一项号召，以解决以下几个关键问题：① 在非洲大陆、地区和国家层面采用参与式保障体系（PGS）；② 在有机生产系统内采取质量控制措施；③ 在农业、贸易、环境等相关领域采取有机农业实践；④ 为非洲有机及生态农业研究与实践提供长期资金支持；⑤ 开拓有机产品的本土和国际市场；⑥ 禁止向非洲进口全球禁用的、不利于有机种植的高危害性农业化学投入品。在第五届非洲有机大会期间，肯尼亚和赞比亚提出申办下一届非洲有机大会。根据区域轮换标准，由于肯尼亚位于已举办第五届大会的东非地区，因此赞比亚将获得第六届大会的举办资格。第六届非洲有机大会计划于2026年在赞比亚卢萨卡举办。

非洲有机农业体制创新（IIABA）项目圆满结束　为期4年的非洲有机农业体制创新项目（IIABA）由法国开发署（AFD）资助，在乌干达、摩洛哥和坦桑尼亚实施。

在完成所有行政程序并提交成果后，该项目于2024年圆满结束。资助方对项目的实施情况和成果给予了积极反馈，其主要成果：① 建立了3个有机产品数字销售平台；② 在乌干达的坎帕拉和恩德培两座城市建立并运营本土有机市场；③ 打造用于PGS同行评审的开源软件；④ 发布PGS宣言；⑤ 振兴乌干达有机认证机构UGOCERT；⑥ 形成《NOAMs组建和强化指南》；⑦ 坦桑尼亚、乌干达和摩洛哥的3项公共政策研究；⑧ 启动坦桑尼亚国家生态有机农业战略；⑨ 乌干达PGS理事会的成立；⑩ 形成相关政策指南；⑪ 开发有机市场观察工具；⑫ 开展有机消费者研究；⑬ 开展PGS最佳实践研究。

新的生态农业促进计划　2024年5月，AfrONet成为非洲生态农业推广计划的5个执行伙伴之一，该计划由Biovision Africa Trust负责协调，东南亚和IFOAM国际有机联盟的一些合作伙伴也参与其中。该项目旨在推广生态农业和生态有机农业以转变粮食系统，由瑞士发展与合作署资助，计划将持续至2028年3月。根据AfrONet的设想，该项目将确保非洲大陆有机运动拥有一个强劲、可持续、有韧性的伞式组织，能够代表非洲在区域和大陆层面上发声，主要途径包括NOAMs能力建设、促进政策对话、提高利益相关者的能力、促进从生产到消费的有机价值链、业务规划，以及信息、创新和知识共享。

5.1.7　非洲有机农业研究人员网络（NOARA）

非洲有机农业研究人员网络（NOARA）持续带头开展非洲有机农业研究、推广、培训和价值链发展，同时参与高层游说和宣传工作，促进有机及生态农业研究。2024年，NOARA扩大其成员范围，迎接来自非洲内外（包括欧洲和北美洲）的新成员加入。该组织目前拥有来自29个国家的400多名成员，致力于推动非洲有机农业发展。

2024年，非洲有机农业网络（NOARA）取得数个里程碑式的成就，包括出版了《第五届非洲有机大会研究会议记录》，可在https://publications.noara.bio网站上查阅。第七卷《非洲有机农业与生态学杂志》也即将出版。该网络还加强了与FiBL的合作，并在2024年纽伦堡国际有机产品博览会（BIOFACH）的科学议程部分进行了介绍。

此外，NOARA还获得了橡树基金会的资助，用于评估生态农业和传统农业系统对东非和西非农田生物多样性的影响。该项目将于2025年分别在各区域的两个国家实施。此外，NOARA已着手制定路线图，以推动2025年第一季度在非洲各国开展国家有机和生态农业研究对话。这一举措以综合研究为指导，旨在解决与有机农业和生态农业领域的多个利益相关方合作中发现的问题。对话将有助于制定以需求为导向的非洲十年有机农业和生态农业研究议程。

此外，NOARA将于2025年11月举办第二届非洲有机研究大会。该活动将由NOARA的北非地区和南部非洲地区的国家成员合作主办。

5.1.8 总　结

重新设计粮食系统以应对新出现的全球挑战，对于通过环境、经济和社会可持续发展的系统实现普遍负担得起的健康饮食至关重要。为此，非洲各地的利益相关方与发展伙伴合作，积极投资促进可持续粮食系统的建设、创新和发展。这些努力意在提高非洲全部小农户的生产力、韧性和盈利能力。

这些投资重点领域包括研究与实践生态可持续农业，以及促进有机和生态农业产品市场发展等。总之，这些投资有助于在非洲建立可持续的粮食系统。有机农业和生态农业的发展和成功需要政府、农民及其组织、发展伙伴和经营者的共同努力。为研究、政策制定和相关项目提供资源，为经验分享、学习和合作创造平台，这一点至关重要。这些共同努力将为减贫工作奠定基础，并确保非洲大陆可持续的粮食和营养安全。

5.2 非洲有机农业数据①

2023年，非洲有机农地面积、出口额和主要作物产量均实现了显著增长，但依旧缺少生产者和本土零售额的相关数据。

5.2.1 有机农地面积超过340万公顷，乌干达有机农地面积最大

2023年，非洲有340万公顷的有机农地，占全球有机农地总面积的3.4%。有机农地面积最大的是乌干达（50.5万公顷），其次是埃塞俄比亚（43.9万公顷）、多哥（32.2万公顷）和布基纳法索（28.6万公顷），非洲近一半的有机农地位于这4个国家（图5-1）。

① 本部分作者为Jan Trávníček、Bernhard Schlatter和Manuela Helbing；译者为正谷（上海）农业发展有限公司朱雯珺。

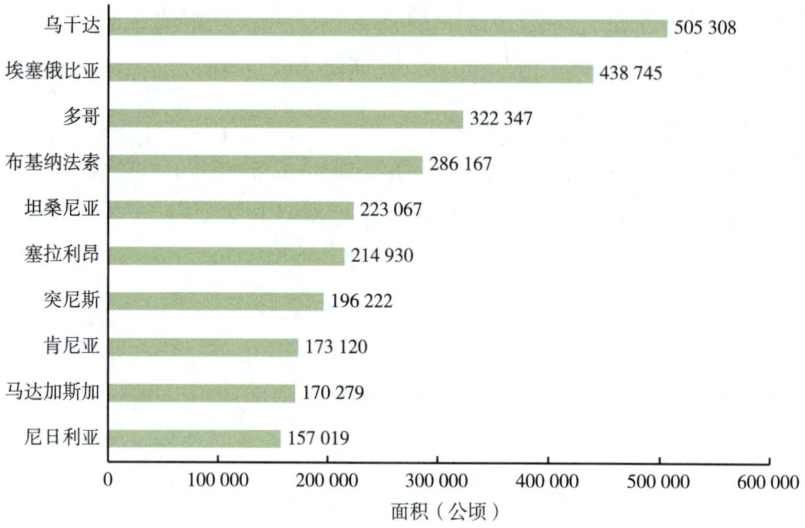

图5-1 2023年非洲有机农地面积位列前十的国家

（数据来源：2025年FiBL调查）

5.2.2 有机农地增加近67万公顷

2023年，非洲有机农地面积较2022年增加近67万公顷（图5-2），增长24.4%；在2014—2023年的十年间增长了172%，超过全球有机农地的增长速度。

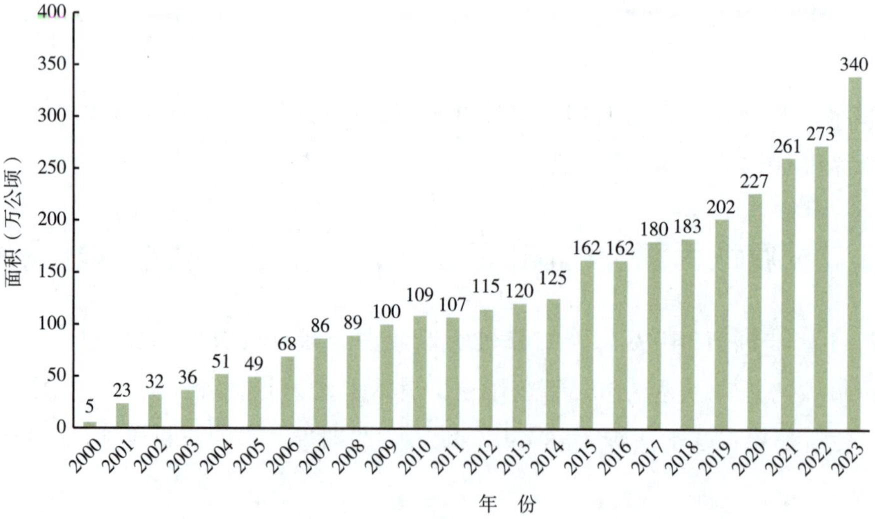

图5-2 2000—2023年非洲有机农地面积发展情况

（数据来源：2001—2025年FiBL-IFOAM-SOEL调查）

5.2.3 圣多美和普林西比是有机农地占比最高的国家

2023年，非洲有机农地占比为0.3%，低于全球有机农地占比（2.1%）。有机农地占比最高的是圣多美和普林西比，达到21.1%，是全球有机农地占比超过10%的22个国家（地区）之一，也是占比超过20%的6个国家之一。其次是多哥（8.4%）和塞拉利昂（5.4%）（图5-3）。

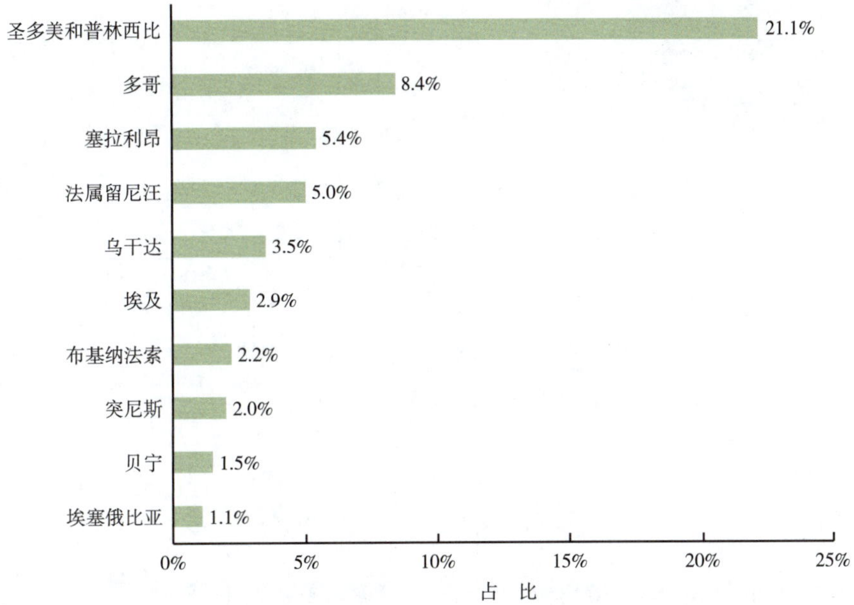

图5-3 2023年非洲有机农地占比位列前十的国家（地区）

（数据来源：2025年FiBL调查）

5.2.4 主要作物是油料作物、咖啡、坚果、纺织作物、可可和橄榄

非洲超过一半的有机农地用于种植多年生作物（1 936 482公顷）（图5-4）。主要作物包括咖啡（461 511公顷，主要产自埃塞俄比亚）和坚果（344 160公顷，主要产自肯尼亚、布基纳法索和科特迪瓦）。

2023年，非洲约40%的有机农地用于种植季节性作物，包括油料作物（694 363公顷，主要来自多哥、尼日利亚和加纳）、纺织作物（339 462公顷，主要来自坦桑尼亚和布基纳法索）、药用和芳香植物（68 903公顷，主要来自埃及和马达加斯加）。

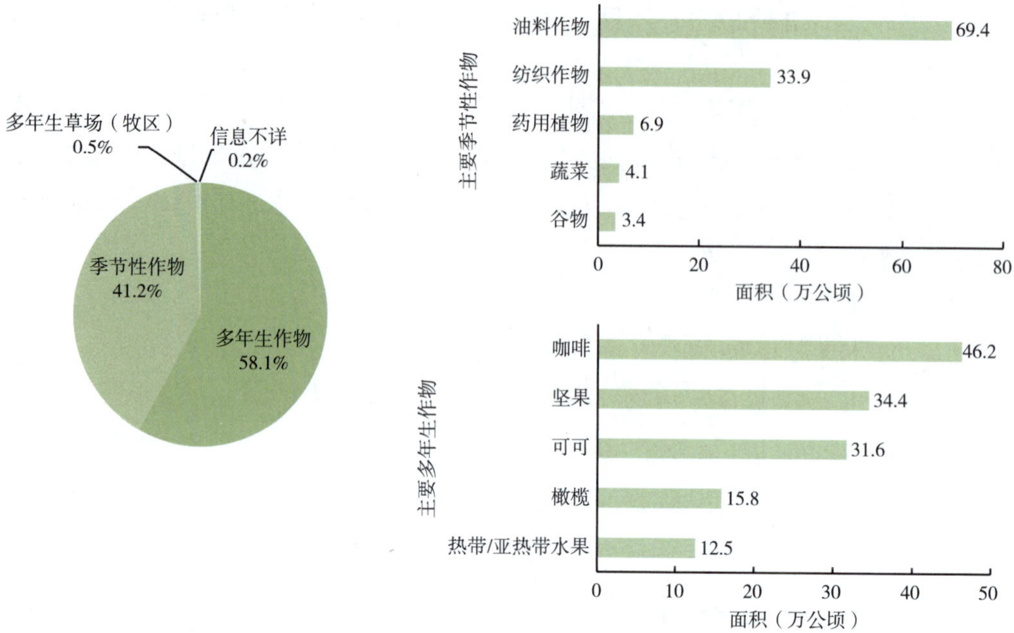

图5-4　2023年非洲有机农地使用情况

（数据来源：2025年FiBL调查）

5.2.5　有机生产商、加工者和进口商数据不理想

2023年，非洲有超过97.2万名有机生产者，人数最多的是乌干达（超过40.4万人），全球超过1/5的有机生产者位于非洲。相较于2022年，2023年有机生产者数量减少了近1.1万人（下降1.1%）。然而，由于非洲的相关数据主要来自认证机构，而部分机构未能提供个人生产者数据，非洲实际的有机生产者数量应高于报告数量。非洲共有1 148家有机出口商和1 713名有机加工者。但历年报告的情况并不一致，且数据不完整。

5.2.6　有机零售额数据无从考证

非洲有机零售额数据无从考证。肯尼亚是唯一能够偶尔提供相关数据的国家。然而，这并不意味着非洲不存在本土有机市场，许多非洲国家已经在开发当地市场。

5.2.7　有机产品出口增长强劲

尽管非洲本土市场的数据几乎不可考证，但自2018年以来，非洲对欧盟的有机产品出口量数据是可用的，该地区是非洲主要的出口市场。

数据显示，2023年，非洲对欧盟和美国合计出口了近63.9万吨有机产品，占欧盟和美国有机产品进口总量的12%。2018—2023年，非洲出口总量增长超过119%，远高于全球对欧盟和美国有机产品出口量的增长率，后者在同期仅增长了17%。

5.2.8 多哥是最大的有机产品出口国

如图5-5所示，多哥是非洲最大的有机产品出口国（近17.5万吨，其中97%是大豆和豆粕），其次是加纳（6.9万吨，主要是大豆和香蕉）和突尼斯（6.6万吨，主要是橄榄油）。

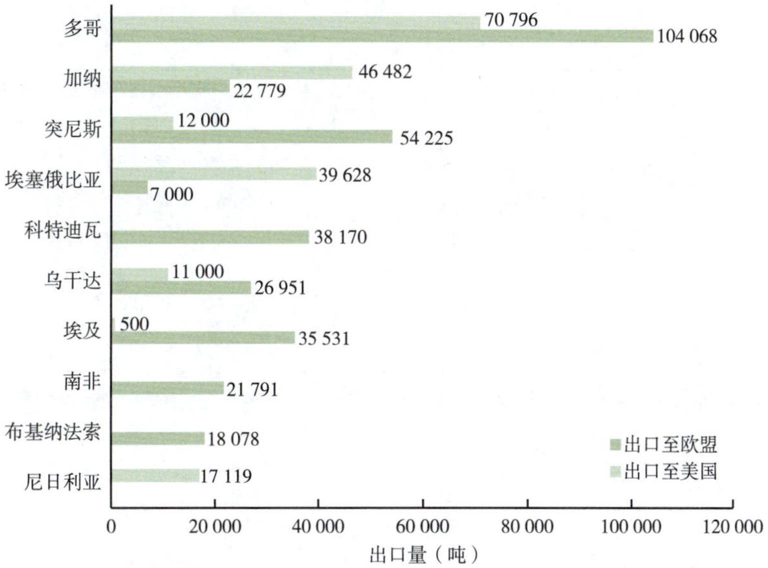

图5-5 2023年非洲对欧盟和美国的主要出口国家

（数据来源：TRACES/欧盟委员会/GATS/USDA调查）

5.2.9 大豆是最重要的有机出口产品

如图5-6所示，大豆和大豆制品是非洲最主要的有机出口产品，出口量超过30.8万吨（大豆超过18万吨，豆粕近12.8万吨），占非洲有机产品出口总量的48%以上，随后是植物油（6.9万吨，主要是橄榄油）和香蕉（5.2万吨）。

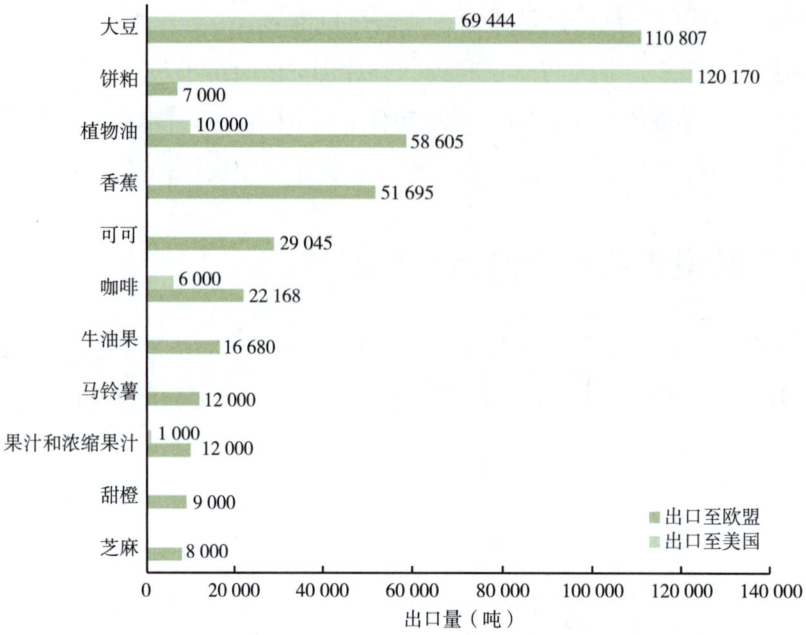

图5-6　2023年非洲出口至欧盟和美国的主要产品类别

（数据来源：TRACES/欧盟委员会/GATS/USDA调查）

6 亚洲有机农业现状

6.1 亚洲有机农业发展动态①

2023年，中国有机产业保持强劲增长，160多个地方政府出台了有机农业扶持政策，发放了50多亿枚有机产品标签。在有机牲畜强制认证的推动下，日本的有机认证面积达到了300万公顷，是有机认证领域的一个里程碑。在东亚，人们对有机校园餐的兴趣日益高涨，从近期在韩国、日本和中国台湾举行的会议可以看出，其地方政府正在发挥带头作用。为了进一步推动这项工作，学校膳食和公共采购国际委员会已应运而生。

印度计划实施新的国家有机生产计划（NPOP）标准、有机认证在线追溯系统和统一的印度有机标志。同时，伊朗庆祝了伊朗有机协会（IOA）成立18周年和IFOAM伊朗有机联盟成立10周年。此外，沙特阿拉伯的焦夫农业发展公司被吉尼斯世界纪录认定为最大的现代有机橄榄农场，拥有超过500万棵橄榄树，有机橄榄年产量超过3万吨。

印度尼西亚启动了首个有机乳制品项目，重点关注青年农民。蒙古国将从2025年1

① 本部分由IFOAM亚洲有机联盟整理；译者为正谷（上海）农业发展有限公司广州分公司寿晓丹。

月起实施《有机产品法》。土耳其致力于使其有机立法与欧盟标准保持一致，以加强对欧盟和美国的出口。

6.1.1 亚洲各国发展动态

6.1.1.1 孟加拉国[①]

为应对来自缅甸的约120万罗兴亚人所面临的粮食安全和保障挑战，孟加拉国引入了有机农业实践。这些难民居住在考克斯巴扎尔拥挤不堪的难民营中，无法从事当地的农业工作，也很难外出寻找工作机会。他们的基本粮食（主要是大米、面粉和油）完全依靠人道主义援助，并且由于法律原因，他们只能在难民营内活动，难以获取水果蔬菜等新鲜农产品。

澳大利亚政府资助了一个有机菜园项目，其中包括利用种植袋和屋顶种植蔬菜，采用了基于有机原理的生物肥料和生物农药技术。另一项举措涉及在吉大港山区推广有机实践[②]，在兰加马蒂区选择了4个村庄种植有机农产品，供应给达卡市的特定客户。

在孟加拉国农村就业支持基金会（PKSF）的领导下，农村微型企业转型项目（RMTP）得以落地，其目的是在指定价值链上可持续地提高边缘化小农户和微型企业家的收入、粮食安全和营养水平。相关部门通过了一份政策战略文件[③]，倡导政府机构及其他利益相关者实施农业系统可持续转型的战略和标准。

6.1.1.2 中　国[④]

为深入贯彻落实《质量强国建设纲要》和《“十四五”市场监管现代化规划》，进一步推进绿色食品、有机产品和服务认证工作，地方政府积极响应，出台了163项相关地方政策。

《2024年度有机产品认证和有机产业发展报告》显示，中国有机产品标签发放量首次突破50亿枚，销售额首次突破1 000亿元，是2018年销售额的1.6倍。2018—2023年，有机产品销售额年均增长9.3%，中国已成为全球第三大有机市场。

国家市场监督管理总局在安徽合肥举办全国质量认证系列宣传体验周启动仪式。

---

① 本部分作者为Mohammad Khurshid Alam和Shaikh Tanveer Hossain。

② 该项目由孟加拉国有机产品制造商协会（BOPMA）与吉大港山区发展局（CHTDB）合作开展。

③ 文件内容提及“孟加拉国向农业生态农业（有机及以上）转型，以确保在不影响产量的情况下提供有营养和安全的食品，并减少化肥和农药的投入补贴”。

④ 本部分作者为中国农业大学教授乔玉辉和IFOAM亚洲中国办公室主任李峰。

活动期间，国家市场监督管理总局公布了第五届中国有机产品认证技术工作组42名专家名单，并在微信公众号和网站上开通了“中国有机认证与产业服务”官方账号。

2023年3月，中国与新西兰就推进有机产品认证互认进行了讨论。2023年10月17日，中国与智利签署《有机产品认证合作谅解备忘录》，在促进该领域贸易和信息交流方面建立了长期固定合作机制。

6.1.1.3 印度尼西亚①

印度尼西亚政府与丹麦政府合作发起了一项倡议，支持建立印度尼西亚首个有机牛奶生产线。这项合作的重点是建立一个优先考虑动物福利和可持续农业实践的奶牛示范牧场，旨在为印度尼西亚的有机牛奶生产制定战略路线图，时间跨度为2022—2026年。在为奶农提供培训和指导的同时，该计划还将包括全面审查和制定专门针对印尼乳制品的有机标准。

在国际农业发展基金（IFAD）的协助下，印度尼西亚政府还通过农业部推出了青年创业和就业支持服务计划（YESS），通过提供技术指导、支付认证费用、帮助其获得金融资本以及支持线上线下营销工作，促进青年农民践行可持续农业。此外，该计划还包括到中国台湾地区的农户家庭进行跨国实习。

此外，印度尼西亚有机联盟还组织了有机青年营，共有来自全国各地的25名参与者（17名男性和8名女性）参与，旨在提高青年对农业的参与度，并向他们展示农业是一条可行且回报丰厚的职业道路。

地区政府对有机农业的支持取得了显著进展。修订后的印度尼西亚国家标准（SNI）6729:2016预计将于2024年年底或2025年年初获得批准。此外，14个区和市政府以及5个省政府已颁布了地方性法规，以促进有机农业的发展和监管。

2024年10月，印度尼西亚国家发展规划局（BAPENAS）推出了国家循环经济行动计划（2025—2045年）路线图，其中包括在2045年前采用有机农业系统以减少化肥的使用。该计划旨在到2045年前减少对自然资源的依赖，提高循环投入率。到该计划结束时，预计每年可减少420万吨化肥使用。该计划还包括推广本地种子、本地生产和本地消费。

新当选的总统在绿色经济政策框架下宣布了一项新的农业和生态政策Asta Cita计划（2024—2029年），主要行动包括恢复退化的土地和农业区。其他措施则重点关注如何通过数字技术优化供应链。

① 本部分作者为Emilia Tri Setyowati和David Wahyudi。

6.1.1.4 印 度[1]

印度的国家有机生产计划（NPOP）与中央政府项目共同发力，使该国成为全球有机农民数量最多的国家。

在东北部有机价值链发展使命（MOVCD-NER）背景下，该地区的有机农业发展受到了特别关注。这一举措的重点是建立农民生产者组织，为农民提供有机投入品、优质种子、种植材料、培训和认证。

为应对气候变化，印度政府正在实施国家可持续农业计划，这是国家气候变化行动计划的重要组成部分。印度农业研究理事会（ICAR）通过其国家气候适应性农业创新项目，帮助农民理解气候变化对农业的影响。目前的计划包括雨水灌溉区开发、农场用水管理和土壤健康管理。此外，政府批准了一项市场开发援助计划，在2023—2026年推广有机肥料的使用，并以合理的价格向农民提供这些肥料。

2024年8月，印度内阁批准了由农业和农民福利部提出的清洁植物计划，旨在提高全国水果作物的质量和产量，为园艺部门的卓越性和可持续性设定新的基准。

新的NPOP标准已经起草完毕，于2025年1月开始实施，其中包括最新的内部控制系统管理指南。此外，有机认证在线追溯系统Tracenet已升级到新版本，于2025年1月正式运行。增强版系统新增了移动端应用程序，以便更新采购信息、开展内部检查、上传生产记录和地理标记照片。

此外，印度统一的有机标志于2025年1月正式推出。

6.1.1.5 伊 朗[2]

伊朗的有机农业正在逐步发展，消费者、经营者、政府机构和学术界对有机的兴趣日益浓厚。作为全球农业中心之一，伊朗可以借助有机农业，振兴传统农作方法。该国有能力生产高价值有机产品，如藏红花、开心果、石榴和药用植物并销往全球。

2024年9月16日，伊朗商业、工业、矿业和农业商会在德黑兰举行了伊朗有机协会成立18周年和IFOAM伊朗有机联盟成立10周年庆祝活动。这次活动是伊朗在促进有机农业和可持续发展进程中的重要里程碑。同期举办的展览展示了约30家当地厂商生产的有机产品，包括蔬菜、大米、橄榄油、茶叶、开心果、藏红花、蜂蜜和药用植物，以及生物肥料和用于植物保护的生物产品等有机投入品。

---

① 本部分作者为M. Reza Ardakani。

② 本部分作者为M. Reza Ardakani。

与许多中东国家一样，伊朗本土的有机市场相对较小，但生产商对出口的兴趣日益浓厚。伊朗有机产品的主要进口国包括德国、法国、英国和东亚国家。与此同时，随着消费者对食品安全问题的认识和关注，本土需求也在稳步增长。

6.1.1.6 伊拉克[①]

滥用化肥导致伊拉克的土壤健康状况不断恶化，这使该国农业界认识到，有机农业转型对解决与土壤有关的挑战至关重要。

2024年，世界粮食计划署与伊拉克国家有机农业中心合作举办了多场科学研讨会，以推广有机农业。这项为期一年的计划培训农民利用树木废料和食物残渣生产有机肥料。来自5个省的近150名农民参加了培训。通过这一举措，这些省的有机种植面积预计将扩大到2万公顷。此外，有机产品营销中心的发展预计将促进有机肥料生产设施的发展。

目前，相关部门正在建立伊拉克有机农业协会，希望伊拉克每个省均有农民参与有机生产。

6.1.1.7 日　本[②]

2024年，日本有机农地面积首次达到300万公顷。政府对有机牲畜实施强制性认证促使更多农业用地取得了认证，为新农户和传统农户向有机农业转换提供便利的支持政策也被证明是有效的。

截至2024年8月30日，有机村的数量已增至129个，远早于当初设定的期限。包括有机村在内的193个地方政府在校园餐中引入了有机配料。全国有机校餐会议在大宫市举行，包括市长和日本农业合作社成员在内的1 200多人参加了会议。为鼓励农民实践有机农业，目前已有9所农业大学和学校开设了有机农业课程。

在东京举办的第九届有机生活方式博览会有超过200家参展商，吸引了18 000多名与会者；京都展也有117家参展商（包括12个市政府），近8 000名与会者。BioFach日本有机产品博览会在东京恢复运营。日本农林水产省正式将12月8日定为有机农业日。

6.1.1.8 沙特阿拉伯[③]

沙特阿拉伯幅员辽阔，面积达200万平方千米，各地区的地形和气候条件各不相

① 本部分作者为Jwad Enad Mahdi。
② 本部分作者为Miyoshi Satoko。
③ 本部分作者为沙特阿拉伯利雅得市环境、水和农业部有机农业司。

同。这种多样性造就了该国农业生产和作物品种的独特性，即“种植模式”，它适合该国的环境和农业特点，从而加强了粮食安全并提高了国家经济效益。

具有重大经济影响的战略产品是橄榄种植和橄榄油，由于其营养和保健功效，橄榄油在沙特阿拉伯和国际市场上占有相当大的份额。北部地区有利的环境条件使环境、水和农业部能够支持扩大橄榄种植，提高橄榄果和橄榄油的质量，并根据沙特阿拉伯有机农业政策的执行促进其有机转换和认证。

目前，沙特阿拉伯的有机橄榄园面积已超过5 500公顷，有机橄榄年产量超过35 000吨。焦夫农业发展公司被吉尼斯世界纪录认定为全球最大的现代有机橄榄农场，拥有500多万棵橄榄树，年产有机橄榄超过3万吨，这是该国在有机农业领域取得的主要成就之一。

6.1.1.9 蒙古国[①]

2025年1月，蒙古国将实施国家议会大会批准的《有机产品法》。32个参与性保障体系（PGS）项目和2个第三方认证机构将监督有机食品的合格性评估。食品、农业和轻工业部负责维护有机食品在线登记和数据库，以有效跟踪有机产品的认证状态。

截至2024年11月，蒙古国有超过180家生产商从事有机农业，总面积达932.5公顷。这些生产商在2024年向市场供应了170吨蔬菜和8吨动物产品，不到该国农产品总产量的1%。蒙古国已设定目标，在2030年前实现有机农产品占比达到5%。

国际有机认证服务机构已对蒙古国的两家认证机构进行了初步认证，目前正在对中国和蒙古国有机法规的等效性进行评估，旨在加强国际合规性，尤其是与其主要贸易伙伴中国的合规性。MonPellets LLC是一个值得一提的成功案例，该公司生产的有机羊毛肥料得到了认可。2020—2024年，该公司出口了412吨有机羊毛肥料，销售额达27亿蒙古图格里克。此外，来自19个省的1 130名青年牧民接受了免费的绵羊毛加工培训，其中27人在新西兰接受了进一步培训。

6.1.1.10 巴基斯坦[②]

巴基斯坦政府已将可持续农业纳入其更广泛的农业发展计划，强调减少农药使用、保护土壤、保护植物生物多样性和气候适应性实践。

政府间非营利组织国际应用生物科学中心（CABI）举办了巴基斯坦有机农业标准

① 本部分作者为Choijoo Dolgrsuren。

② 本部分作者为Noshin Ilyas。

和框架认证审查与验证研讨会。该组织与巴基斯坦粮食安全和研究部合作，正在编写一份关于《有机农业法》的概念说明。

2024年，俾路支省有机农业政策和其他倡议获得批准，重点关注环境可持续性、经济增长和提高农民应对气候变化的能力。其他省级倡议包括旁遮普省对可持续农业实践的关注、吉尔吉特—巴尔蒂斯坦政府组织的有机会议，以及信德省政府开展的有机肥和生物肥料研究。

费萨拉巴德的阿尤布农业研究所正在通过各种举措积极推广有机农业，包括提高农民认知、有机小麦生产和蚯蚓堆肥开发。

私营组织巴基斯坦有机协会作为知识合作伙伴参加了"2024未来节"活动，以探索有机农业的未来。巴基斯坦有机协会推出了有机线上商店，并在农贸市场开设有机产品摊位。

6.1.1.11 土耳其①

土耳其经认证的有机产品（包括食品、纺织品、化妆品等）都是按照官方或私人标准生产的。土耳其农林部负责定期收集根据国家立法认证的产品数据。该数据库显示，2023年，生产面积和生产者数量较2022年都有所增加。

根据2021年《绿色交易行动计划》中概述的可持续农业目标，土耳其正在努力发展有机农业生产。该国与欧盟委员会合作，尽量使土耳其的有机立法与欧盟标准保持一致。尽管相关部门早先向欧盟提出的有机认证互认申请已经取得重大进展，但由于欧盟有机制度的变化，该申请最终未能完成。

土耳其农林部向在农民登记系统和有机农业信息系统中登记的农民支付基于土地面积的费用，从而支持有机农业发展。有机养蜂者也必须在养蜂登记系统中登记。该部门每年都会审查和调整对经认证的有机土地和活动的支持水平。

6.1.1.12 越　南②

根据越南有机农业协会（VOAA）数据，截至2024年上半年，越南的有机农地面积约为194 555公顷，约占农地总面积的0.7%。随着经欧盟和美国农业部认证的有机产品进口量不断增加，以及有机食品零售店和连锁店的扩大，市场对有机产品的需求不断上涨，呈现出积极的增长态势。

---

① 本部分作者为Özge Çiçekli。
② 本部分作者为Dang Thi Bich Huong。

联合国气候变化大会（COP26）之后，越南实施了多项计划以实现绿色增长目标。2023年12月，越南农业和农村发展部发布了两项决定。然而，这些文件似乎与“2020—2030年国家有机农业发展项目”没有密切联系，该项目旨在到2030年将有机农地面积增加到2.5%～3%。

VOAA致力于推动有机供应链利益相关者之间的交流、培训和科普活动。该协会还支持有机贸易促进活动，旨在创造以市场为导向的驱动力，促进行业增长。

2025年9月，VOAA和IFOAM亚洲有机联盟将在宁平省共同举办第八届亚洲有机大会，以提高人们对有机农业重要性的认识，促进国际和区域合作。

6.1.2 IFOAM亚洲有机联盟①

2024年，联盟最重要的成就是IFOAM亚洲有机联盟在中国合法注册为境外非政府组织，将其合法运营地在韩国（总部）、菲律宾（东南亚办事处）和孟加拉国（南亚和中东办事处）的基础上扩大到中国。这一成就反映了十年来联盟与中国政府以及有机行业的合作与互信。

发展有机校园餐和公共采购仍然是IFOAM亚洲有机联盟的核心战略。在葡萄牙新伊达尼亚举行的第二届有机地区大会上，以及在中国台湾新北市由ALGOA公共采购中心和全球有机区域联盟共同主办的第二届学校膳食和公共采购国际会议上，联盟继续与地区和国际合作伙伴进行讨论。学校膳食和公共采购国际委员会（ICMP）的成立旨在就未来的行动方案开展地区和国际合作。

IFOAM亚洲有机联盟与菲律宾农业部和国家有机农业计划共同举办了第一届国际PGS峰会，庆祝PGS发展、成长和成就20周年。来自超过16个国家的与会者向200多名当地有机利益相关者和PGS从业人员介绍了成功实践案例。

在中国四川省西充县人民政府的支持下，与印度尼西亚巴克里大学出版社合作，《全球有机农业创新》第二版出版。该书收录了来自全球18个国家和地区的74篇文章，展示了有机农业的主要创新成果。

2025年，IFOAM亚洲有机联盟计划继续建设2023年启动的国际旱地和沙漠有机农业协作网络（DOAN），并在中国上海举办地区性的亚洲有机节（2025年9月）、原住民国际集会，此外，还启动了有机农业发展教育研究项目（E-ROAD）②。

---

① 本部分作者为Shaikh Tanveer Hossain和Jennifer Chang。

② E-ROAD项目于2023年启动，旨在巩固开设有机农业课程的大专院校联盟，就创建有机农业共同课程和培训计划交流信息和专业知识。

6.2 亚洲有机农业数据①

2023年，亚洲有机农地稳步增长，以印度为首的生产商参与度较高，但由于出口量持续下降，加上本土零售市场数据不足，市场情况整体不佳。

6.2.1 有机农地面积超过910万公顷，其中印度面积最大

2023年，亚洲的有机农地面积超过910万公顷，占全球有机农地面积的9.2%。其中，印度的有机农地面积最大（超过4 475 837公顷），随后依次是中国（3 420 457公顷）、哈萨克斯坦（191 283公顷）和菲律宾（187 425万公顷），亚洲超过90%的有机农地位于这4个国家（图6-1）。

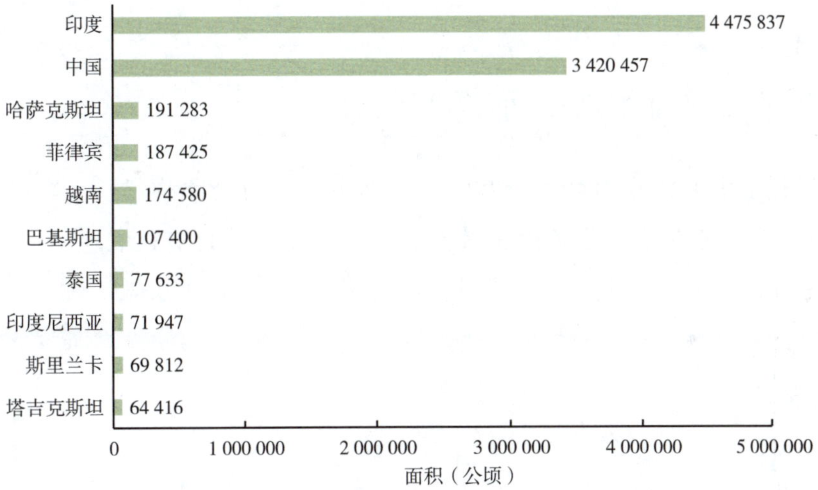

图6-1 2023年亚洲有机农地面积位列前十的国家

（数据来源：2025年FiBL调查）

6.2.2 有机农地占比最高的是东帝汶

亚洲有机农地占农地总面积的0.6%，低于全球2.1%的有机农地占比。占比最高的国家是东帝汶（9.2%），随后是印度（2.5%）和斯里兰卡（2.5%）（图6-2）。

---

① 本部分作者为Jan Trávníček、Bernhard Schlatter和Manuela Helbing；译者为正谷（上海）农业发展有限公司广州分公司寿晓丹。

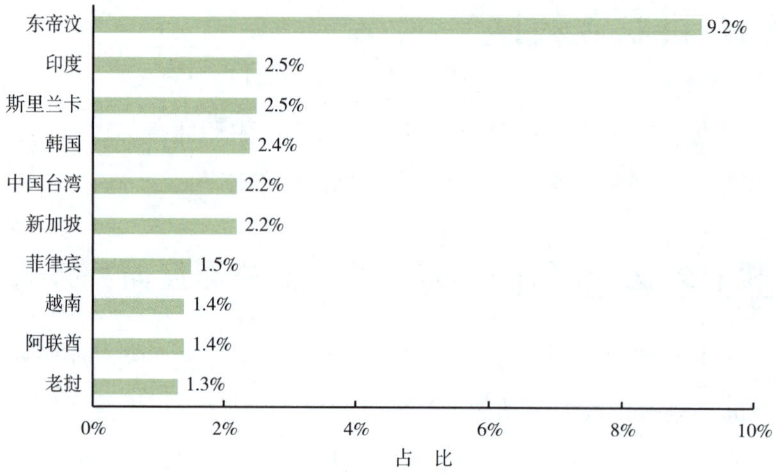

图6-2　2023年亚洲有机农地占比位列前十的国家（地区）

（数据来源：2025年FiBL调查）

6.2.3　有机农地面积增加近36.9万公顷

2023年，亚洲有机农地面积较2022年增加超36.9万公顷，增长了4.2%。2014—2023年的十年间，亚洲有机农地面积增长了160%，远超全球有机农地面积的增长速度（图6-3）。

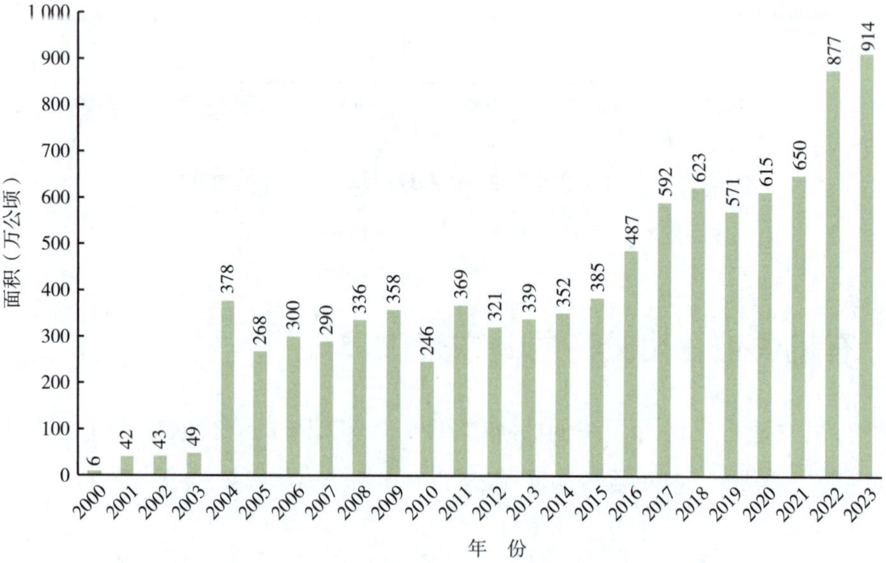

图6-3　2000—2023年亚洲有机农地面积发展情况

（数据来源：2002—2025年FiBL-IFOAM-SOEL调查）

6.2.4 主要作物是谷物、油料作物和纺织作物

亚洲超过44%的有机农地用于种植季节性作物（4 040 433公顷），主要是谷物（1 974 177公顷，大部分是小麦和水稻）和油料作物（720 451公顷），主要种植在中国；此外还有纺织作物（671 767公顷），主要种植在印度（图6-4）。

约12%的有机农地用于种植多年生作物，主要是椰子（275 738公顷），主要种植在菲律宾，还有茶叶和马黛茶（242 815公顷）、坚果（177 119公顷），主要种植在中国。

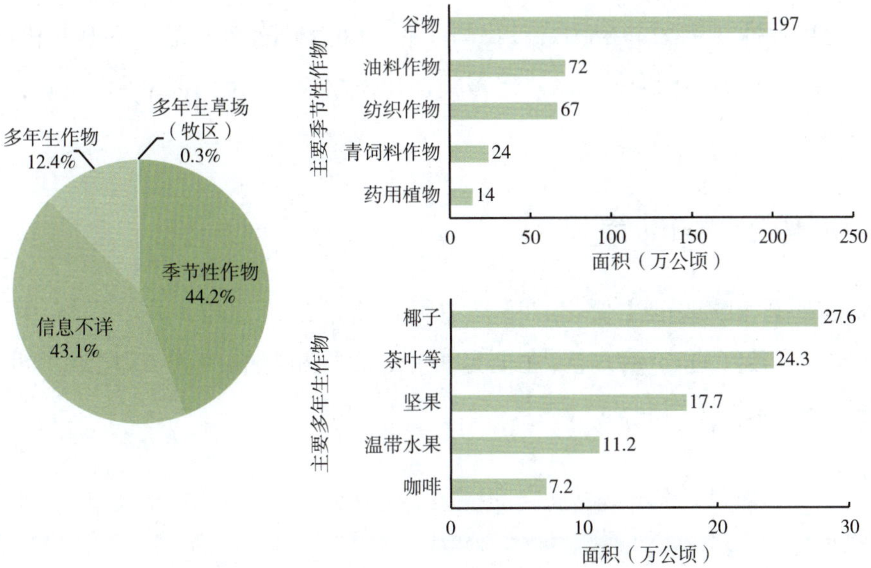

图6-4 2023年亚洲有机农地使用情况

（数据来源：2025年FiBL调查）

6.2.5 印度以235.8万名生产者遥遥领先

亚洲有超过257.8万名有机生产者，大部分位于印度，该国是全球有机农民数量最多的国家（235.8万名）。全球近60%的有机生产者位于亚洲。相较于2022年，亚洲有机生产者数量减少了14.8万人（下降5.4%），主要源于印度（减少122 592名）和泰国（减少89 917名）。亚洲共有1 213家出口商和12 698家加工商。

6.2.6 有机食品市场信息尚不充分

亚洲市场的有机零售额数据尚不充分，只有8个国家（地区）提供了相关数据，其中

只有中国和印度提供了2023年的最新数据，亚洲有机零售总额超过155亿欧元。然而，这并不意味着其他国家没有本土市场，许多国家（地区）已经在当地建立了有机市场。

6.2.7 有机产品出口

尽管市场数据并不充分，但自2018年以来，亚洲对欧盟的有机出口量数据显示，欧盟是亚洲最主要的出口市场。亚洲对美国的出口数据可追溯到2014年，但该数据意义不大（2023年仅占对欧盟和美国有机出口总量的21.7%，且覆盖的品类不全）。数据显示，2023年亚洲对欧盟和美国合计出口了近60.6万吨有机产品，占其有机产品进口总量的11.5%。自2018年以来，该数据每年都在持续减少，至2023年总计减少了39.7%（399 334吨）。

6.2.8 中国是最大的出口国

亚洲对美国和欧盟的主要出口国是中国（超过20.7万吨，主要是饼粕、大米和糖），其次是印度（近15.8万吨，主要是饼粕、食用植物和菜豆）和巴基斯坦（近5.7万吨，主要是大米）（图6-5）。

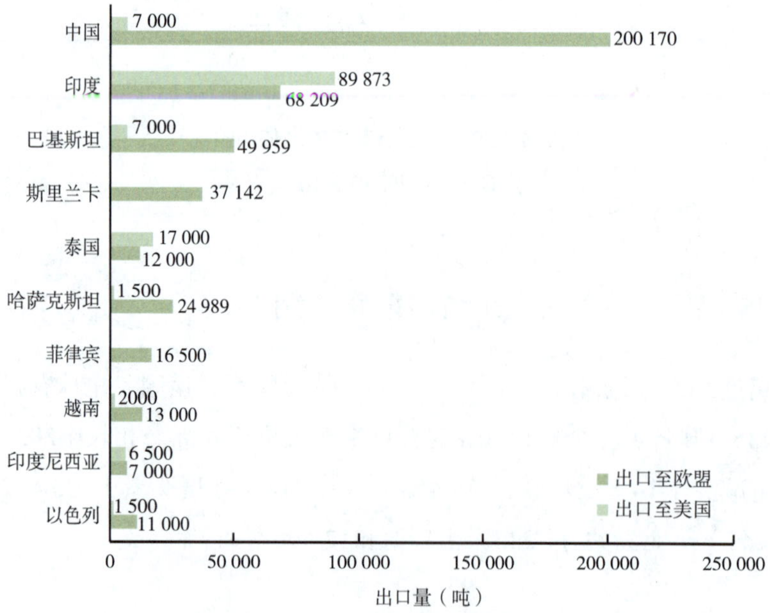

图6-5 2023年亚洲对欧盟和美国的主要出口国家

（数据来源：2025年GATS/USDA调查、TRACES/欧盟委员会调查）

6.2.9 饼粕是最主要的出口产品

饼粕是亚洲最重要的有机出口品类，出口总量超过192 624吨，占亚洲有机产品出口总量的近32%（其中主要是大豆饼粕，超过19.2万吨），其次是大米（超过117 790吨）和糖（超过56 557吨）（图6-6）。

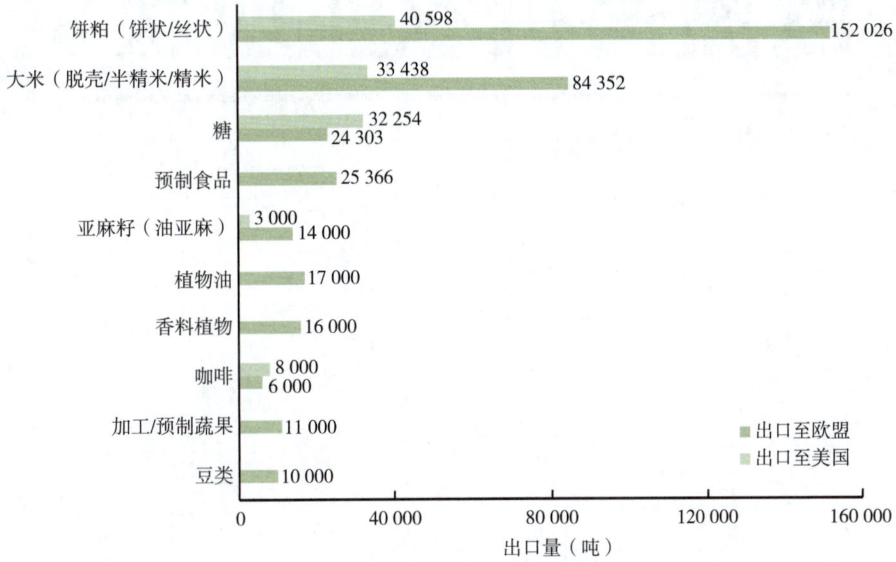

图6-6 2023年亚洲出口至欧盟和美国的主要有机产品类别

（数据来源：2025年GATS/USDA、TRACES/欧盟委员会调查）

7 欧洲有机农业现状

7.1 欧洲有机农业发展动态①

7.1.1 欧盟有机法规——重点关注进口产品

2018年6月，欧盟出台了（EU）2018/848号法规，重点关注有机产品的生产和标注，并于2022年1月1日开始实施。自那以后，截至目前共发布了48项二级立法，包括修正案和修订。

到2024年，立法速度似乎有所放缓，仅通过了5项新法规。然而，这些法规反映了委员会对进口议题的关注，5项法规中有4项涉及这一问题。

（EU）2018/848号基本法案在保留第三国有机认证等效概念的同时，表现出欧盟进口体系从等效转向合规的设想。2025年1月1日以后，只有符合《欧盟有机法规》且经监管机构和欧盟委员会批准的权威机构认证的第三国经营者，才能在欧盟市场销售

① 本部分作者为Bernhard Schlatter、Jan Trávníček、Manuela Helbing和Helga Willer；译者为正谷（上海）农业发展有限公司广州分公司黎榛。

有机产品。为此，需要对名单中的所有监管及权威机构进行重新审批。这一极具挑战性的过程尚未完全结束。不过，（EU）2021/1378号实施条例的清单已进行了3次更新［（EU）2024/1748号、（EU）2024/2140号和（EU）2024/2794号条例］，预计至少还有1次更新。

2024年年初发布的（EU）2024/230号条例引入了针对第三国、监管当局和监管机构需提供的信息，以及监管期间应采取措施的新规定。该条例明确规定了主管当局在收到委员会有确凿证据怀疑存在违规或违法行为的通知后，应采取的行动。该条例还就获认第三国的监管程序、定期审查监管机构以及当局的认证情况制定了补充规则。此外，还对成员国当局在协助委员会审查第三国、监管当局和机构方面做出了具体规定。

2024年唯一一项与进口无关的立法是（EU）2024/2867号条例，该条例引入了在产品包装上显示欧盟有机标志的新选项。

7.1.2　国际贸易

如前所述，与第三国签订有机认证等效协议的现有概念将予以保留。然而，该条例为重新谈判所有此类协定，以将其转化为双边贸易协定提供了依据。二次谈判仍在进行中，预计将持续到2026年。值得注意的是，欧盟与智利、瑞士和英国的贸易协定已经签订，因此这3个国家无须重新谈判。

目前，欧盟正在与其他签订了有机等效协议的第三国进行谈判，包括阿根廷、澳大利亚、加拿大、哥斯达黎加、印度、以色列、日本、新西兰、韩国、突尼斯和美国。此外，与墨西哥和哥伦比亚的谈判也已启动。

7.1.3　《欧洲绿色协议》、欧盟选举和国际竞争力

为响应社会和青年气候行动的强烈要求，欧盟委员会于2019年年底发布了《欧洲绿色协议》，旨在2050年前实现碳中和。

与此同时，2024年年初的“拖拉机抗议活动”凸显了农民们的强烈不满。他们的主要诉求是获得适当的收入，并提高农民在农产品供应链中的地位。

自2024年6月欧盟大选后，右翼和极右翼党派在本届欧洲议会中的代表人数比之前2019—2024年任期中的代表人数更多。欧盟决策者在选举后的新任期内旨在确保欧盟农业维持可持续发展、韧性和竞争力。虽然仍承诺坚持遵循《欧洲绿色协议》，但必须首先保持欧盟在全球及各行业内的竞争力。

7.1.4 农业与粮食战略对话及愿景

在对立、斗争和地缘政治对欧盟农业的影响日益加剧的背景下，欧盟委员会主席Ursula von der Leyen在2023年9月发表的欧盟年度国情咨文中发起了“欧盟农业未来战略对话”。此次战略对话汇聚了来自整个供应链的众多利益相关者，包括非政府组织（NGO）、农民、零售商和贸易组织，为解决农民当前面临的诸多挑战提出建议。IFOAM欧洲有机联盟主席Jan Plagge代表有机行业出席了本次会议。

2024年9月4日，经参与者的一致同意，欧盟委员会主席Ursula von der Leyen提交了最终报告。该报告是在农业粮食系统内实现欧盟环境目标的共同行动框架，旨在使欧盟的环境和气候目标与可操作的实施步骤和战略相结合。

报告强调了向可持续农业和粮食体系过渡的必要性，并强调这种过渡必须在经济上对农民可行。报告呼吁平衡环境可持续与农民的公平收入，并强调了投资有机研究与创新的必要性。Ursula von der Leyen主席承诺将在其第二个任期的前100天内提出《农粮体系愿景》。

7.1.5 共同农业政策（CAP）

欧洲议会在2021年11月23日的全体会议上正式通过了现行的共同农业政策（CAP）条例，于2023年1月1日生效，有效期至2027年12月31日。更新后的CAP通过引入国家战略计划，为成员国实现其政策目标提供了更大的灵活性。

CAP在支持欧盟向大规模有机农业过渡方面发挥着至关重要的作用。它在这方面的有效性取决于其是否有能力为有机农户提供强有力的支持，并承认他们付出的额外努力和投资。然而，新的CAP结构似乎不足以应对社会面临的紧迫环境挑战。

这一架构严重依赖于“生态计划”，占第一支柱预算的25%。尽管“生态计划”被视为鼓励环境友好型农业的工具，但它只对成员国具有强制性，对个体农民则是自愿的。此外，生态计划的定义和标准由成员国自行制定，导致各国的目标各不相同，执行情况也大相径庭。

CAP绿色框架的其余部分包括9个“良好农业和环境规范”（GAECs），在2023年和2024年的农民抗议后，这些条件在2024年5月的目标审查中被大幅削弱。这次审查降低了“良好农业和环境规范”中的环境要求，并将达成这些条件的责任更多地转移给了成员国。

此外，分配给第二支柱的预算中有35%专门用于农业环境和气候措施（AECMs），这部分对农民来说是自愿的。这些措施旨在支持可持续农业实践，但其可选性可能会限制其对应对环境和气候挑战的总体影响。

2022年，IFOAM欧洲有机联盟就CAP国家战略计划的现状进行了通报，并在欧盟有机目标（OrganicTargets4EU）项目下进行分析，指出许多成员国在发展和支持有机农业方面表现得不够积极。若不对措施和预算进行重大调整，将难以实现2030年前欧洲有机农地占比达25%的整体目标。

计划实施初期的情况证实了这一趋势。部分有机农户报告称，从传统农业转向有机农业的优势有所减少，采用环境效益少但转型程度较小的耕作方式的激励措施似乎更为有利。这种差异令人担忧目前的CAP框架能否有效推动欧盟有机农业目标的实现。

欧盟委员会关于2027年后CAP的提案预计将于2025年下半年公布，此前将于2025年7月公布多年财务框架（MFF）提案。一旦CAP提案公布，将开始与欧洲议会和理事会进行正式谈判。

7.1.6 可持续食品系统、可持续公共采购和绿色声明

7.1.6.1 可持续粮食系统和可持续公共采购

作为“从农场到餐桌”（Farm to Fork）战略的一部分，欧盟委员会最初计划在2023年年底前提出可持续食品系统（SFS）法，旨在定义“可持续食品系统”，并引入可持续公共采购和标志规定。然而，由于委员Christophe Hansen将工作重点放在执行现有立法上，可持续食品系统法迟迟没有公布。

2024年7月，欧盟委员会宣布计划在2025年年末修订2014/24号公共采购指令。这一修订可能会对公共食品采购产生重大影响，鼓励将更多有机产品纳入公共食堂，推进实现可持续食品系统的目标。

7.1.6.2 绿色声明指令法规及其对农产品行业的影响

2023年3月，欧盟委员会提出了一项通过证实绿色声明打击“漂绿”行为的指令，此举得到了有机部门的大力支持。然而，其对产品环境足迹（PEF）方法的依赖引起了质疑，因为该方法不足以评估复杂的农业食品系统。它忽略了农药残留、生物多样性丧失和动物福利等关键因素，往往更倾向集约化生产系统而非可持续实践。

尽管符合（EU）2018/848号法规的有机产品被排除在外，但该指令具有更广泛的影响，它引入了严格的程序来验证产品的环境声明，并对相关标签进行监管，以确保其

可信度。有机行业支持该指令的目标，但强调PEF方法并不适合农业食品类产品。三方谈判[①]预计将于2025年年初进行，最终通过时间预计为2025年年中。

7.1.7 农业部门的气候和自然恢复法

干旱、洪水等气候变化造成的影响正在损害农业生产，而欧盟的农业温室气体（GHG）排放量却迟迟无法下降。耕地和草地依旧在产生温室气体，而非成为碳汇。为了应对这些挑战，欧盟修订了《土地利用、土地利用变化和林业法规》（LULUCF）、《责任共担条例》（ESR），以设定更严格的碳减排目标，包括来自农业的非二氧化碳温室气体排放。

此外，欧盟还在推进统一碳认证的立法，建立碳农业（Carbon farming）和碳储存标准，预计将于2025年颁布实施法案。尽管有机农户已经在践行低碳农业，但产生额外碳信用额的能力较为有限，并且，只关注碳可能会忽视更广泛的生物多样性和生态系统风险。

2024年8月生效的《自然恢复法》包括农业生态系统的恢复目标，如排水泥炭地和耕地土壤，以及恢复生物多样性和传粉者数量的措施。各成员国必须起草恢复计划，并将有机农业作为关键的恢复措施。

7.1.8 在欧盟层面解决土壤健康问题

欧盟一直没有制定土壤法规，2006年的尝试以部分成员国的反对而告终。与此同时，土壤健康状况不断恶化，目前欧盟70%的土壤被列为不健康土壤。

2023年7月，欧盟委员会提出了一项土壤监测与恢复指令，以建立统一的土壤监测系统，但并未设定具有约束力的土壤恢复目标。尽管具有局限性，但该指令标志着在承认土壤健康对可持续粮食生产和生态系统服务（如水净化和碳固存）至关重要方面取得了进展。

该指令的三方谈判于2024年10月开始，这是制定未来欧盟土壤法规的关键阶段。

① 三方谈判是一个非公开的谈判过程，涉及欧洲议会、欧盟理事会和欧盟委员会的代表。谈判结束后，提案可获得最终批准并生效。

7.1.9 新基因组技术（NGTs）

继2023年6月发布有关“新兴基因组技术”（NGT）的立法提案后，截至2023年11月，欧盟机构内部的政策进程正在不断推进中。该提案旨在修订转基因生物（GMOs）监管框架，从预防转向生物安全、选择自由和消费者知情权。提案将NGT作物分为两类：第一类NGT植物和第二类NGT植物。第一类将受到比第二类更宽松的监管。第二类NGT植物仍由现有的转基因生物框架管理，但免于部分风险评估和检测方法。这两类植物仍禁止在有机农业中使用。

要求制定更宽松监管框架的压力一直很大。欧洲议会加快了立法进程，于2024年4月确认了与欧盟委员会提案一致的立场，同时增加了对第一类NGT植物的可追溯性和标签要求，并削弱了一些生物安全要素。

欧洲理事会曾于2023年12月和2024年2月两次试图达成总体方针，但均以失败告终。主要障碍仍然是欧洲育种部门对NGT植物专利影响的担忧。一旦理事会达成共识，三方谈判将开始。

7.1.10 研究与创新

有机农业研究一直是欧洲和各国研究计划以及国家有机行动计划的资助对象。自20世纪90年代中期以来，在欧盟研究与创新框架计划内，面向针对有机食品与农业的有机研究项目的资助呈增长趋势。这些资金极大促进了有机农业领域知识与实践的发展，提倡农业可持续性和环境管理。

7.1.10.1 跨国合作

CORE Organic Cofund资助网络[①]于2022年更名为CORE Organic Pleiades网络，由27个国家及地区的41个合作伙伴组成，并于2023年秋季首次公开征集项目。

与欧洲有机及生态农业研究与创新技术平台（TP Organics）及该机构其他主要利益相关方的合作发挥了至关重要的作用，确保代表农民、行业和民间社会的跨国组织的观点和担忧被纳入考量，并在相关倡议和政策中有所体现。

开放式在线资料库Organic Eprints（www.orgprints.org）和Organic Farm Knowledge

---

① CORE Organic Cofund是一个支持有机农业和食品系统领域研究与创新的资助网络。它是欧洲多个国家的合作项目，旨在共同资助和协调以有机农业为重点的研究项目。CORE这个名称代表“欧洲跨国有机食品和农业系统研究协调”。

（organic-farmknowledge.org）在向全欧洲不同目标受众传播研究成果方面继续发挥着至关重要的作用。这些平台是知识共享的宝贵资源库，在有机部门的研究人员、从业人员、政策制定者和其他利益相关者之间架起了桥梁。

7.1.10.2　2024年科学日和有机创新日

在一年一度的科学日活动上，TP Organics以“迈向可持续粮食系统的下一步”为题，与与会者共同探讨其新的有机和生态农业战略研究与创新议程（SRIA）。该会议的详细回顾可在TP Organics官网查阅。

2024年10月22—23日，有机创新日活动在比利时布鲁塞尔的“有机之家”成功举办。这是TP Organics的年度公共活动，也是欧盟唯一致力于有机和生态农业研究与创新的活动。2024年的主题是“有备无患：让有机研究与创新项目为下一项政治使命做好准备”，重点关注地平线欧洲战略计划的最后一部分（2026—2027年工作计划）以及下一个欧洲和国际框架计划（FP10）。此次活动与资助有机研究的跨国网络CORE Organic联合举办，该网络将于2024年达成国际合作20周年。本次活动的全面回顾可在TP Organics官网上查阅。

7.1.10.3　地平线欧洲

地平线欧洲是欧盟目前主要的研究与创新资助计划，2021—2027年的总预算为955亿欧元。地平线欧洲的第六集群“食品、生物经济、自然资源、农业和环境集群”[①]的总预算为89.52亿欧元，旨在减少环境退化，阻止和扭转陆地、内陆水域和海洋生物多样性的减少，并通过对城市和农村地区的经济及社会变革，更好地管理自然资源。

地平线欧洲的首个工作计划（2021—2022年）资助了3个有机专项项目。其2023—2024年工作计划中有7项有机专项提案，这些呼吁与欧洲有机食品和农业行动计划一致。计划承诺将指定用于农业、林业和农村地区研究与创新预算的30%或以上分配给有机部门或其相关事项。

地平线欧洲引入了一套名为“欧盟使命（EU Missions）”的创新工具。其中，“欧洲土壤协议”有一个引人瞩目的愿景，即在2030年前创建100个生活实验室和灯塔农场，引领其所在地区向更健康的土壤转变。TP Organics一直在积极推动这项任务，

① 地平线欧洲第六集群“食品、生物经济、自然资源、农业和环境”的详情请查询：https://ec.europa.eu/info/research-and-innovation/funding/funding-opportunities/funding-programmes-and-open-calls/horizon-europe/cluster-6-food-bioeconomy-natural-resources-agriculture-and-environment_en。

作出了极大贡献。此外，TP Organics还委托开展了一项开创性的研究，重点关注欧洲各地的有机生活实验室和灯塔农场。这些举措凸显了有机行业的创新能力，表明其致力于加强有机实践，并为更广泛的农业食品体系转型发挥了激励作用。

TP Organics与其官方合作伙伴IFOAM欧洲有机联盟在新的欧洲研究与创新（R&I）伙伴关系中发挥着关键作用，该伙伴关系侧重于农业生态生活实验室和研究基础设施。

同时，TP Organics还是FOODPathS项目的顾问委员会成员，并被任命为FutureFoods科学和利益相关者顾问委员会成员。该项目正在积极筹备FutureFoodS可持续粮食系统伙伴关系，由欧盟委员会及其成员国共同提供资金。该伙伴关系于2024年11月发起了首次跨国联合呼吁。

7.1.11 2024年欧洲有机大会：为可持续未来架设桥梁

2024年欧洲有机大会于9月10—12日在匈牙利布达佩斯举行，是有机运动的一次重要活动。大会由IFOAM欧洲有机联盟、ÖMKi和匈牙利农业部组织，在匈牙利担任欧盟理事会主席国期间举行。

大会在欧洲大选后不久召开，为欧盟代表、政府机构和政策专家提供了对话平台。匈牙利农业部长István Nagy博士就有机农业在可持续农业和应对全球挑战方面的作用发表了主题演讲。会议讨论了大选后的欧盟格局、支持可持续发展的CAP改革、有机公共采购、新兴基因组技术带来的挑战，以及有机农业的经济潜力和研究与创新在食品体系变革中的重要性。

作为有机行业一次具有里程碑意义的聚会，欧洲有机大会再次彰显了其在为欧洲食品和农业系统打造一个更加可持续的未来方面所发挥的核心作用。

7.1.12 行业展望

2025年将是推进欧盟农业、有机农业和研究政策的关键一年。随着进口合规框架等重要法规的生效，以及2027年后多年期财政框架提案（包括下一个CAP和下一个欧盟研究与创新框架计划FP10）的出台，政策制定者面临着促进整个行业的可持续性、竞争力和公平性的平衡之举。有机农业仍然是这些努力的核心，其潜力因支持性的立法、贸易和研究发展而得到放大。

7.2 欧洲和欧盟有机农业数据①

2023年，欧洲有机产业的发展在关键指标上呈现出不同趋势。尽管有机农地面积和生产者数量有所增加，但零售额和欧盟有机产品进口量却有所减少。

若要实现欧盟委员会2020年在“从农场到餐桌”战略中提出的2030年前有机农地占比达到25%的目标，有机农地和市场都需要以更快的速度增长。

7.2.1 有机生产及市场概况

7.2.1.1 有机农地

2023年，欧洲的有机农地面积为1 950万公顷（欧盟为1 770万公顷）。西班牙超越法国成为欧洲有机农地面积最大的国家，占据欧洲有机农地总面积的15.4%。其次是法国、意大利和德国，欧洲一半以上的有机农地位于以上4个国家（图7-1）。

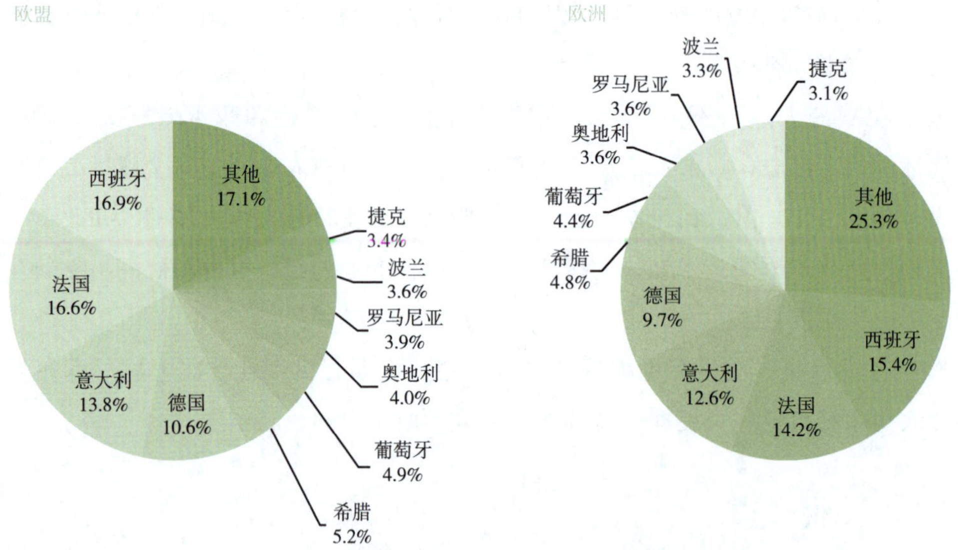

图7-1 2023年欧洲及欧盟各国有机农地分布情况

（数据来源：2025年FiBL-AMI调查）

2023年，欧洲有机农地面积增加了100万公顷，而欧盟有机农地面积增加了80万公顷，年增长率分别为4.1%和3.6%（图7-2和图7-3）。然而，法国和俄罗斯的有机农地

① 本部分作者为Helga Willer、Bernhard Schlatter、Jan Trávníček和Diana Schaack；译者为正谷（上海）农业发展有限公司广州分公司黎榛。

面积显著减少（图7-4）。若想实现欧盟2030年前有机农地占比达到25%的目标，年增长率需要达到10%。

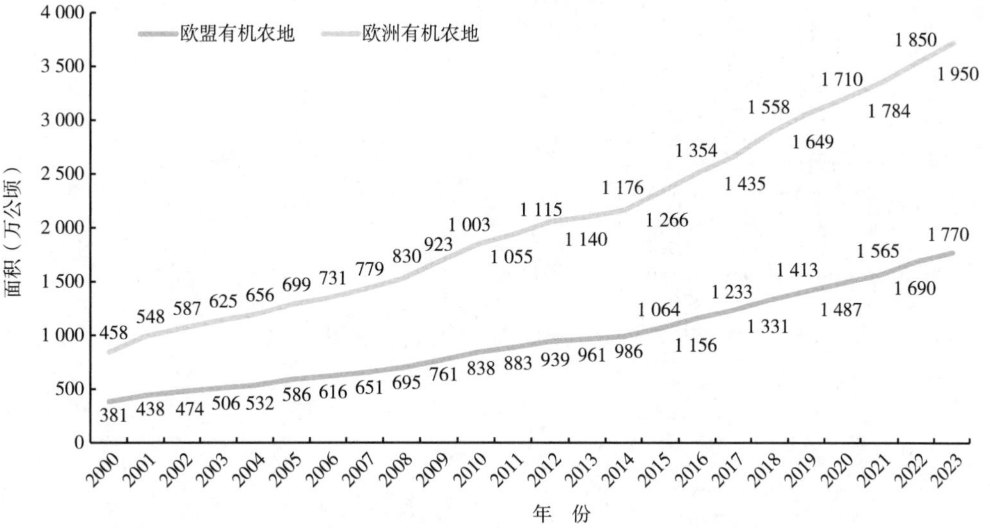

图7-2　2000—2023年欧洲和欧盟有机农地面积发展情况

（数据来源：2002—2025年FiBL-AMI调查，含2023年的所有欧盟成员国）

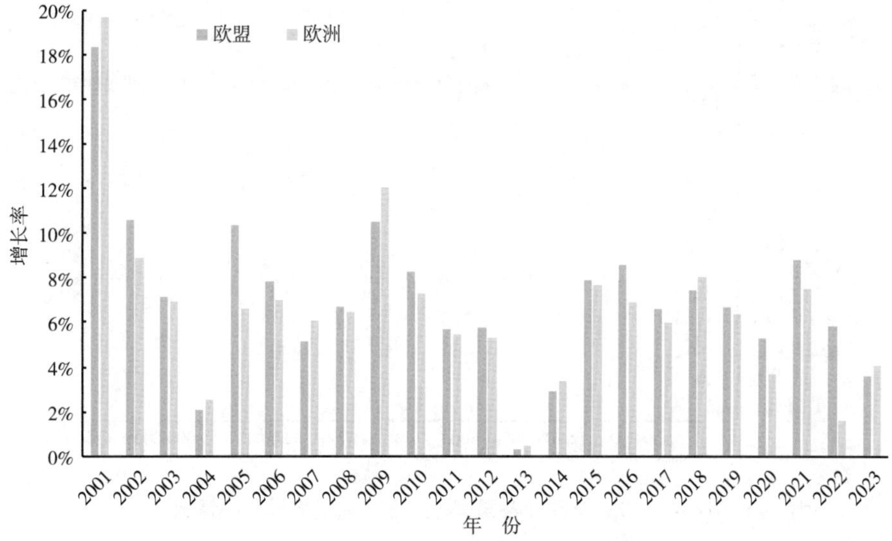

图7-3　2001—2023年欧洲和欧盟有机农地增长率

（数据来源：2003—2025年欧盟统计局和国家数据库）

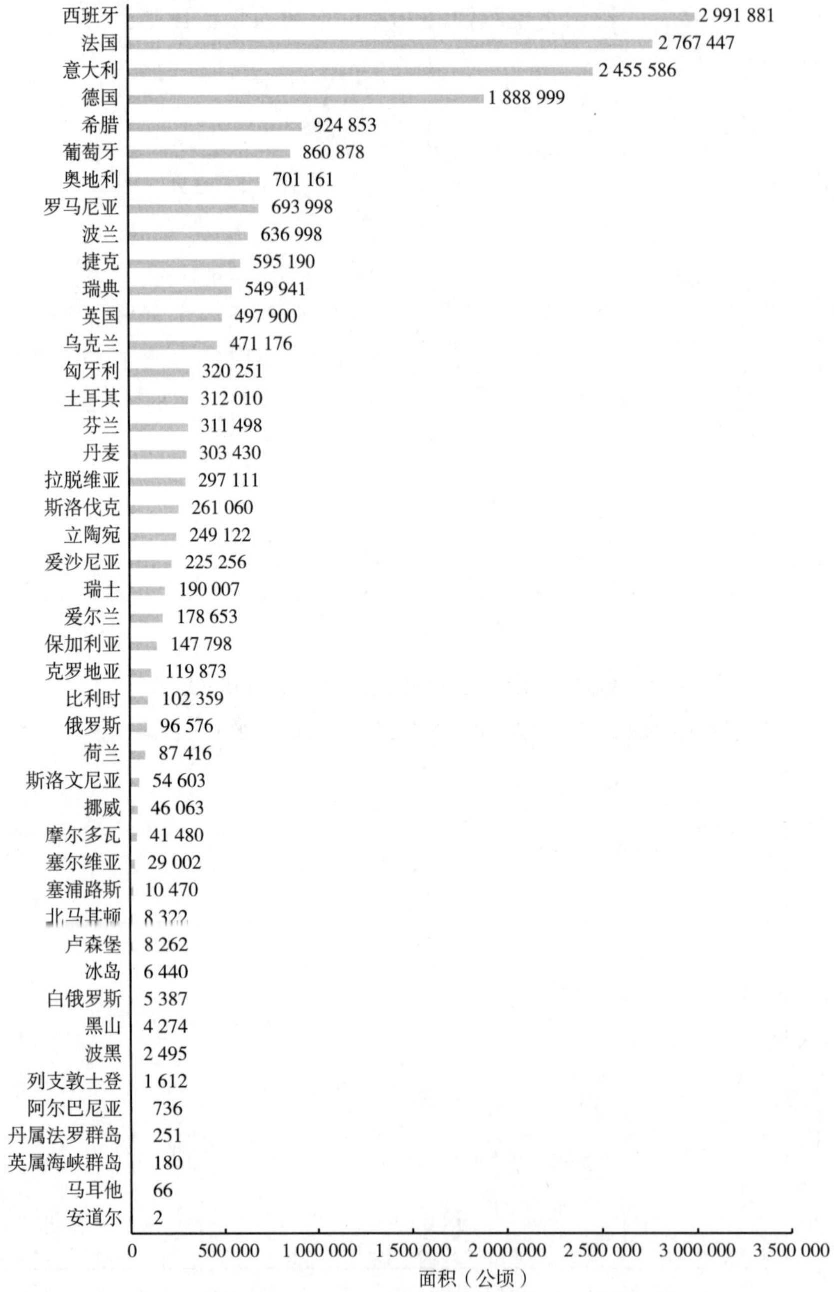

图7-4　2023年欧洲各国家（地区）有机农地分布情况

（数据来源：2025年FiBL-AMI调查）

欧洲有机农地占农业用地总面积的3.9%，欧盟为10.9%。列支敦士登的有机农地占比依旧最高（44.6%，同时是全球最高），随后依次是奥地利（27.3%）、爱沙尼亚（22.9%）和葡萄牙（21.7%，首次进入前四名）（图7-5）。

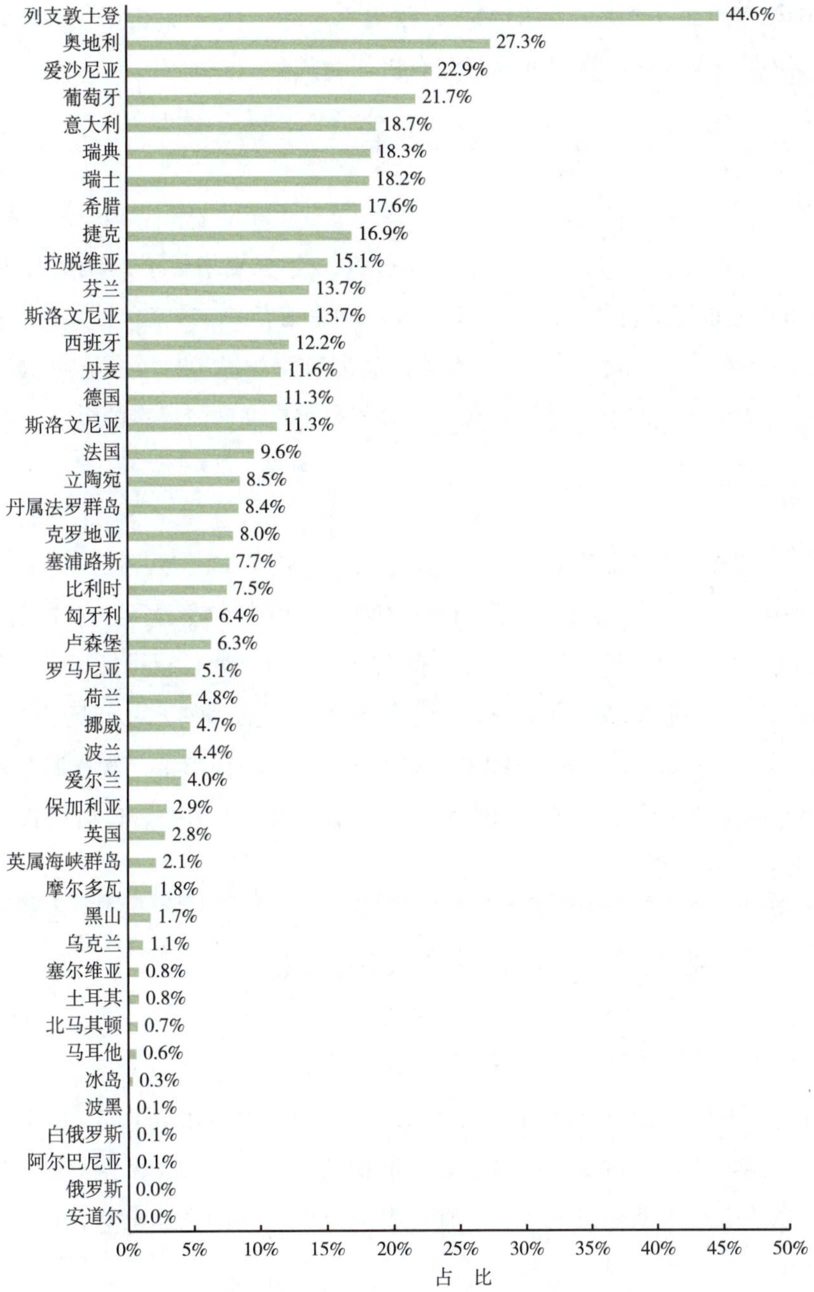

图7-5 2023年欧洲各国家（地区）有机农地占比情况

（数据来源：2025年FiBL-AMI调查）

季节性作物用地占欧洲有机农地面积的45%，随后是多年生草场（牧区）（40%）和多年生作物用地（13%）。最主要的季节性作物是谷物（欧洲为280万公顷，欧盟为250万公顷），最主要的多年生作物是橄榄（65万公顷）。2014—2023年面积增长最快的是油料作物，欧洲的增长率高达151%，欧盟为173%。然而，由于欧盟统计局不再将转换期土地信息纳入统计，难以准确跟踪有机作物的种植总面积。

7.2.1.2 有机生产者、加工商和进口商

2023年，欧洲有494 624名有机生产者（434 577名在欧盟），其中意大利（近8.5万名）居首位。欧洲和欧盟的有机生产者数量较2022年分别增长了1.4%和1.8%。欧洲有94 627家有机产品加工商，较2022年增长1.5%；欧盟则有89 379家。意大利的有机产品加工商数量最多，约为24 800家。欧洲的有机产品进口商数量2023年增至7 955家，较2022年增长3.8%（欧盟为6 727家，增长3.4%）。德国是进口商数量最多的国家（1 974家）。

7.2.1.3 有机市场

2023年，欧洲有机产品零售额达到547亿欧元，增长3%（欧盟为465亿欧元，增长2.9%）。德国是欧洲最大的有机产品市场，零售额达到161亿欧元，其次是法国（121亿欧元）。在2014—2023年，欧洲和欧盟有机市场价值已增长超过1倍。

欧洲国家的有机食品市场份额继续在全球领先。丹麦的市场份额全球最高（11.8%），其次是瑞士（11.6%）和奥地利（11.0%）。2023年，欧洲消费者在有机食品上的人均花费为66欧元（欧盟为104欧元），瑞士和丹麦消费者位居榜首，人均花费分别为468欧元和362欧元。

7.2.2 有机农地面积、占比和增长情况

7.2.2.1 有机农地面积

2023年，欧洲和欧盟的有机农地面积分别为1 950万公顷和1 770万公顷。有机农地面积最大的是西班牙（占欧洲有机农地总面积的15.4%），随后是法国、意大利和德国，欧洲有超过一半（欧盟近60%）的有机农地位于这些国家。全球有19.7%的有机农地位于欧洲。

7.2.2.2 有机农地占比

2023年，欧洲有机农业用地占比为3.9%，欧盟为10.9%。欧洲有16个国家（欧盟有14个）的有机农地占比超过10%，占比最高的是列支敦士登（44.6%，依旧是全球最高），其次是奥地利（27.3%）、爱沙尼亚（22.9%）和葡萄牙（21.7%，首次排名前四）。

7.2.2.3 有机农地面积增长

2023年，欧洲的有机农地面积增加了100万公顷（增长4.1%），欧盟增加了80万公顷（增长3.6%）。对增长率贡献最高的是西班牙、乌克兰、葡萄牙和意大利，合计增加超过70万公顷（图7-6）。反之，法国和俄罗斯的有机农地面积显著减少，合计减少20万公顷。相对增长率最高的是爱尔兰、乌克兰和摩尔多瓦（图7-7），而相对下降率最高的是俄罗斯（下降48.8%）和科索沃地区（下降25.4%）。

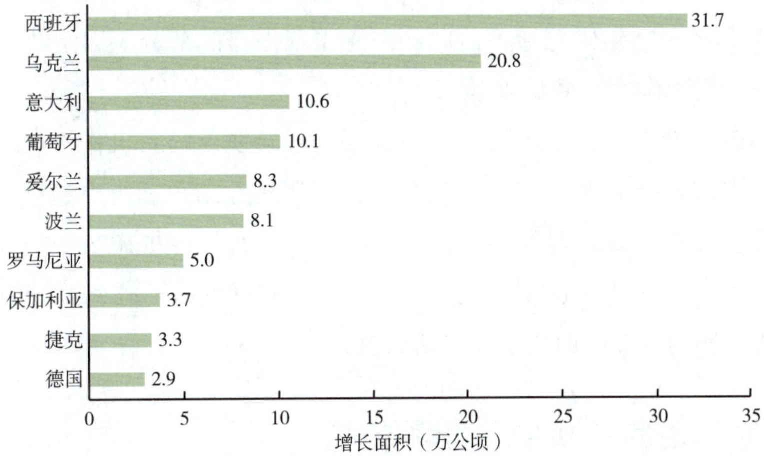

图7-6　2023年欧洲有机农地增长面积位列前十的国家

（数据来源：2025年FiBL-AMI调查）

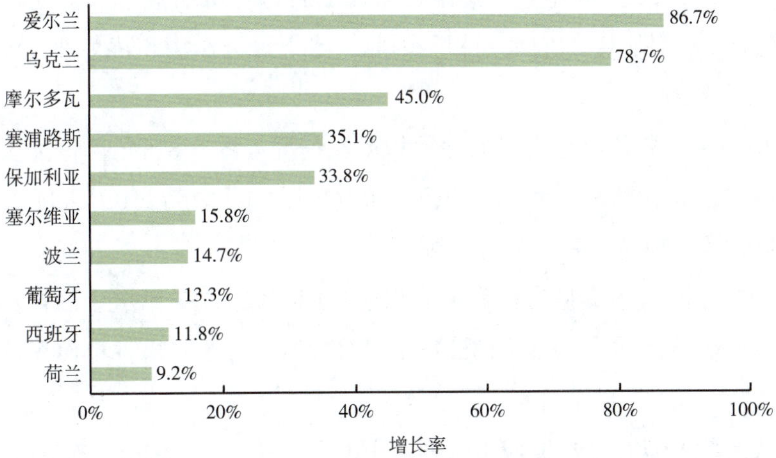

图7-7　2023年欧洲有机农地面积增长率位列前十的国家

（数据来源：2025年FiBL-AMI调查）

7.2.2.4 有机农地转换期情况

在欧洲1 950万公顷的有机农地中，有至少1 310万公顷已经完成有机转换；欧盟的1 770万公顷中，有1 180万公顷已完成转换。

7.2.2.5 数据误差分析

所有欧洲国家的土地利用和农作物均有详细的数据，自2000年以来，欧洲所有类型的农业用地面积均稳步增长。2022年，欧洲有机农地面积有所减少（主要源于俄罗斯和乌克兰），而2023年则停滞不前。2023年出现停滞的部分原因是缺乏2023年所有欧洲国家土地利用和作物的最新数据。

此外，自2021年起，欧盟统计局不再提供处于转换期的有机作物农地面积。为弥补这一差距，在2021年和2022年，FiBL曾尝试利用现有来源和历史趋势估算缺失的数据。然而，事实证明这既耗时又容易出现数据误差。因此，在2023年报告了欧盟统计局提供的完全转化的有机物面积。这一方法上的调整导致有机作物面积较实际大幅减少，因为处于转换期的农地面积不再包括在内。

7.2.3 土地利用和有机农作物种植情况

7.2.3.1 有机农地作物情况

与前几年相比，2023年许多主要作物的种植面积有所缩减。如前述，欧盟统计局的数据不再包含处于转换期的农地面积。因此，除干豆类作物和蔬菜外，大多数作物的报告面积都有所减少。

2004—2023年欧洲各类型有机农地面积增长情况如图7-8所示。该地区最主要的季节性作物是谷物，其在欧洲的种植面积为280万公顷（欧盟为250万公顷）。最主要的多年生作物是橄榄，种植面积为65万公顷。

2004—2023年欧盟各类型有机农地面积增长情况如图7-9所示。油料作物面积增长最为显著，欧洲增长151%，欧盟增长173%。干豆类作物的有机种植面积占比最高，在欧盟超过25.2%。

2023年欧洲各类型有机农地使用位列前十的国家（地区）如图7-10所示。

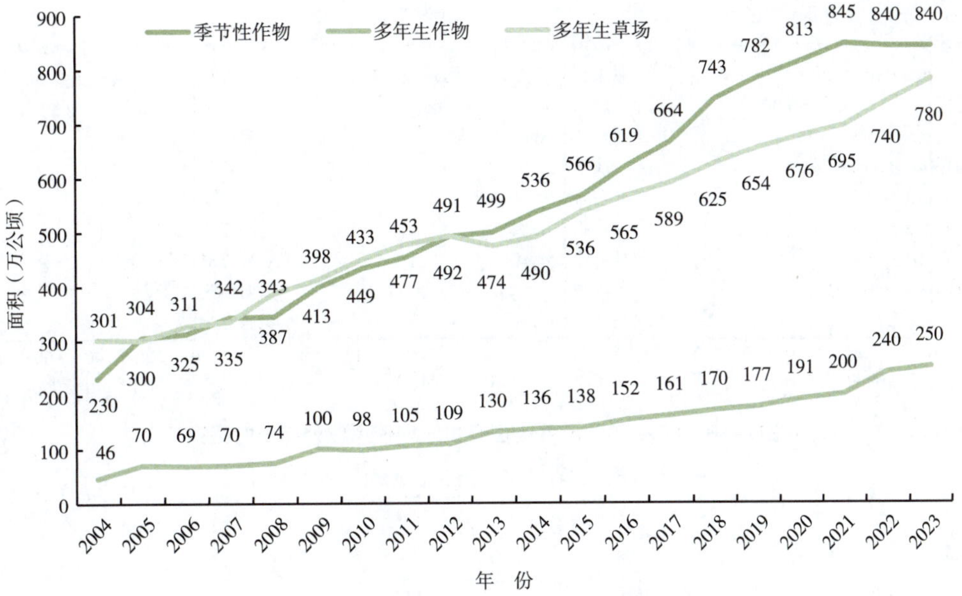

图7-8　2004—2023年欧洲各类型有机农地面积增长情况

（数据来源：2006—2025年FiBL-AMI调查）

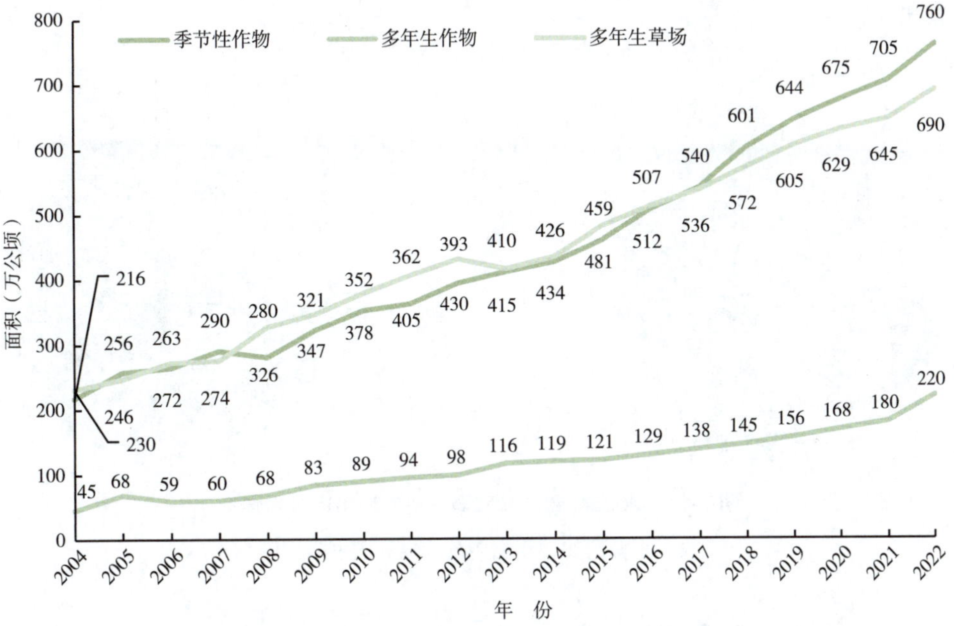

图7-9　2004—2023年欧盟各类型有机农地面积增长情况

（数据来源：2006—2025年FiBL-AMI调查）

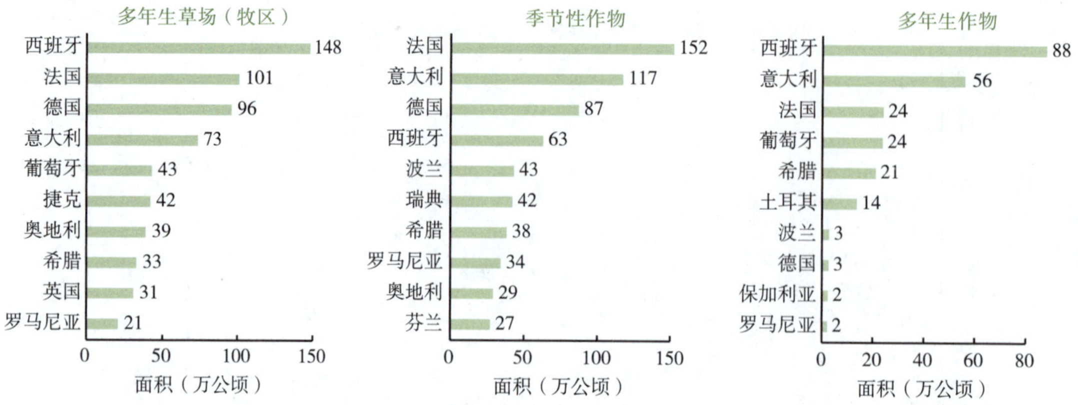

图7-10　2023年欧洲各类型有机农地使用位列前十的国家

（数据来源：2025年FiBL-AMI调查）

7.2.3.2　其他有机用地

2023年欧洲和欧盟有机农地使用的分布情况如图7-11所示。除了农业用地，欧洲还有一些其他类型的有机用地，大部分是野生采集区域，面积达1 060万公顷（欧盟为710万公顷）。欧洲及全球范围内最大的野生采集区位于芬兰，面积达690万公顷（主要是浆果）。

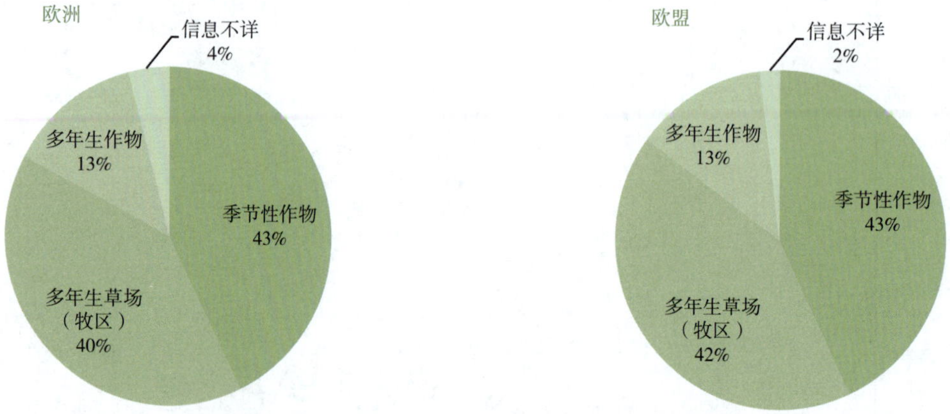

图7-11　2023年欧洲和欧盟有机农地用途分布情况

（数据来源：2025年欧盟统计局和国家数据库）

7.2.4　生产者、加工商

尽管大多数欧洲国家有关于有机生产者的数据，但加工商和进口商的数据却很少，出口商的相关数据则更少。近年来数据的可用性有所改善，但仍无法清楚地了解加工商、进口商和出口商的发展情况。

7.2.4.1 有机生产者

2023年，欧洲有近50万名有机生产者，欧盟有超过43万名有机生产者。欧洲各国家（地区）有机生产者数量如图7-12所示。意大利是有机生产者数量最多的国家，接近8.5万名。欧洲和欧盟的有机生产者数量均略有上涨（图7-13），涨幅分别为1.4%和1.8%。2014—2023年，欧洲的有机生产者数量增长了47%，欧盟增长了72%。全球有超过10%的有机生产者位于欧洲。

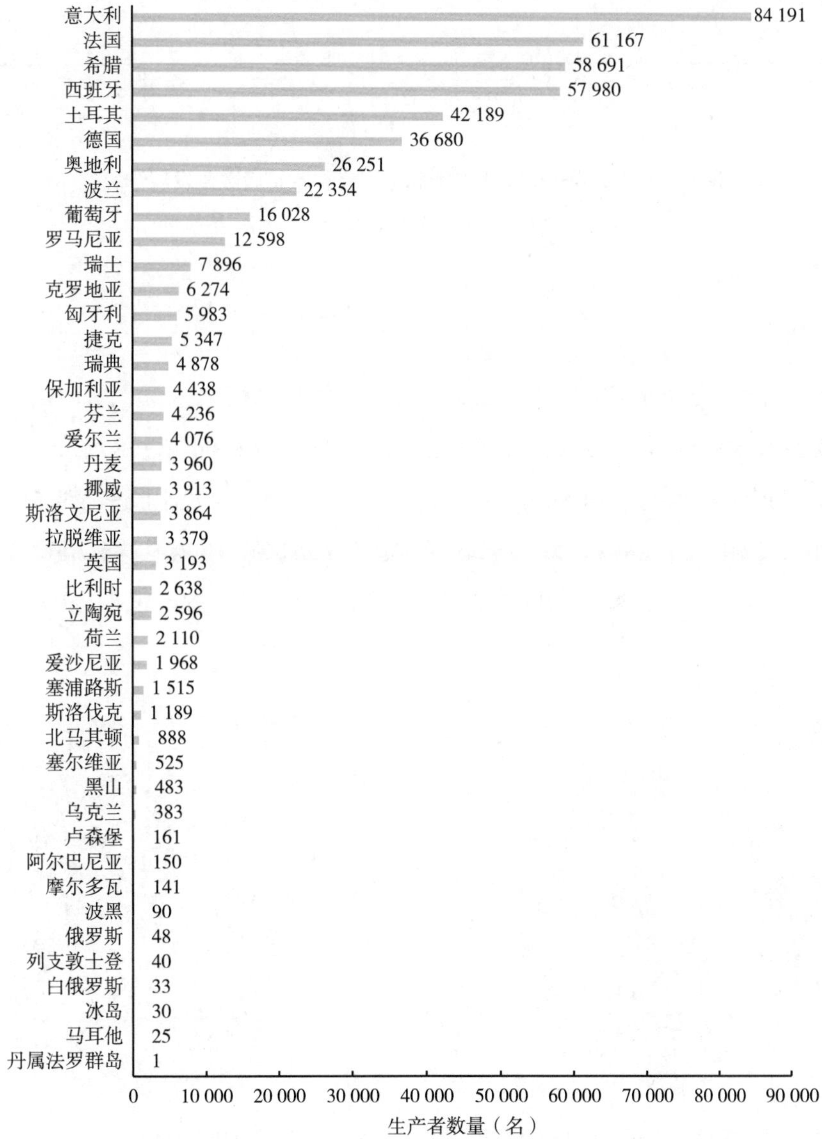

图7-12 2023年欧洲各国家（地区）有机生产者数量

（数据来源：2025年FiBL-AMI调查）

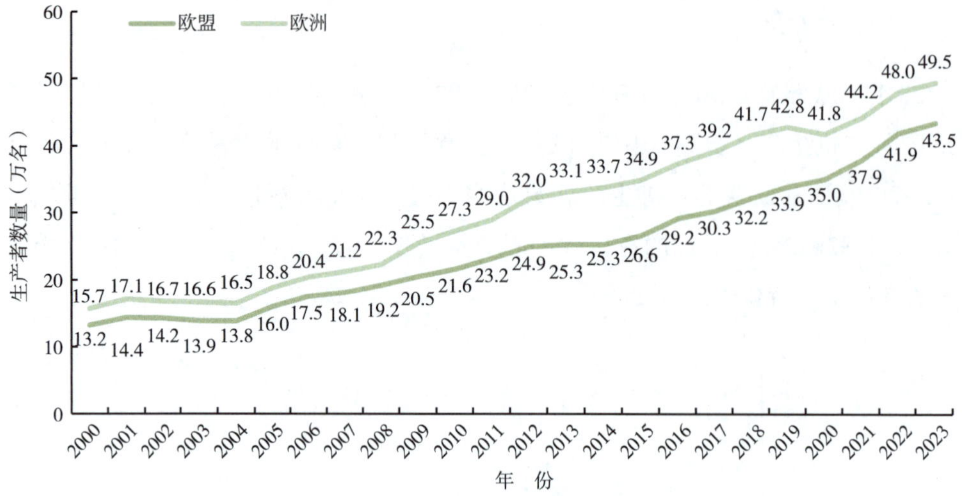

图7-13　2000—2023年欧洲和欧盟有机生产者数量发展情况

（数据来源：2002—2025年欧盟统计局和国家数据库）

7.2.4.2　有机加工商和进口商

2023年，欧洲有近9.5万家有机加工商（较2022年增长1.5%，2014—2023年增长82%），欧盟有约8.9万家（较2022年增长2.2%，2014—2023年增长87%）。有机加工商数量最多的依旧是意大利（24 800家），其占比见图7-14。欧洲的进口商数量增长至约8 000家，较2022年增长3.8%，2014—2023年增长了138%；欧盟有约6 700家，较2022年增长3.4%，2014—2023年增长120%。德国是有机进口商最多的国家（1 974家）。

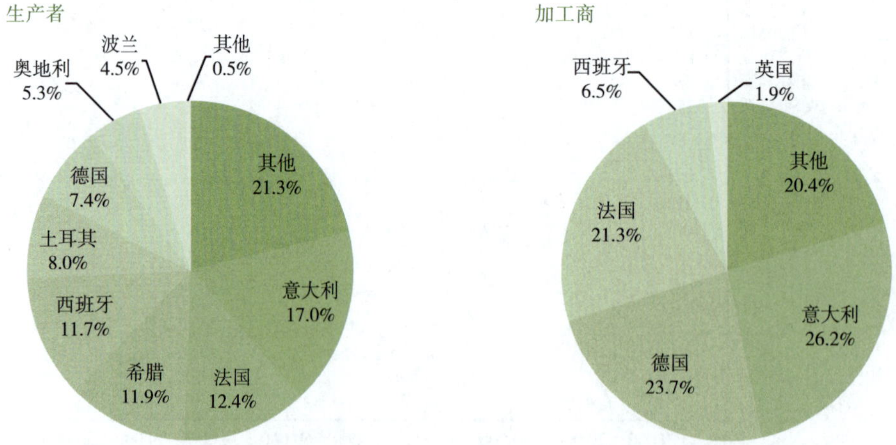

图7-14　2023年欧洲各国家（地区）有机生产者和加工商分布情况

（数据来源：2025年FiBL-AMI调查）

7.2.5 进口商和出口商

欧盟作为全球第二大单一有机市场，本次调查已经第五次提供了主要有机进口产品和主要进口国的数据。此外，美国提供了其出进口数据（包括数量和金额），但尚未覆盖所有品类。部分欧洲国家提供了进出口额数据。由于数据统计不完整，很难推断出欧洲和欧盟的进出口总额和增长率。

进口量　2023年，欧盟共进口了247万吨的有机农产品，较2022年下降9.1%。

进口国　进口量最大的是荷兰（795 383吨），其次是德国和比利时。需要注意的是，大部分进口到德国的有机产品被再次销往其他欧盟国家。

进口源　厄瓜多尔是欧盟最大的有机农产品供应国，供应量为36万吨，接近欧盟有机产品进口总量的15%。2023年，欧盟小麦的进口量增长了67%，主要来自土耳其和乌克兰。

产品类型　进口量最大的产品是热带水果（77万吨，占进口总量的近1/3，尤其是香蕉），其次是饼粕和大豆。

欧洲对美国的出口量　根据美国数据，2023年，欧洲国家向美国出口了超过29万吨有机产品，占美国有机进口总量的10%，其中约11万吨来自土耳其，其次是俄罗斯和罗马尼亚，其出口量较2022年均有所增加。需要注意的是，美国有机产品进口数据仅包含部分产品及品类。

进出口额　有限的数据显示，意大利的出口额最高（36亿欧元），法国的进口额最高（2021年为28亿欧元），德国作为欧洲最大市场，未能提供相关数据。

7.2.6 有机产品零售额

2023年，欧洲有机市场规模为547亿欧元（欧盟为465亿欧元），较2022年增长了3.2%（欧盟增长3.1%）。2022年，由于俄乌冲突、能源价格上涨、生活成本增加等原因，许多国家的通货膨胀加剧，市场出现萎缩。然而，2023年市场开始复苏，表明消费者信心恢复，对有机产品的需求也随之增加。

然而，并非所有国家都能定期提供其国内市场的数据，由此可以假设实际的有机市场规模要大于本书所展示的数据。

7.2.6.1 有机市场规模

2023年，德国仍然是欧洲最大的有机市场（零售总额为161亿欧元），同时也是仅次于美国的全球第二大有机市场。法国以121亿欧元的零售总额位居欧洲第二。2023

年，美国占据全球有机市场的领先地位，有43%的有机产品零售额来自美国（586亿欧元），其次是欧盟（465亿欧元，34%）（图7-15）。需要注意的是，由于美元对欧元的汇率走强，欧盟在全球有机市场的占比较往年有所下降。2023年欧洲各国零售额情况见图7-16。2000—2023年欧洲和欧盟有机产品零售额见图7-17。

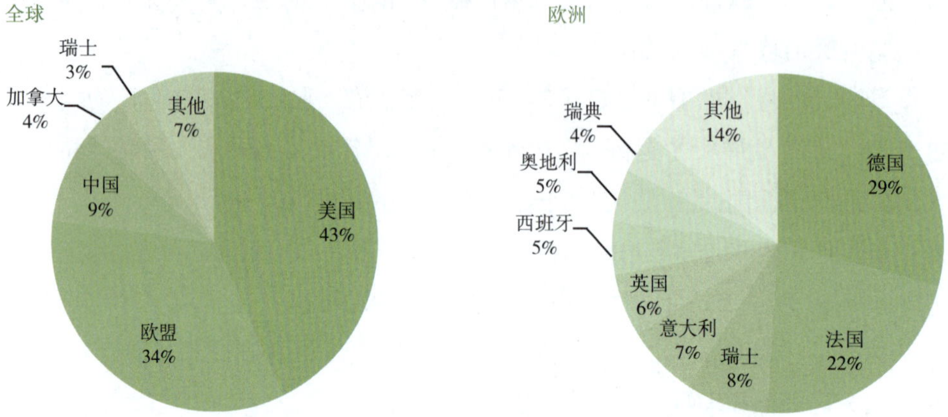

图7-15　2023年全球单一市场和欧洲各国家（地区）零售额情况

（数据来源：2025年FiBL-AMI调查）

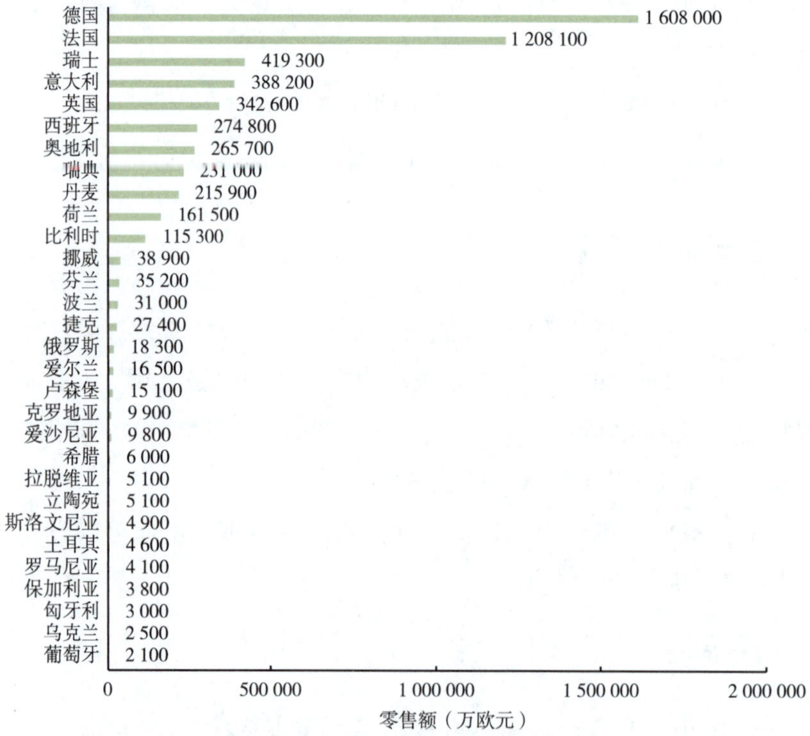

图7-16　2023年欧洲各国零售额情况

（数据来源：2025年FiBL-AMI调查）

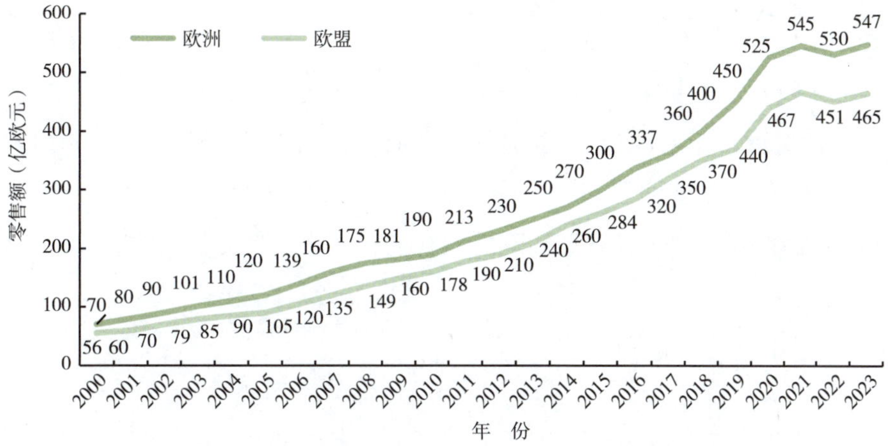

图7-17　2000—2023年欧洲和欧盟有机产品零售额变化情况

（数据来源：2002—2025年FiBL-AMI调查）

从区域来看，2023年，欧洲占全球市场的40.1%（547亿欧元），北美洲占46.8%（639亿欧元）。在与往年数据比较时，同样需要考虑欧元对美元汇率波动的问题。

7.2.6.2　有机市场份额

有机食品的市场份额反映了有机市场在该国的重要性。同往年类似，2023年丹麦仍然是全球有机市场份额最高的国家（11.8%），随后是瑞士（11.6%）和奥地利（11.0%）（图7-18）。由于高通胀率和食品价格的急剧上涨，许多国家的有机食品市场份额有所下降。单个产品和产品组的市场份额可能更高。一些较新的产品，如肉类和牛奶替代品，其市场份额已超过50%。

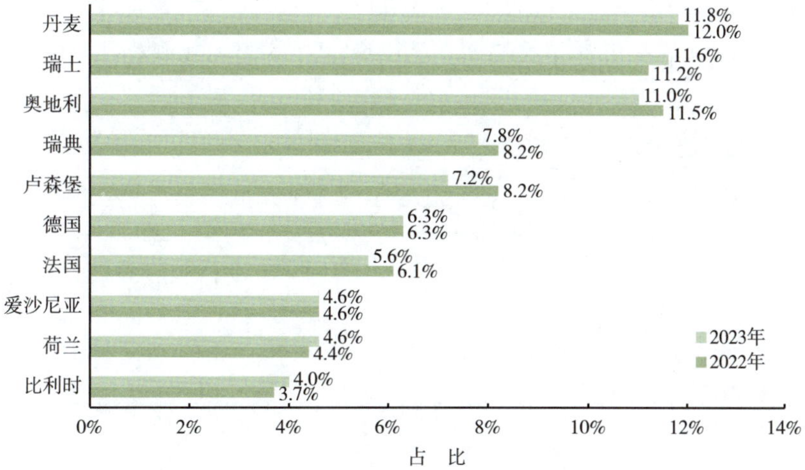

图7-18　2022—2023年欧洲有机产品零售额占比位列前十的国家

（数据来源：2024—2025年FiBL-AMI调查）

7.2.6.3 有机市场的增长

2023年，欧洲的有机零售总额为547亿欧元（欧盟为465亿欧元），较2022年增长了3.2%（欧盟增长了3.1%）。少部分国家的零售额有所下降，大部分国家的零售额有所增长，如爱沙尼亚（增长13%）、荷兰（增长12.5%）和奥地利（增长6.5%）（图7-19）。2014—2023年，欧洲和欧盟的有机零售总额增长超过1倍。

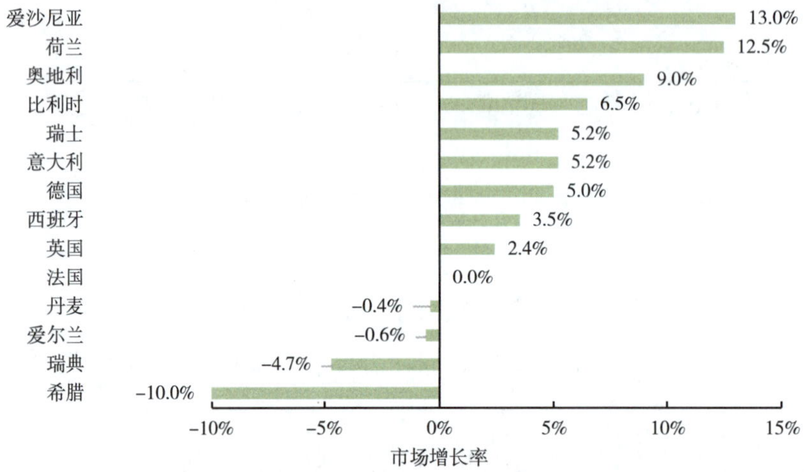

图7-19 2023年欧洲有机市场增长率最高的国家

（数据来源：2025年FiBL-AMI调查）

7.2.6.4 有机食品人均消费

和往年一样，2023年欧洲以及全球有机食品人均消费额最高的国家依旧是瑞士（468欧元），其次是丹麦（362欧元）。欧洲有8个国家有机食品人均消费超过100欧元（图7-20）。欧洲的有机食品人均消费为66欧元，欧盟为104欧元（图7-21）。

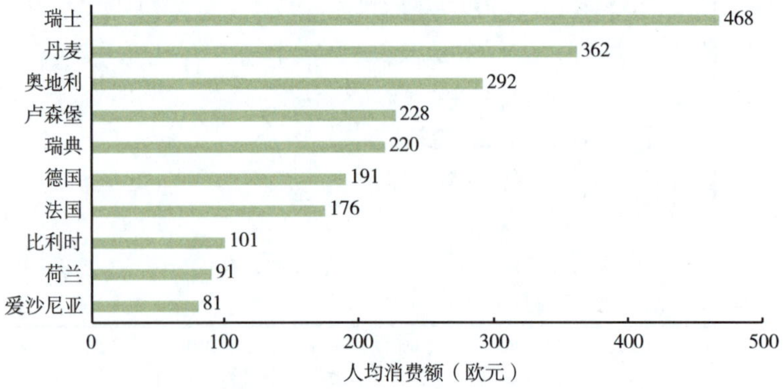

图7-20 2023年欧洲有机产品人均消费额位列前十的国家

（数据来源：2025年FiBL-AMI调查）

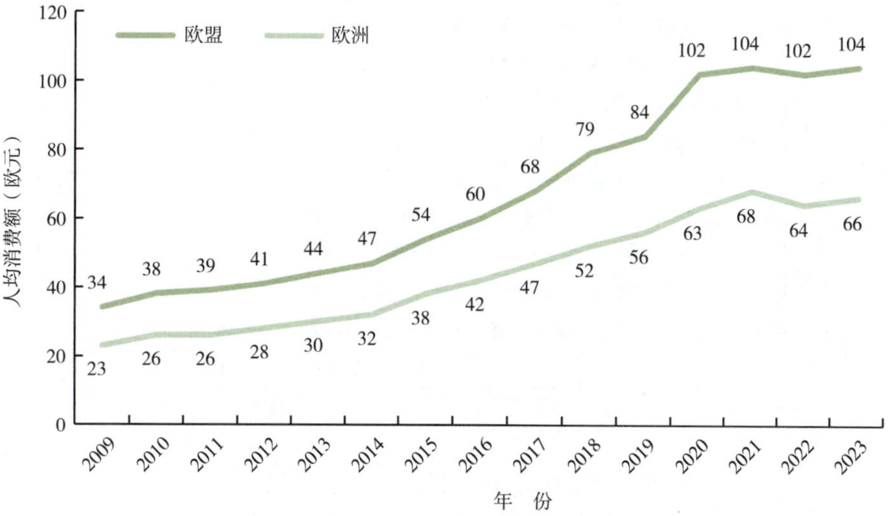

图7-21 2009—2023年欧洲及欧盟人均消费额发展情况

（数据来源：2011—2025年FiBL-AMI调查）

7.2.6.5 有机产品及类别与整体市场的比较

尽管有机食品的市场份额是一个重要指标，但同时也需要关注单一品类所占据的市场份额。在许多国家，有机鸡蛋在零售市场中占据了惊人的比例，是单一有机产品的成功零售案例之一。丹麦和瑞士市场上销售的鸡蛋（以价值计量）超过30%为有机鸡蛋。而从品类来看，有机蔬菜水果始终维持了最高的市场份额，在许多国家超过10%。

7.2.6.6 有机产品的营销渠道

部分国家提供了根据营销渠道细分的零售数据。有机市场整体数据中会尽可能地减掉餐饮销售数据，不同零售营销渠道（不包括餐饮及膳食服务）的重要性因国家而异。常规零售店（包括折扣店）在2018—2023年的增长最为强劲。部分国家的常规零售店销售额有所下降，但大部分提供了数据的国家的折扣店销售额均有所上升。在法国、意大利和德国，有机零售店发挥着重要作用（图7-22）。

值得注意的是，相较于零售额，2023年部分国家的有机餐饮销售额增长更为强劲，这一趋势与2022年相同（图7-23）。丹麦2023年的有机餐饮销售额比2022年增长了12%，超过了同期零售额0.4%的增幅。尽管许多国家的有机餐饮及膳食服务销售数据有限，但在丹麦观察到的趋势表明，在其他国家或许也会出现类似的趋势。

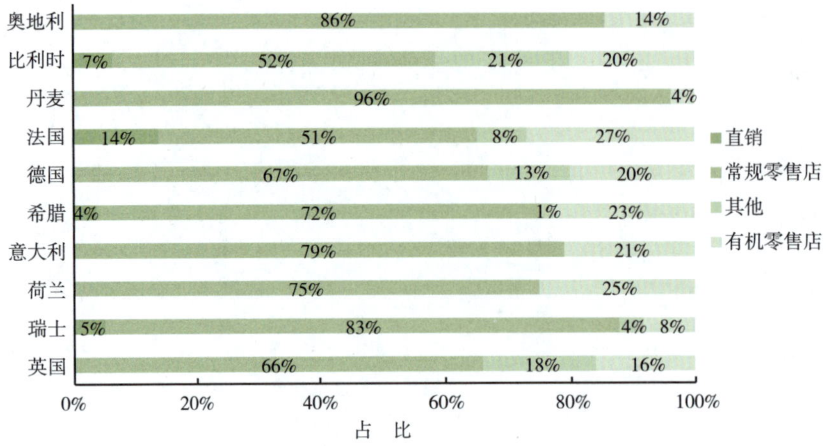

图7-22 2023年欧洲部分国家的有机产品销售渠道

（数据来源：2025年FiBL-AMI调查）

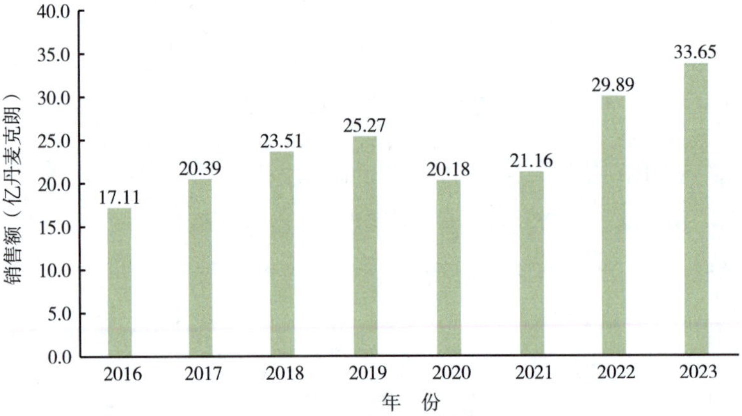

图7-23 2016—2023年丹麦有机餐饮销售额发展情况

（数据来源：Statistics Denmark）

7.2.7 展 望

2023年，欧洲和欧盟的有机农地面积和有机生产者数量稳步增长，有机产品零售额也随之增长，其主要原因是产品价格的上涨。

尽管行业呈现出向上趋势，但社会经济挑战依然严峻。家庭收入减少和消费品成本（包括能源价格）上升使部分人群改变了消费习惯。一些消费者减少了有机产品消费，另一些则寻求更实惠的替代品。德国出现了一个有趣的趋势，即使在折扣店大幅提价的情况下，这些折扣店的有机产品销售额仍有强劲增长。

展望未来，2024年有机产品市场仍将面临挑战。不过，初步数据表明，一些市场出现了复苏迹象，为持续增长带来了希望。增长的动力不仅来自价格上涨，还来自销售量的增加。

要实现欧盟“从农场到餐桌”战略的目标，即2030年欧洲有机农地占比达到25%，及时有效的支持措施至关重要。如何应对经济挑战，确保所有消费者都能买到有机产品，将是有机行业持续增长的关键。

7.2.8 致　谢

本部分的部分数据收集工作由欧盟OrganicTargets4EU项目完成，该项目由欧盟（批准号101060368）和瑞士联邦教育科研与创新国务秘书处（SERI）（批准号22.00155）资助。本部分的观点和意见仅代表笔者个人，并不代表欧盟、欧洲研究执行机构（REA）或瑞士联邦教育科研与创新国务秘书处（SERI）的观点和意见。欧盟或任何其他授权机构都均不对此负责。

此外，本部分的数据收集工作来源于欧洲有机数据网络项目（Organic Data Network）。欧盟根据研究、示范和技术发展第七框架向欧洲有机数据网络项目提供了资金支持（第289376号批准协定）。笔者向所有为本部分内容提供数据和信息的人员表达衷心的感谢。

7.3 欧盟有机农产品进口发展情况①

本部分是欧盟委员会农业与农村发展总司发布的第4号分析简报《欧盟有机农产品进口——2023年的主要发展》的概述。有机产品进口量数据来自欧盟委员会的在线管理工具TRACES。进口数据按原产地和目的地以及产品类别进行了汇总。

7.3.1 有机进口总量下降9.1%

2023年，欧盟有机农产品进口总量从273万吨降至248万吨（下降9.1%），为2018年以来的最低水平。这一下降反映了过去两年食品价格大幅上涨导致需求减少。这一下降主要归因于蔬菜水果、糖、橄榄油、棕榈油、葵花籽和宠物食品的进口量减少，且有

① 本部分译者为正谷（上海）农业发展有限公司广州分公司黎榛。

机大豆、饼粕、柑橘类水果、大米和蜂蜜进口量的增加不足以抵消。

7.3.2 初级农产品占欧盟有机产品进口量的近90%

欧盟是大宗商品（包括但不限于谷物、植物油和油籽、糖、奶粉和黄油、咖啡生豆和可可）和其他初级产品（包括肉类、蔬菜水果、酸奶和蜂蜜）的主要进口国。这些产品在有机产品进口中所占的份额（89%）高于其在农产品进口总额中所占的份额（83%）。

2023年，欧盟的小麦进口量增加了67%，主要来自土耳其（62%）和乌克兰（21%）。此外，橄榄油进口量也大幅增加（25%），几乎全部来自突尼斯。

大宗商品的进口总量减少了13.7%，降至108万吨，主要原因是来自印度的饼粕、来自多哥的大豆以及来自中美洲和拉丁美洲的糖的进口量有所下降。

其他初级产品的进口量仅下降了4.6%，减少112万吨，主要原因是非热带水果的进口量减少了17%，降至9.8万吨。热带水果的进口量（其中香蕉占82%）减少了2.4%，降至79万吨。

价值较高的有机产品的进口量也有所缩减。果汁的进口量减少了25%，导致加工产品的总进口量减少了7.8%，降至18.1万吨；调理食品的进口量保持稳定，为6.3万吨；非食用、非农业有机产品的进口量减少了19%，降至3.1万吨；饮料的进口量降至2 400吨，减少9%。

7.3.3 超过1/4的进口橄榄油是有机产品

2023年，欧盟进口的17.3万吨橄榄油中有4.6万吨（26.6%）是有机橄榄油，几乎全部来自突尼斯。这一比例超过了2021年创下的纪录（24.0%）。相较于2022年，有机橄榄油的进口量增加了25%，而非有机橄榄油的进口量则减少了5.5%。

有机占比较大的进口产品还有各类种子（10.3%）、热带水果（9.9%）、蜂蜜（7.2%）以及球茎、根茎和活体植物（5.8%），但这些产品在进口总量中的占比都有所下降。

7.3.4 厄瓜多尔的出口量遥遥领先，土耳其增幅最大

2023年，在向欧盟出口有机产品的原产地中，厄瓜多尔仍然名列前茅，有机香蕉的出口量进一步增加（较2022年增加5%）；而多米尼加的有机香蕉出口量下降了

24%，跌至第三位。2023年，欧盟饼粕进口量较2022年增加了12%，中国对欧盟的出口量增加了3%，使其成为第二大原产国。

2023年，在欧盟有机产品的主要供应国中，土耳其的增长最快（较2022年增长44%），主要归功于蔬菜、小麦和其他谷物的增长。而乌克兰（下降21%，主要是谷物）、多哥（下降17%，主要是大豆）和印度（下降51%，主要是饼粕）则大幅下降。

7.3.5 荷兰依旧是欧盟领先的进口国

2023年，荷兰依然是欧盟有机产品进口的首要目的地，但其总进口量大幅下降（较2022年下降20%）。德国（下降7%）和比利时（增长2%）分列第二、第三位，而意大利（增长40%）由于小麦和热带水果的进口量大幅增长，超过法国（下降18%）跃居第四位。在其他主要进口国中，瑞典的有机产品进口量减少了9%，丹麦和奥地利的进口量增加了9%，而西班牙和爱尔兰的进口量保持稳定。

大部分欧盟新成员国的进口量都有所下降，尤其是波兰（下降17%）、捷克（下降51%）和立陶宛（下降30%）。总体而言，新成员国在欧盟有机产品进口总量中所占的份额已从2022年的4.4%降至2023年的3.2%。

7.4 政策如何支持欧盟“从农场到餐桌”的有机目标①

7.4.1 引　言

通过“从农场到餐桌”和生物多样性战略，欧盟制定了一个雄心勃勃的目标：2030年前有机农地占比达到25%。1985—2022年，欧盟的有机农地面积和生产者数量稳步增长，每十年翻一番，达到约1 700万公顷（占比10.54%）。新冠疫情和俄乌冲突对能源、化肥和食品价格造成的负面影响打击了德国、法国、奥地利等几个国家进行有机转换的信心。不过，欧洲的总体增长率保持稳定。根据以往的增长趋势，到2030年，欧盟15%～18%的农用地（2 400万～3 000万公顷）有可能实现有机管理，然而，要达到25%的目标（4 000万公顷）是一项更为艰巨的挑战，需要在当前增长率的基础上至少提高50%。若非如此，该目标可能要到2035年（按指数增长计算）至2050年（按

① 本部分作者为Nicolas Lampkin、Ingrid Jahrl和Sabine Reinecke；译者为正谷（上海）农业发展有限公司广州分公司黎榛。

线性增长计算）之间才能实现。

自2000年以来，有机市场每十年增长近3倍。到2030年，这种规模的指数式增长将使零售额达到800亿欧元。然而，市场增长受到了新冠疫情（加速增长）和俄乌冲突（减缓增长）的影响。尽管部分国家的市场仍在持续增长，但欧盟层面的增长何时才能恢复仍有待观察。欧盟各国的市场发展并不平衡，一些国家的本土市场已经成熟，另一些国家则严重依赖出口，还有一些国家仍处于开发本土市场或出口市场的起步阶段。市场的持续增长对生产者进行有机转换的信心非常重要。近期市场增长的停滞导致部分国家的转换率放缓甚至出现负增长，同时，其他地区的增长弥补了这一不足。

欧盟有机农地占比超过10%已经是一项重大成就。之所以能够实现这一目标，是因为1992年欧盟引入了有机农业的法律定义，为有机市场发展奠定了坚实基础，并自1994年起对有机农业的转换和维持提供了政策支持。其他形式的支持（包括市场投资援助、公共采购、消费者推广、咨询、培训、研究和创新）也发挥了重要作用。

为了缩小当前发展趋势与雄心勃勃的2030年目标之间的差距，欧盟正在依靠支持性政策框架、共同农业政策（CAP）战略计划以及国家有机行动计划制定有针对性的措施。

7.4.2 共同农业政策（CAP）战略计划

在早期的CAP期间，欧盟委员会制定了有机农业的总体支持框架，在此框架内，成员国有义务或被鼓励实施相关措施。而在当前的CAP计划编制时期（2023—2027年），成员国被赋予了更多责任，以确定实现CAP总体目标的具体措施。成员国必须制定国家履约协助方案战略计划，明确说明其国家需求和优先事项如何与履约协助方案的总体环境、经济和社会目标保持一致。欧盟委员会已于2022年年底通过这些计划。

所有CAP战略计划都包含了对有机农业转换和维护的支持，并详细说明了计划支付率、资格条件、预计接收量和支出。计划包括了在前两个CAP计划编制期间未能提供支持的荷兰，以及在2018年停止支付维护费用的法国。对于西班牙、意大利、德国和法国等以前制定了地区农村发展计划的国家，还包括支付率和支出的地区差异详情。支持政策采用了第一支柱（用于稳定农业收入和支持市场措施的直接支付）和第二支柱（旨在促进环境可持续性、竞争力和创新的农村发展基金）的混合方法。瑞士、挪威和英国等邻国也实施了类似的支持政策。所有欧盟成员国都在其CAP战略计划或国家有机行动计划中，或在少数情况下单独制定了2027年或2030年前需要实现的有机农地面积目标。这些国家目标合计占欧盟农地总面积的近19%。虽然没有达到欧盟的目标，但与有机产业的持续增长的趋势是一致的。

并非所有有机农地在2018年都收到了支援款项，这种情况在下一时期可能仍会继续。部分国家（奥地利、意大利和瑞典）2027年的计划支持面积仍保持或低于2018年的认证面积。还有一些国家为2030年设定的目标远高于为2027年提供的财政支持。尤其是德国，其联邦设定的有机目标为30%，与《农业行动方案战略计划》中规定的12%～14%的目标之间存在巨大差异，这在一定程度上反映出各州为实现各目标而做出财政承诺的意愿较低。

7.4.3 有机行动计划

除了在CAP战略计划中纳入有机支持措施和目标，成员国还响应了2021年欧盟有机行动计划的号召，制订了更多的国家有机行动计划。截至2024年，除3个成员国（希腊、西班牙和立陶宛）外，其他成员国都制订了国家或地区有机行动计划。部分国家（如丹麦和瑞典）自20世纪80年代起就制订了多项行动计划，并逐渐将重点放在公共采购等特定主题上。其他国家，如马耳他、塞浦路斯、葡萄牙和罗马尼亚，则是在欧盟委员会的鼓励下，首次推出了行动计划。

有机行动计划允许将地区支持供应推动型政策与需求拉动型的市场和信息政策相结合。它们还能够维持公益性环境成果与私营部门经济成果之间的平衡。有机行动计划中的许多行动都是作为部门或农村发展措施得到资助的，没有专门用于有机支持的资金或用于量化产出的统计数据，包括对生产和加工、生产者组织、咨询、培训或EIP-AGRI[①]行动小组[②]的投资援助。此外，还包括来自其他欧盟或国家计划的公共采购、推广和研究资金。

7.4.4 总　结

与上一个支持期相比，当前的国家CAP战略和有机行动计划在其支持的农地面积、

① EIP-AGRI是欧盟的农业生产力和可持续创新伙伴关系计划，致力于促进具有竞争力和可持续发展的农业和林业。它致力于确保食品、饲料和生物材料的稳定供应，并与农业赖以生存的重要自然资源和谐发展。更多信息，请访问https://ec.europa.eu/eip/agriculture/en/about.html。

② EIP-AGRI行动小组是由具有互补知识（如实践、科学、技术、组织专业知识等）的人员组成的小组，他们在创新项目中共同为农业、林业和农村社区创造实用的解决方案。欲了解更多信息，请访问欧盟CAP网络网站https://eu-cap-network.ec.europa.eu/operational-groups_en。

支付率或行动计划的范围和数量方面都显示出明显的雄心壮志。然而，这些计划仍未达到“从农场到餐桌”战略目标的要求。要在2030年之前实现25%有机农地的目标，需要采取更有针对性的行动，包括更有力的政策支持、强劲的市场发展以及加强有机农业相关部门之间的合作。采取全方位的方法至关重要，它整合了刺激供需双方的政策，并辅以强有力的机构、农业社区内部的有效协作以及安全的市场准入。农业知识和创新系统（AKIS）的改革，以及参与式研究和创新营销战略，对于降低农民的风险和提高有机农业的可行性至关重要。扩大与公共卫生和民间社会等非农业利益相关者的合作，可以进一步加强公众对有机农业的支持和合法性，使其成为可持续粮食体系的核心组成部分。

这些发展表明，需要进行重大改革和创新，以加快实现“从农场到餐桌”的目标。地平线欧洲项目的重点是确定有效实施这些改革所需的关键领域和战略。该项目探讨了不同的方案，并促进了多方利益相关者的政策对话，以帮助实现欧盟有机农地占比达到25%的目标，预计到2026年将取得最终成果。

7.5 欧洲有机水产养殖的发展潜力与制约因素①

水产养殖是全球增长最快的食品生产领域，2022年占全球渔业和水产养殖产量的51%（不包括藻类）。然而，有机水产养殖仍然是一个利基市场，2022年的产量为330 789吨，约占水产养殖总产量的2.8%。有机水产养殖最主要的国家是中国，随后是欧洲国家。在欧洲，2020年有机水产养殖仅占水产养殖总产量的6.7%。根据欧洲渔业和水产养殖市场观察站（EUMOFA）的最新报告，2022年欧盟产量最大的水产品是贻贝（41 936吨），其次是大西洋鲑（12 870吨）、虹鳟鱼（4 590吨）、鲤鱼（3 562吨）、牡蛎（3 228吨）和欧洲鲈/大西洋鲷（2 750吨）。

尽管欧洲有机水产养殖产量近年来持续上升，2015—2020年显著增长60%，但其增长趋势仍不足以实现欧盟“从农场到餐桌”战略的目标，即2030年前有机农地占比达到25%，且有机水产养殖大幅增长。尽管消费量不断增加，欧洲水产养殖业尚未完全实现其增长潜力。行业自成立以来遇到了许多挑战，包括与质量、健康和环境标准相关的监管限制。此外，生产中的技术障碍，如遵守有机繁殖规定和额外的饲料成本也带来了

① 本部分作者为Giuseppe Lembo和Lola Toomlay；译者为正谷（上海）农业发展有限公司广州分公司黎榛。

困难。利润率降低、市场需求有限以及与其他认证计划的竞争等因素进一步阻碍了欧洲有机水产养殖业的发展。

近期，在欧盟有机目标（OrganicTargets4EU）项目三框架内，开展了一项定量系统文献综述，以调查对欧洲有机水产养殖发展起制约或促进作用的影响因素。其特别强调了欧洲有机水产养殖中的主要养殖物种，包括淡水和海洋物种，即大西洋鲑、虹鳟鱼、鲤鱼、欧洲鲈、大西洋鲷和贝类。文献指出的主要限制因素是养殖者对有机水产养殖可行性的看法，其中包括采用和实施有机水产养殖做法的实用性、可行性和难易程度。常见的有机养殖难点包括有限的放养密度（难以提高生产能力）、对抗生素和化学药剂的限制（如大西洋鲑的海虱处理问题）以及对再循环水产养殖系统的限制。

有机幼鱼的供应也是一个重大挑战，主要原因包括活体动物移动的限制、依赖少数鱼卵/幼鱼供应商所带来的风险、成本和环境影响（如长途运输），以及由于潜在病原体负荷或不适合当地环境（如遗传或种群、对不同疾病的抵抗力、生长性能、繁殖周期、行为特征等）使得在引入新个体时需要再三考量。

此外，有机饲料配方的限制，如禁用氨基酸补充剂和转基因生物材料会阻碍有机水产养殖的发展。可用于匹配氨基酸和脂肪酸特征以及充分满足必需营养素需求的有机饲料原料选择有限且成本较高，这也给饲料行业满足有机法规要求带来了挑战。有机生产规模小，更容易受到全球金融危机的影响。

尽管存在这些限制因素，但消费者对有机水产养殖产品的总体态度相当积极。据报道，消费者关注环境问题、特定饲养方法的潜在环境效益（即环境效益和生态系统服务）以及健康问题，这推动了健康饮食的发展，预计将增加对有机水产养殖产品的需求。水产养殖对自然环境的影响是社会接受有机产品的关键因素；另一个关键因素是道德因素驱动的消费者偏好，尤其是动物福利；此外，许多文件都提到购买有机产品的购买力（购买意愿）也是一个支持因素。提高公众对有机产品附加价值的认识能够鼓励消费者选择有机水产养殖产品，尽管其价格普遍偏高。

总之，一些重大制约因素阻碍了有机水产养殖的发展，包括法规的适用性、生产成本、有机投入品以及与非有机产品的价格差异。为克服这些障碍，建议采取激励措施，如生态产品溢价和研究创新解决方案。此外，还需要有针对性的营销战略和有效的沟通渠道，通过教育消费者从而增加需求。

然而，制约因素和支持因素往往相互关联，需要欧盟及其成员国的决策者、养殖者和利益相关者采取整体方法并做出巨大努力，以实现欧盟“从农场到餐桌”战略中的有机水产养殖目标。

8 拉丁美洲和加勒比海地区有机农业现状①

8.1 有机农地面积超过1 030万公顷，阿根廷的有机农地面积最大

2023年，拉丁美洲和加勒比海地区有超过1 030万公顷的有机农地，全球10.4%的有机农地位于该地区。

该区域内，阿根廷的有机农地面积最大（405万公顷），其次是乌拉圭（超过357万公顷）、巴西（102万公顷）和智利（29万公顷），该地区超过86%的有机农地位于这4个国家（图8-1）。

① 本部分作者为Jan Trávníček、Bernhard Schlatter和Manuela Helbing；译者为正谷（上海）农业发展有限公司李华贞。

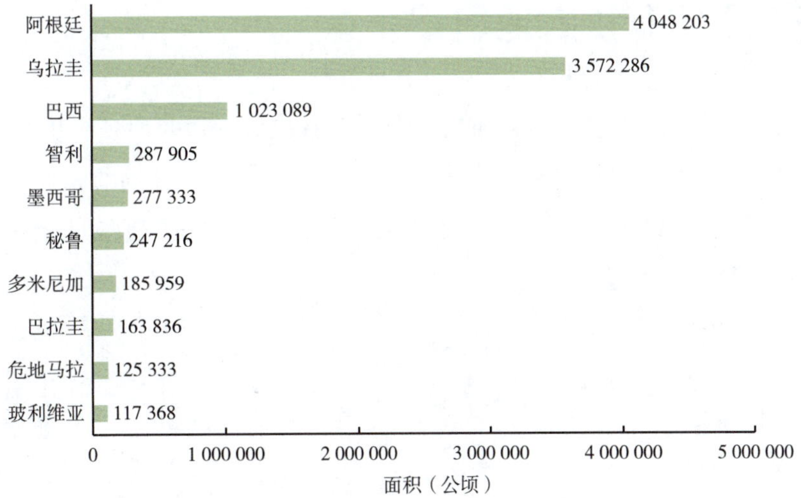

图8-1　2023年拉丁美洲和加勒比海地区有机农地面积前十的国家

（数据来源：2025年CIAO-FiBL调查）

8.2　乌拉圭的有机农地占比最高

2023年，拉丁美洲和加勒比海地区的有机农地占比为1.6%，低于全球有机农地占比的2.1%。该区域有机农地占比最高的是乌拉圭（25.4%），其次是法属圭亚那（13.0%）和多米尼克（11.6%）（图8-2）。

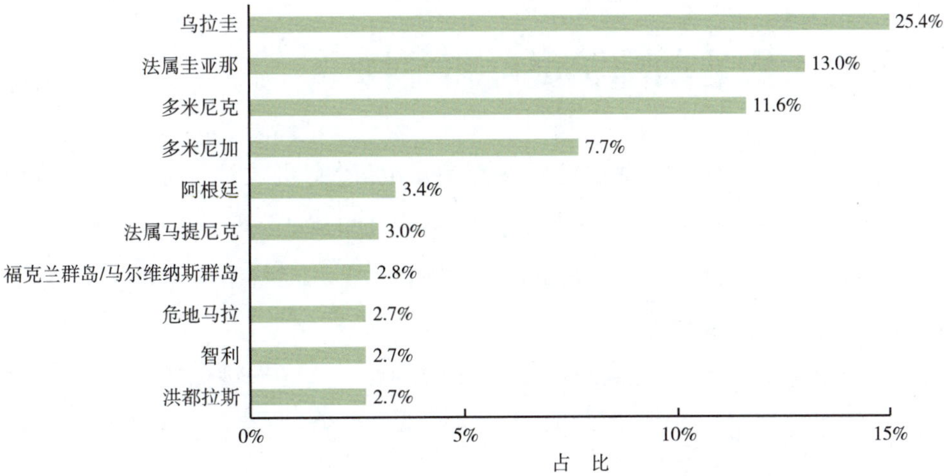

图8-2　2023年拉丁美洲和加勒比海地区有机农地占比前十的国家（地区）

（数据来源：2025年CIAO-FiBL调查）

8.3 引领全球有机农地增长

2023年数据显示，拉丁美洲和加勒比海地区有机农地增长是所有地区中最大的，增长了10.8%，达101万公顷（图8-3），主要来源于乌拉圭，该国的有机农地面积增加了831 287公顷（增长30.3%）。2014—2023年，该区域的有机农地面积增长了54%，低于全球有机农地面积增长速度。

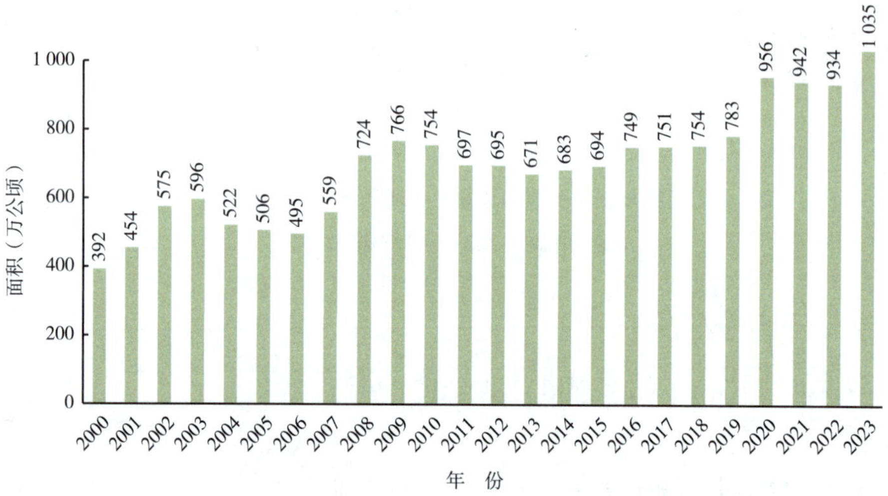

图8-3 2000—2023年拉丁美洲和加勒比海地区有机农地面积发展情况

（数据来源：2002—2025年CIAO-FiBL-IFOAM-SOEL调查）

8.4 主要作物是咖啡、可可和谷物①

2023年，拉丁美洲和加勒比海地区只有6.0%的有机农地用于种植季节性作物（617 986公顷）（图8-4）。主要作物包括谷物（182 461公顷，主要在玻利维亚和巴拉圭）、甘蔗（74 286公顷，主要在巴拉圭和阿根廷）和油料作物（68 819公顷，主要在巴拉圭、墨西哥和阿根廷）。

多年生作物约占该地区有机农地总面积的8.3%，主要作物包括咖啡（363 721公顷，主要在秘鲁、墨西哥和洪都拉斯）、可可（187 678公顷，主要在多米尼加和秘

① 截至2022年，巴西的土地利用详情基于认证机构提供的数据。然而自2023年起，仅使用来源于政府的数据，该来源不提供具体的土地利用类型或作物详细信息。

鲁）以及热带和亚热带水果（124 652公顷，主要在墨西哥、厄瓜多尔、多米尼加、厄瓜多尔和秘鲁）。

该地区近73%的有机农地为多年生草场（牧区）（7 586 327公顷），主要分布在阿根廷、乌拉圭和智利，这三个国家合计占该地区有机草场（牧场）总面积的99.5%。

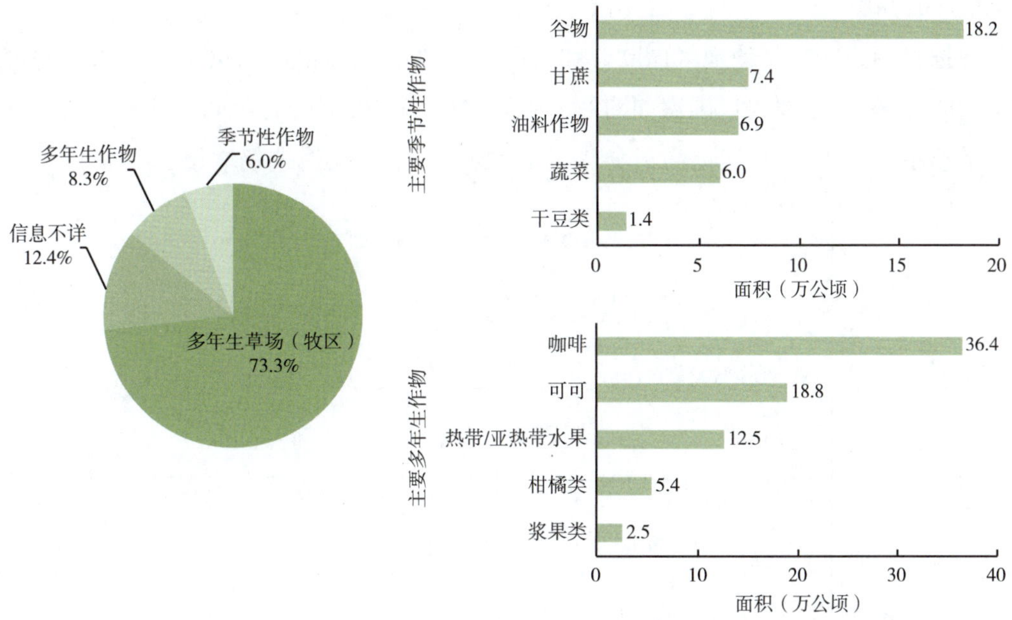

图8-4 2023年拉丁美洲和加勒比海地区有机农地使用情况

（数据来源：2025年CIAO-FiBL调查）

8.5 有机生产者、加工商和进口商

2023年，该地区有超过24.9万名有机生产者，全球6%的有机生产者位于该地区，其中秘鲁的数量最多（93 167名）。相较于2022年，该地区的有机生产者减少了21 293名（下降7.9%）。该地区共有1 190家出口商和20 700家加工商。

8.6 有机零售额数据几乎无从考证

该地区的有机产品零售数据几乎无从考证。但是，这并不意味着该地区没有本土市场。许多国家已经发展出了当地的有机市场。

8.7 欧盟和美国近56%的进口有机产品来自该地区

欧盟是该地区的主要出口市场。自2018年以来，能够获取其对欧盟的有机出口量数据。该地区对美国的出口数据自2014年起就可查阅，然而，美国的有机进口数据并未涵盖所有品类。

数据显示，2023年该地区向欧盟和美国出口的有机产品超过290万吨，占其有机进口总量的55.8%，主要出口国家如图8-5所示。2018—2023年的6年间，该地区的有机出口量增长超过33.4%，增速远高于全球同比数据，后者在同时期仅增长了17%。

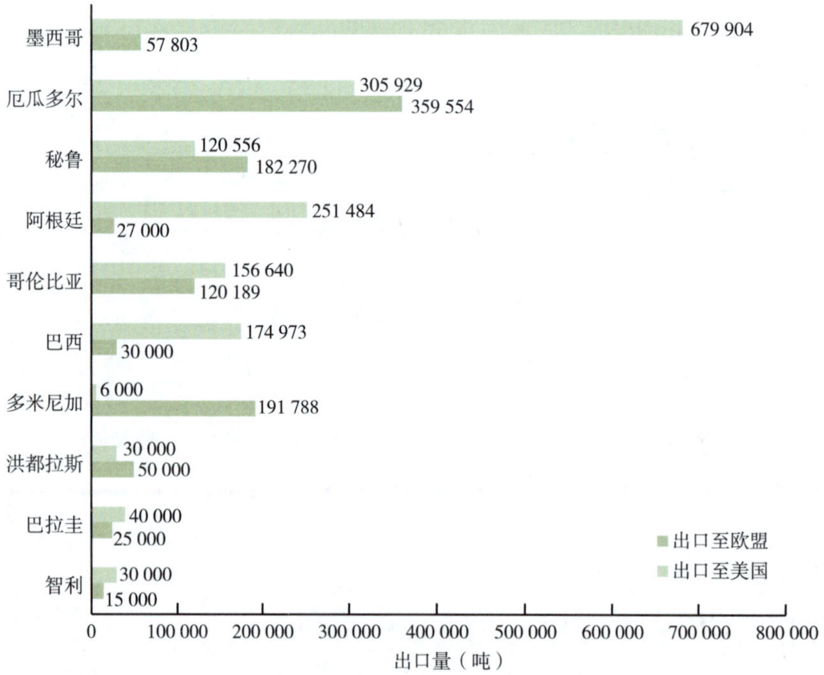

图8-5　2023年拉丁美洲和加勒比海地区对欧盟和美国的主要出口国家

（数据来源：GATS/USDA/TRACES/欧盟委员会调查）

8.8 墨西哥是最大出口国

该地区最大的出口国是墨西哥（近72.9万吨，主要是香蕉、番茄、辣椒、牛油果和糖），其次是厄瓜多尔（超过66.5万吨，其中96%为香蕉）和秘鲁（近30.3万吨，主要是香蕉和咖啡）。

8.9 香蕉是最主要的出口产品

香蕉是该地区最主要的出口产品，2023年出口量约120万吨，占出口总量的41%，其次是糖（42万吨）、蔬菜（31万吨，主要是番茄、甜椒和黄瓜）和咖啡（18万吨）（图8-6）。

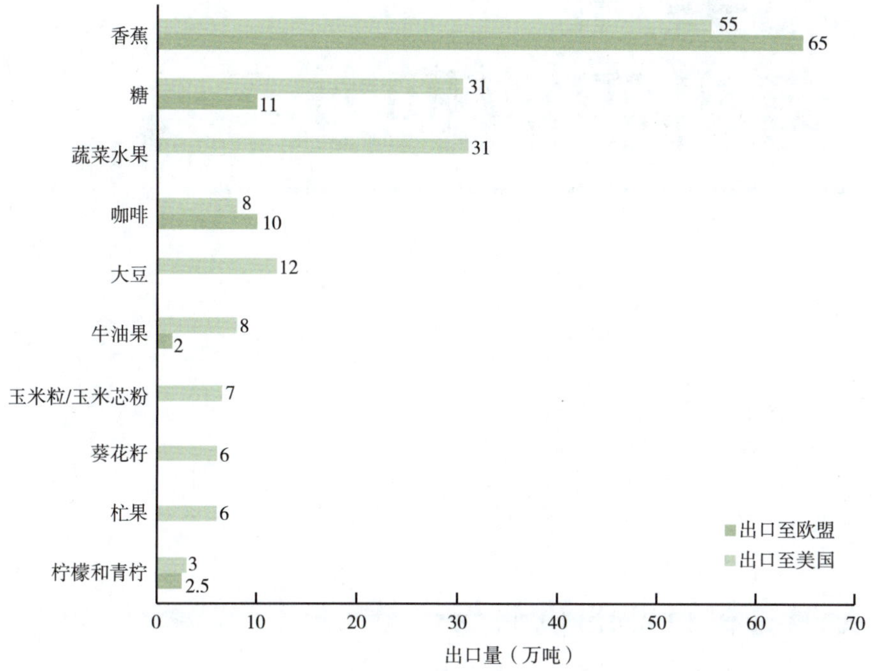

图8-6 2023年拉丁美洲和加勒比海地区出口至欧盟和美国的主要产品类别

（数据来源：GATS/USDA/TRACES/欧盟委员会调查）

9 北美洲有机农业现状

9.1 美国有机行业的机遇与挑战①

2024年是美国有机行业的多事之秋。历史性的总统大选、消费者和企业面临的通胀压力，以及有机新法规的全面实施，成为影响有机行业发展的重要因素。

9.1.1 有机政策展望

对于美国有机政策而言，这是一个充满挑战的关键时期。新总统、新国会、新农业部长，以及几个对有机行业具有影响力的关键职位的新任命，使政治格局发生了重大变化。如何在风云变幻的环境中找到最佳路径，解决目前陷入僵局的《农业法案》，并继续为有机行业发声，下一步棋将是至关重要的。特朗普政府将如何对待有机产业？国会将如何制定一项需要两个主要政党支持才能通过的《农业法案》？

① 本部分作者为Maggie McNeil；译者为正谷（北京）农业发展有限公司赵惠娟。

特朗普接受了小罗伯特·肯尼迪“让美国再次健康”（MAHA）的议程。选举后的几周内，被提名为部门负责人的肯尼迪看似在美国卫生与公众服务部（HHS）和美国农业部（USDA）的政策制定中拥有巨大的影响力。然而，他对美国农业部的影响力似乎并不像其在媒体上宣传得那么强。他最看好的农业部长候选人（候选人的观点与他的MAHA理念一致）并未获得提名，获选的是前任国家政策顾问布鲁克·罗林斯。相较于受肯尼迪影响的部长，罗林斯所领导的部门或将表现得更加传统。

以下是对一些具体问题及其对有机行业潜在影响的分析。

监管政策　在特朗普的第一任期，曾发布“以一换二”的行政命令，即每出台一项新法规，必须先废除两项现有法规。有机行业作为自愿性监管领域也被纳入其中，导致一些关键的监管改革（如有机畜禽和家禽标准）被搁置。预计特朗普政府此次或将再次推行反监管策略。

假冒产品进口和本土优先议程　新一届政府和国会可能会对有机产品进口中的假冒伪劣问题表示关注，美国农业部（USDA）在评估和解决这些问题时或将得到更有力的指令。此外，美国有机产业可能会积极争取提升本土竞争力的政策，以对抗海外生产商。除了打击假冒伪劣产品外，还需要对本国生产和加工加大投资。尽管国会可能对在《农业法案》中对有机投资持谨慎态度，但特朗普领导的美国农业部可能会将此视为改善美国农业经济的一剂良方。

关税　鉴于有机产品（尤其是有机饲料）进口的重要性，关税问题成为许多有机从业者关注的焦点。尽管关税有利于本土有机生产商，但如果对进口大豆和玉米等产品突然大幅提高关税，也可能导致乳制品、肉鸡和鸡蛋价格飙升。较高的售价一直是有机产品销售增长的阻碍，如果政府实施关税导致零售价格上涨，有机市场可能会受到影响。

移民　新一届政府预计将采取更严格的移民政策，或将导致农场和农业企业的劳动力紧张。目前，许多农产品种植者和乳制品生产商已经面临劳动力不足的问题，肉类等食品加工行业也是如此。在过去的8年里，由于美国未能出台行之有效的劳务移民政策，这种情况愈演愈烈。若特朗普政府大规模驱逐移民，受影响的将不仅是农场工人，还有食品加工行业的从业者，这也会导致生产成本上升和零售价格上涨。

农业法案　新一届国会就职前通过新《农业法案》的机会已经错失，截至2024年12月的第一周，国会正在就2018年《农业法案》的再次延期进行辩论。此次延期很可能与灾害援助计划捆绑在一起，同时，所谓的“孤儿项目”也将被纳入覆盖范围。这些“孤儿项目”涉及有机农业的多个方面，从生态保护项目到美国农业部国家有机计划

（NOP）的数据项目资金等。有机农业在国会失去了一些重要的支持者。新当选的议员需要了解有机食品的诸多益处，以及为有机食品的发展提供必要支持的重要性。有机产品的利益相关者需要向国会议员和政策制定者强调以下重要信息：①有机产品是一套自愿性法规体系，消费者、农民和企业都可以选择；②有机农业有利于农村和半农村社区，能够促进当地经济发展；③有机产品具有包容性，涵盖了众多生产有机和非有机产品的农场和企业；④有机产品有助于保护和改善自然资源，从而增强国家的粮食安全，使农场更具抵御环境冲击和经济动荡的能力。人们常说，选举会产生后果。这次历史性选举的所有后果都无法预测。但选举也带来了机会，对于有机社区来说，这是一次前所未有的与立法者和政策制定者接触并倡导有机理念的机会。

9.1.2 有机产品销售额再创新高

2023年，美国有机产品销售总额接近700亿美元（约合650亿欧元），创下了行业新纪录。根据有机贸易协会（OTA）的《2024年有机产业调查》，美国有机市场销售额达到697亿美元，增长了3.4%。

尽管零售价格上涨，但众多消费者在为自己和家人选择产品时仍会优先考虑健康和可持续发展，积极寻找带有美国农业部（USDA）有机标签的产品。有机市场通过调整供应链，并在一定程度上提高零售价格来平衡经营成本。2023年，美国有机食品销售总额为638亿美元，有机非食品类产品销售总额为59亿美元，行业保持增长。

有机贸易协会联席首席执行官汤姆查普曼表示：我们欣喜地看到，有机市场的增速与市场整体增速基本持平。考虑到有机产品普遍被视为高端品类，在通货膨胀下，目前的增长趋势表明消费者在面临经济挑战和价格上涨的情况下仍会选择有机产品。尽管日趋成熟，有机市场仍有很大的增长空间。

2023年，美国有机市场销售额的增长更多是由于价格上涨而非销售量的增加。尽管如此，多种有机产品的购买量确实有所增加。调查范围内，高达40%的产品销售量有所增加，且许多非有机产品的价格上涨速度高于有机产品。这意味着非有机产品与有机产品之间的价格差距正在缩小，这将有助于推动有机产品销售额的增长。

有机果蔬依然是美国最大的有机品类，同时也是消费者进入有机市场的首要切入点。2023年，该品类销售额增长了2.6%，达到205亿美元，占果蔬销售总额的15%以上。其次是杂货类（包括多种先前被归类于面包与谷物、调味料、预包装食品的产品），销售额为154亿美元，增长4.1%。随后是饮料，销售额为94亿美元，增长3.9%。

9.1.3 消费者了解并信任有机标志

美国有机贸易协会（OTA）与欧睿国际合作，在全国范围内对约1 200名消费者进行调查，以评估当今消费者对有机产品的认知程度，以及对购买USDA有机认证标志产品[①]和为有机认证背后的各项属性付费的意愿。

调查发现，美国消费者对USDA有机认证标志的认可程度高于市场上的任何其他认证标志。不同于当今产品上的各种五花八门的声明和认证，近90%的消费者对有机具有一定认知，并转化为坚实的公众信任。70%的消费者认可USDA有机认证标志，它在所有农业标签中最受信赖，也是现存的所有食品标签中第二受信赖的，仅次于美国心脏协会的标志。

“千禧一代”和“Z世代”是当今美国最大的有机产品购买群体。近十年来，“千禧一代”一直是有机产品消费的主力军。而如今，“Z世代”也开始在有机市场中崭露头角。与上辈人相比，“千禧一代”和“Z世代”更注重产品标签，超过70%来自这两个群体的人表示，USDA有机认证标志很重要，是他们选择食品时的重要考虑因素。

由于多种因素，有机产品通常比非有机产品拥有更高的溢价。如今，注重价格的消费者认为，有机食品是最能合理化提高价格的食品。在调查中，当被问及各种产品声明的价值时，有机产品被视为是最具价值的，近60%的消费者表示有机产品有理由获得更高的价格。OTA的调查发现，消费者对有机食品的了解越多，就越愿意支付更高的费用。

9.1.4 有机法规的全面更新

《加强有机执法》（SOE）规则是美国农业部国家有机计划（NOP）自成立以来最大的一次更新，于2024年3月19日全面生效，旨在打击有机市场的假冒伪劣行为，提高透明度和可追溯性。其中两项最重要的更新包括：①减少了有机产品认证的豁免，要求所有进出口商都必须获得认证；②所有进入美国的有机产品都必须取得NOP电子进口证书。

新的变化带来新的挑战。有机产品认证机构收到了大量以前无须认证的公司的认证申请。在认证机构忙于处理这些临期申请的同时，美国农业部行使了自由裁量权，允

① 美国农业部（USDA）的有机标志是受联邦法规保护的官方标志，由美国农业部农产品营销服务局（AMS）下属的国家有机计划（NOP）负责监督。获得认证的农场和企业有权使用该标志标识有机产品。有关该标志的更多信息，详见https://www.ams.usda.gov/rules-regulations/organic/organic-seal。

许产品进口，但前提是进入美国市场的商品必须经过有机认证。该规定已于2024年9月19日终止，各业务部门正在完成认证流程，认证机构似乎能够满足其需求。

认证覆盖范围至关重要，报关行和美国海关与边境保护局（CBP）正在积极阻止未经认证的产品入境。报关行对不符合要求的入境产品使用了新的代码，并将代码与NOP共享，以便进行进一步的跟进。此外，由于美国农业部的有机标志现在受到商标保护，假冒产品将在边境被拦截。作为对NOP发布的备忘录的回应，认证机构正在强化其系统，并加强对来自高风险地区的商品的监督。

9.1.5 更严格的有机动物福利标准

2023年10月25日，美国农业部国家有机计划（NOP）公布了《有机畜禽标准最终规则》，以加强有机动物福利标准。该规则明确了《有机食品生产法》授权的禽类和哺乳类家畜的生产标准，以便其统一执行。该规则于2024年1月2日生效，但企业或机构有时间逐步满足这些要求，合规的期限为2025年1月2日。目前认证的家禽养殖场以及在2023年1月2日前获得认证的养殖场拥有额外4年时间以达成部分户外空间要求、饲养密度要求和出口区域要求。截至2029年1月2日，所有经营活动必须完全符合规定。

9.1.6 海外市场

随着美国出口商每年向海外消费者输出新产品，美国农业部增加了对出口商的联邦援助资金，全球对美国有机产品的需求持续增长。据USDA的全球农产品贸易系统报告，2023年美国有机产品出口额超过6.93亿美元。该数值是根据38个跟踪出口代码计算得出的，主要偏重生鲜产品，不包括关键的出口商品，尤其是包装成品。加拿大和墨西哥仍然是美国有机产品的主要出口目的地，其次是韩国、中国台湾和日本。由于英国在脱欧后贸易逐渐趋于稳定，其有机产品出口额在2023年较2022年增长了127%，重新跻身前十名。有机贸易的国际市场增长仍面临挑战，尤其是通货膨胀和许多国家生活成本的增加对美国出口商产生了负面影响。

通过结合美国农业部的区域农业促进计划（RAPP）和市场准入计划（MAP），美国有机产品出口商获得了创纪录的资金支持。有机贸易协会在2024年获得了超过350万美元的资助，用于在全球推广有机产品。250万美元的RAPP奖项反映出美国联邦政府加大了对本国有机产品全球扩张的支持力度。2024年，OTA参加了9场国际和国内活动，吸引了36家美国有机产品出口商参与。虽然2025年的资金仍取决于《农业法案》

通过与否，但OTA对联邦政府继续支持美国有机产品出口商持乐观态度，期望进一步巩固现有市场，并在亚洲、拉丁美洲和加勒比海地区、非洲开发新的市场机会。

9.1.7 美国农业部提供资金推进和援助有机农业

美国农业部在2024年通过其新设立的有机市场开发拨款计划（OMDG），向全国范围内的107个项目提供了8 500万美元的拨款，以推动有机农业发展。有机市场开发拨款计划是美国农业部有机转型倡议的一个关键因素。这一具有里程碑意义的倡议于2022年启动，耗资3亿美元，旨在帮助现有的有机农户以及正在向有机生产和加工转型的从业者。该计划奖励具有创新和多样性的项目，以扩展农民、国家和地区食品系统的有机机遇，帮助有机市场增长，并提高消费者对有机食品的认知度。

2024年秋季，美国农业部还通过有机乳制品营销援助计划（ODMAP）向有机乳制品生产企业提供了5 800万美元的援助资金，以帮助企业应对急剧增加的运营成本以及供应短缺。该计划旨在纾解有机乳制品行业面临的独特困境，包括市场波动、更高的投入和运输成本以及不稳定的饲料供应和价格。

9.2 加拿大有机行业发展动态①

加拿大作为全球第五大有机市场继续蓬勃发展，但也面临着诸多挑战。2023年，加拿大经认证的有机经营者减少了2%（减少144家），截至年底总数已降至7 558家。有机牧场数量减少了11%，降至694家；有机种植户也减少了2%，降至5 965家。有机农地面积为317万英亩（约130万公顷）。

牧场和天然牧区占地面积的缩小反映了加拿大有机畜牧业的缩减。与此同时，有机枫糖浆产量则实现了大幅增长。这些动态变化凸显了加拿大有机产业的韧性和不断演变的特性。

9.2.1 有机产品需求持续强劲

2023年，加拿大有机产品销售总额达到90.1亿加元（约合62亿欧元），其中包括纺织品、宠物食品等非管制产品。加拿大有机贸易协会的报告显示，仅有机食品与饮料的

① 本部分作者为Tia Loftsgard；译者为正谷（北京）农业发展有限公司赵惠娟。

销售额就达到了71.76亿加元（约合49亿欧元），自2020年以来增长了10.1%。非食品领域的增长速度更快，攀升了14%。

2023年，有机食品杂货的市场占比为3.4%，高于2022年的3.1%。有机果蔬仍然是首要切入口，市场占比为5.3%。包装和预制有机食品的市场份额也增长至3.4%，主要得益于消费者对便捷性和特殊饮食需求的增加。然而，有机肉类的市场份额相对较小，仅占0.5%。

从农业、制造业到研究领域和零售业，加拿大人继续在各个领域消费有机产品。加拿大农业及农业食品部2023年的一项调查发现，59.3%的消费者愿意为有机产品支付更高的价格，其中34.9%的消费者经常购买有机产品。此外，消费者对有机标签的信任度也有所提高，2023年有33.7%的消费者对其表示信任，高于2019年的27.6%。有机产业仍然是环境保护、健康生活和支持本地农民的象征。

9.2.2 加拿大在全球有机市场中的地位日益凸显

2023年，加拿大的有机产品出口额大幅增长至6.846亿加元（4.691亿欧元），较2022年的5.57亿加元（约3.82亿欧元）实现大幅增长。进口方面也保持强劲，总额超过8.71亿加元（5.97亿欧元）。

魁北克省在有机产品出口方面遥遥领先，占加拿大有机产品出口总额的47%以上，其中枫糖浆表现尤为突出。2023年，枫糖浆出口激增了131.9%，占有机出口总额的34.9%，成为该明星产品的跃进之年。

在进口方面，安大略省占进口总额的近45%，不列颠哥伦比亚省紧随其后，占27%。这两个省份是咖啡生豆和香蕉（进口数量和金额最大的产品）等重要有机进口产品的主要入境点。

9.2.3 政策导航，确保合规和宣传推广

加拿大有机贸易协会（COTA）负责监管有机等效协议技术委员会，后者在几项关键倡议上取得了显著成果，包括成功修订与日本的有机等效协议（将酒精饮料纳入其中），并在2023年10月签署了新的加拿大—韩国等效协议。此外，还参与了加拿大—欧盟等效标准评估，并参加了旨在将现有安排过渡为贸易协定的磋商。COTA还参加了在比利时布鲁塞尔举行的加拿大—欧盟农业对话会议。此外，加拿大与墨西哥的等效协议在2024年2月又延长了数年。

为响应美国农业部国家有机项目（NOP）加强有机执法规则中新的有机进口要求，加拿大被选为项目试点，以确保进口证书新要求的顺利实施。尽管与NOP进行了多次讨论，要求澄清供应链上哪些环节需要获得认证，新要求还是引起了诸多混乱。加拿大协助组织了与美国NOP、农业市场服务部和外国农业服务部的会议以促进这一过渡，并了解到，向未注册运营商销售产品的加拿大人需要在加拿大成为NOP认证的进口商记录人，以维持其对美国的销售。2025年，相关方将对美国—加拿大有机等效协议（USCOEA）进行审查，以应对有机贸易不断变化的形势、加拿大和美国有机标准之间的差异，以及将第三国纳入USCOEA的可能性。

9.3 北美洲有机农业数据①

9.3.1 有机农地面积近335万公顷

2023年，北美洲有近335万公顷的有机农地，占全球有机农地的3.4%。北美洲只有两个国家报告了有机农地情况，美国的有机农地面积最大（2 060 741公顷），其次是加拿大（1 288 514公顷）（图9-1）。

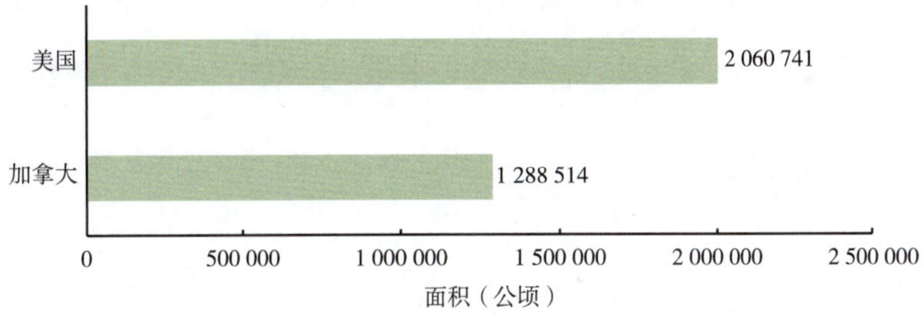

图9-1 2023年美国和加拿大有机农地面积

（数据来源：2025年USDA和COTA调查）

9.3.2 有机农地面积减少近30万公顷

2023年，北美洲的有机农地面积较2022年减少了278 563公顷（减少7.7%）。美国2023年的有机农地数据没有新的变化，加拿大则减少了278 563公顷。2014—2023年，

① 本部分作者为Jan Trávníček、Bernhard Schlatter和Manuela Helbing；译者为正谷（北京）农业发展有限公司赵惠娟。

北美洲有机农地总面积增长了36.2%（图9-2）。

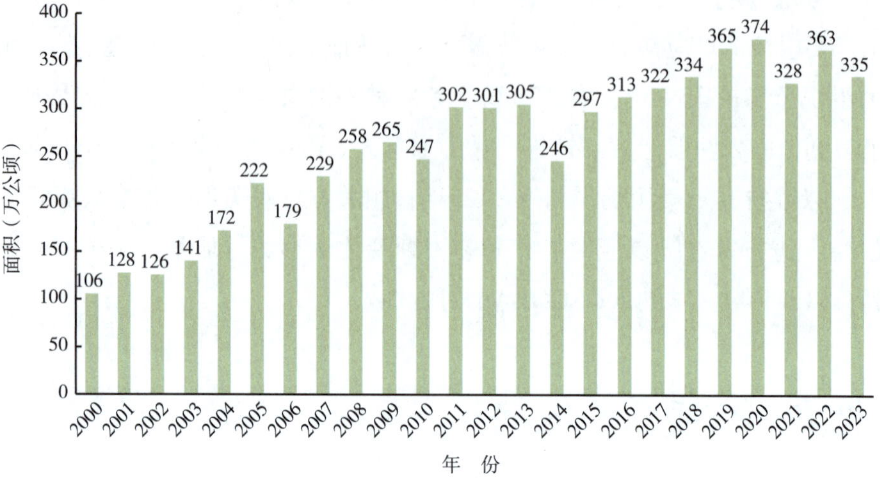

图9-2 2000—2023年北美洲有机农地发展情况

（数据来源：2002—2025年FiBL-IFOAM-SOEL调查）

9.3.3 有机农地占比接近1%

北美洲有机农地面积占该地区农业用地总面积的0.7%，低于2023年全球有机农地占比（2.1%）。美国的有机农地占比为0.5%，加拿大为2.3%（图9-3）。

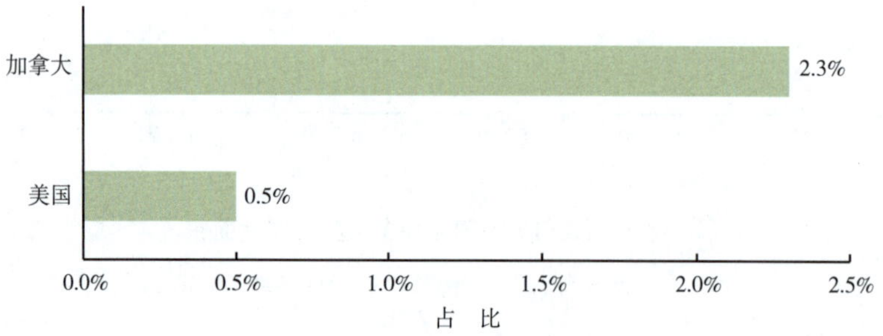

图9-3 2023年美国和加拿大有机农地占比

（数据来源：2025年USDA和COTA调查）

9.3.4 主要作物是谷物、工业作物和油料作物

北美洲有超过48.5%的有机农地用于种植季节性作物（1 623 433公顷），其中，谷物为691 660公顷，经济作物为193 066公顷，油料作物为171 654公顷。约8.1%的有机

农地用于种植多年生作物，主要包括浆果类（19 986公顷）、温带水果（18 992公顷）和葡萄（18 453公顷）（图9-4）。

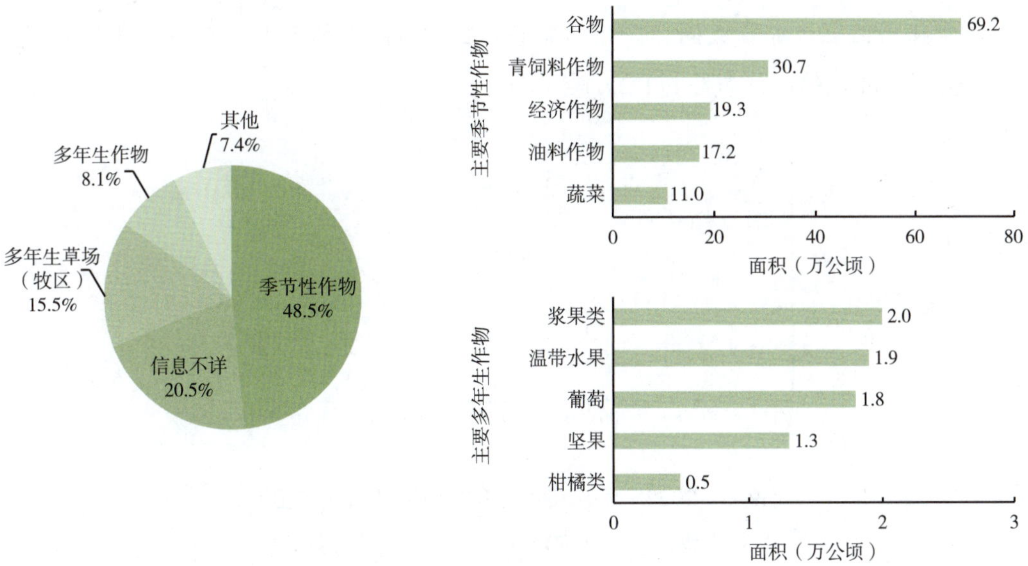

图9-4 2023年北美洲有机农地使用情况

（数据来源：2025年USDA和COTA调查）

9.3.5 有近24 200名有机生产者

北美洲有近24 200名有机生产者，其中，美国有17 445名，加拿大有6 751名。

9.3.6 年零售额639亿欧元

2023年，北美洲有机产品零售总额达到639亿欧元。美国是全球最大的单一市场（其次是欧盟），其有机食品零售额为590亿欧元，加拿大为49亿欧元。

9.3.7 有机产品出口持续强劲增长

自2014年以来，能够获取到美国的有机产品进出口数据。2018年以来，能够获取到该地区出口至欧盟的有机产品总量数据。

数据显示，2023年北美洲向欧盟和美国/加拿大出口了超过303 905吨有机产品，占这些国家与贸易区有机产品进口总量的5.8%。2018—2023年的6年间，北美洲的出口量增长了近140%，增速远远高于同期全球对欧盟和美国17%的出口增长。

9.3.8 加拿大主要向美国出口

加拿大是北美洲最大的有机产品出口国，出口量超过291 802吨，主要是玉米、小麦、燕麦和马铃薯。加拿大向美国出口了超过26.9万吨有机产品，向欧盟出口超过2.2万吨。美国对欧盟的出口量超过1.2万吨（图9-5）。

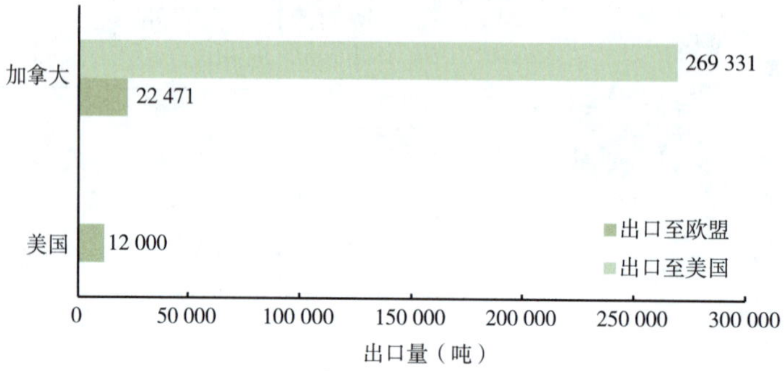

图9-5 2023年北美洲对欧盟和美国的主要出口国家

（数据来源：GATS/USDA/TRACES/欧盟委员会调查）

9.3.9 谷物是最重要的出口产品

2023年北美洲出口至欧盟和美国的主要产品类别如图9-6所示。谷物（主要是玉米、燕麦和小麦）是北美洲最重要的出口产品，出口量超过127 000吨，占该地区有机产品出口的近42%；其次是新鲜蔬菜和块根作物（主要是马铃薯）。

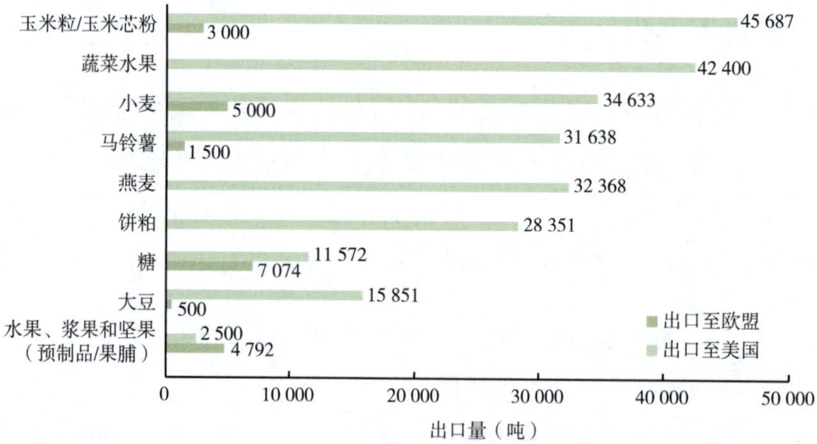

图9-6 2023年北美洲出口至欧盟和美国的主要产品类别

（数据来源：GATS/USDA/TRACES/欧盟委员会调查）

10 大洋洲有机农业现状

10.1 澳大利亚有机农业发展动态①

2024年，尽管国家经济形势使经营者和消费者都受到了影响，但澳大利亚有机产业仍取得了一系列积极进展。生活成本上升是政治讨论中的热门话题，许多有机产品消费者表示，他们无法自如地投入更多资金购买有机产品。

澳大利亚有机产业的一个显著特点是其本土市场对“有机”一词没有统一的定义。缺乏国内监管一直是行业面临的长期挑战，澳大利亚目前是经济合作与发展组织（OECD）成员国中唯一没有本国有机监管框架的国家。

在实际操作中，这意味着即使产品只含有一种有机成分，也可以贴上“有机”标签进行销售，消费者只能自行查询相关标志信息来确认其可信度。尽管缺乏监管，许多经营者还是选择按照严格的标准取得有机认证，以支持有机标签的真实性。

这种监管缺失带来了很多连锁反应，尤其在“漂绿”、消费者信任和出口市场准

① 本部分作者为Kane Frampton；译者为正谷（上海）农业发展有限公司杭州分公司李郑义。

入方面越发令人担忧。市场准入问题对已取得认证的有机经营者而言尤为关键，因为部分贸易伙伴实际上并不认可澳大利亚现有的有机认证体系，使希望将有机产品销往海外的经营者面临大量烦琐的额外手续。

10.1.1 建立强制性有机产品认证标准

尽管澳大利亚大多数经营者都支持在本国市场引入适用标准，但这一概念尚未被纳入联邦法律。最近一次推动实施强制标准的尝试于2023年3月被联邦政府否决，理由是实施监管标准的收益不足以抵消其成本。这一决定引起了业界的不满，因为对潜在收益的分析并未考虑监管对有机出口市场的帮助。业界还担心，在行业正处于积极发展的绝佳时期，监管缺失可能会削弱行业信誉。在2023年3月实施强制标准被否决后的几周至几个月里，行业的主要组织齐心协力，定期游说两党支持监管框架，以支持有机行业的未来发展。

这些机构组成了一个行业“代言人”，即有机发展小组（ODG），以确保游说工作中信息的一致性。2023—2024年，通过在国会大厦草坪上举行有机烧烤等活动，ODG致力于推动信息传递，让经认证的有机经营者与议员们面对面交流，说明目前的监管缺失是如何让不法经营者进行“漂绿”的。就这个问题，有机行业代表在2024年5月参加了参议院关于“漂绿”的听证会，经认证的有机经营者分享了他们在这一问题上的经验。在听证会上，利益相关者谈到了未经证实的“有机”声明将会危及那些通过昂贵且严格的第三方有机认证的生产者。

2024年11月19日，《2024年国家有机标准法案》（National Organic Standard Bill 2024）在参议院宣读，提出了行业急需的解决方案。该法案是由澳大利亚现任工党政府的反对党——自由党—国家党联盟以参议员私人法案的形式提出的，旨在确立以政府所有的有机和生物动力产品国家标准，作为在澳大利亚销售有机产品的企业的强制性国内认证标准。该国目前使用的国家标准是强制性出口标准，提案希望使其也适用于本土市场。

若该法案成为法律，澳大利亚竞争与消费者委员会（ACCC）将有明确的指导方针，以确保消费者在购买有机产品时物有所值。按照当前版本，《2024年国家有机标准法案》对有机产品年营业额不超过25 000澳元的小型企业豁免认证。

该法案已提交参议院调查，并欢迎公众提交意见，以帮助决策者充分了解提案。截至2024年12月20日，已收到21份意见书，其中绝大多数支持建立一个符合实际需要的监管框架用于定义“有机”。该法案预计在2025年2月由参议院进行辩论，但可能因即将举行的联邦选举改期。

10.1.2 释放澳大利亚作为有机出口国的潜力

如前所述，监管的缺乏明显阻碍了澳大利亚有机出口市场的发展。随着该国尝试改善农业领域的整体出口表现，有机产业在东南亚的发展潜力日渐凸显，该地区因中产阶级的扩大和健康意识的增强，为优质有机产品提供了一个快速增长的潜在市场。众议院农业常设委员会对东南亚市场进行调查后发布的报告建议就体现了这一点。该调查报告题为《向北贸易》，于2024年11月底发布，其中包括以下针对有机行业的主要建议。

加强监管　调查报告强调了澳大利亚和国际有机标准以及监管监督之间协调的必要性。

强化资源　扩大《进口国要求手册》和澳大利亚贸易投资委员会平台，为有机出口商提供量身定制的详细指导。

定向财政支持　有机产品专项补贴，帮助经营者有效进入东南亚市场。

定向持续的预算支持　在未来的预算中提供资金，以改善有机产业的可用资源。

贸易支持与初入市场援助　任命有机贸易专员，指导经营者应对复杂的东南亚市场要求。

这种前所未有的支持对希望进军东南亚地区的有机产品出口商来说是利好消息，同时也肯定了行业的普遍立场，即需要全面开展更多工作，为希望进入新出口目的地的认证经营者提供市场准入机会。

10.1.3 获得认证的土地面积扩大，凸显增长空间

尽管澳大利亚的有机农地面积全球领先，但其有机产品销售额仅占全球总销售额的约1.3%。这种差异凸显了该行业在本土和出口市场都有极大的发展空间。

目前，澳大利亚有5家获得批准的有机认证机构：ACO认证有限公司（ACO）、生物动力研究所（BDRI）、NASAA有机认证（NCO）、有机食品链（OFC）和南十字星认证（SXC）。这些认证机构正在统计经过认证的有机农地面积最新数据，并将于近期提供汇总数据。近期数据显示，2022年澳大利亚经认证的有机农地总面积为5 300万公顷，约占全球有机农地总面积的50%以上。

10.1.4 行业展望

《2024年国家有机标准法案》在参议院的提出为澳大利亚有机行业注入了新的活力。若法案成功通过，后续仍会有一段过渡期，但随着澳大利亚将自己定位为严肃对待有机声明并支持诚信经营的国家，消费者将立即受益。

2025年，行业的首要任务是改进数据收集工作。主要有机组织将携手合作，确保准确把握行业的发展范围和增长潜力。定性和定量数据对于支持有机企业在全国范围内推广高质量、价格合理的有机认证产品至关重要。

10.2 太平洋群岛有机农业发展动态①

太平洋诸岛国政府正在采取行动以创造有利的政策环境。市场对有机认证的需求不断，区域和国家机构及发展伙伴仍将有机农业视为太平洋岛屿的发展工具之一。

法属波利尼西亚政府在2023年利用生态农业绩效评价工具（TAPE）进行了农业普查，在广泛的生产、生态和社会指标方面获取并区分了有机和非有机农场，得到了一组宝贵的数据集。普查报告首次包含了土壤肥力管理和作物保护方面的数据，为政府规划提供了重要数据。这是全球首次在国家或地区范围使用这一工具。

妇女在农业和有机行业中的工作日益受到关注，地区最高机构成立了妇女分会，旨在提升妇女的地位、领导力、参与度以及对有机和道德贸易运动的贡献。太平洋有机和道德贸易共同体（POETCom）还开发了一套有价值的工具包，以加强女性在有机价值链中的参与。

第三方有机认证的一个制约因素是经济成本，由于需要从澳大利亚等邻国派遣审核员，有机认证成本变得更加高昂。在欧盟资金的支持下，POETCom已经培训了49名太平洋岛民成为有机审核员，并在认证机构的支持下完成了实地培训。此外，还开发了认证评估工具，帮助农民和加工商确定最佳认证方案，并制定了太平洋地区市场认证可持续实施计划，旨在提高中小微企业获得认证的机会及其影响，从而加强区域有机产业的发展和可信度。

---

① 本部分作者为Karen Mapusua；译者为正谷（上海）农业发展有限公司杭州分公司李郑义。

10.2.1 市场、贸易和认证

由于太平洋地区经有机认证的产品大多用于出口，新冠疫情使一些生产商转向本土市场，推动了前几年的趋势，即通过篮子（箱）计划、标签上未经核实的有机声明、发展参与式保障体系（PGS）、农贸市场上的有机摊位和提升大众认知来扩大本土市场。零售和餐饮业的结构式价值链仍有待发展。

目前，该地区还没有收集当地有机市场数据的机制。不过，从PGS认证农场数量的增加以及有机价值链和市场机会的数量可以推断出市场增长情况。当地政府部门正在考虑效仿渔业部门，以人工智能辅助收集农业数据。若能成功，有机行业将由此受益。

太平洋地区的PGS模式包括野生采集、“全岛”以及更加传统的种植者团体运营。太平洋岛国非常尊重传统权威（酋长），在某些情况下，传统治理体系得到采纳，并为PGS提供支持。加工和增值业务也需要通过PGS流程进行认证，因此需要为包括加工在内的PGS计划提供大量技能培训，以应对更复杂的检查要求。

2023年，16个PGS计划获准使用Pasifika有机标志，涵盖2 000名农民，另有6个PGS计划正在发展中。该地区本土和出口市场上经PGS认证的产品数量和种类不断增加，2023年，产品范围扩大到茶和茶饮、果仁酱、香蒜酱等增值产品。PGS的发展以及人们对有机产品价值的认识提升也促进了农贸市场和供应协议的增加。萨摩亚、纽埃和库克群岛现在都有通过农贸市场销售的有机产品。所罗门群岛也有一家销售当地PGS有机产品的小型商店。

10.2.2 政府立法

该地区仍然只有法属新喀里多尼亚和法属波利尼西亚对有机产品实施管制，独立国家均未通过有机法规。瓦努阿图政府批准了其首个国家有机政策，帕劳政府正在将有机政策草案纳入更广泛的生产部门政策框架。斐济的政策草案正等待内阁的首次审议。

10.2.3 政府和国际支持

太平洋共同体作为一个区域性政府间组织，继续为有机发展提供支持，并设有太平洋有机和道德贸易共同体（POETCom）秘书处，主要通过发展项目获得资金。

发展伙伴对有机农业作为气候依赖和生计发展解决方案的兴趣日益浓厚，这一点通过太平洋有机学习农场网络（OLFs）得到体现，该组织由多方捐赠项目基瓦倡议成立。该倡议旨在通过基于自然本身的气候恢复解决方案，建立能够抵御气候变化的环境韧性。OLFs将成为最佳有机和生态农业生产方法的学习中心，以促进知识共享、种植材料和技能的交流。OLFs已在斐济、瑙鲁、所罗门群岛和汤加建立。以这些地区为中心，农民集群与有机学习农场相互连接，向有机和生态农业生产过渡。目前，当地已建立26个集群，与280名农民合作，占地约412公顷。OLFs将显著扩大可持续农地面积，增加各岛屿的生物多样性。该项目是与太平洋共同体和POETCom共同实施的。

另一个案例是欧盟在太平洋法属领地资助的PROTÉGÉ项目。PROTÉGÉ是“太平洋领土可持续生态系统管理区域项目”的缩写，其目标是通过保护水资源和生物多样性，加强关键部门的可持续性、气候变化适应性和自主性，并提高生态系统服务。生态农业和有机农业是该计划农业部分的基础。

10.2.4 行业展望

随着发展伙伴对资助此类性质的计划越来越感兴趣，以有机应对气候变化的机会越来越多。绿色气候基金等气候融资机制目前正在审议与太平洋群岛有机再生生产系统相符的各项提案。随着旅游和餐饮业将有机和可持续发展作为太平洋岛屿品牌的一部分，预计本土有机市场有望继续扩大。

10.3 大洋洲有机农业数据①

10.3.1 大洋洲有超过5 320万公顷的有机农地，澳大利亚是全球有机农地面积最大的国家

2023年，大洋洲有超过5 320万公顷的有机农地，全球近54%的有机农地位于大洋洲。澳大利亚是有机农地面积最大的国家（53 016 058公顷），其次是新西兰（79 347公顷）、萨摩亚（41 307公顷）和斐济（12 868公顷）（图10-1）。大洋洲超过99.6%的有机农地位于澳大利亚。

① 本部分作者为Jan Trávníček、Bernhard Schlatter和Manuela Helbing；译者为正谷（上海）农业发展有限公司杭州分公司李郑义。

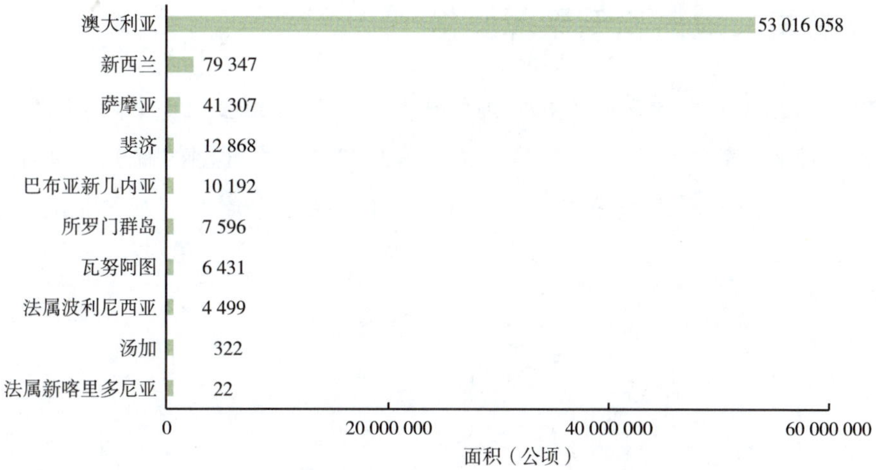

图10-1 2023年大洋洲有机农地面积位列前十的国家（地区）

（数据来源：2025年POETCom-FiBL调查）

10.3.2 萨摩亚是大洋洲有机农地占比最高的国家

2023年，大洋洲的有机农地占比为14.1%，远高于全球有机农地占比（2.1%）。有机农地占比最高的是萨摩亚（14.60%），其次是澳大利亚（14.58%）和法属波利尼西亚（9.30%）（图10-2）。

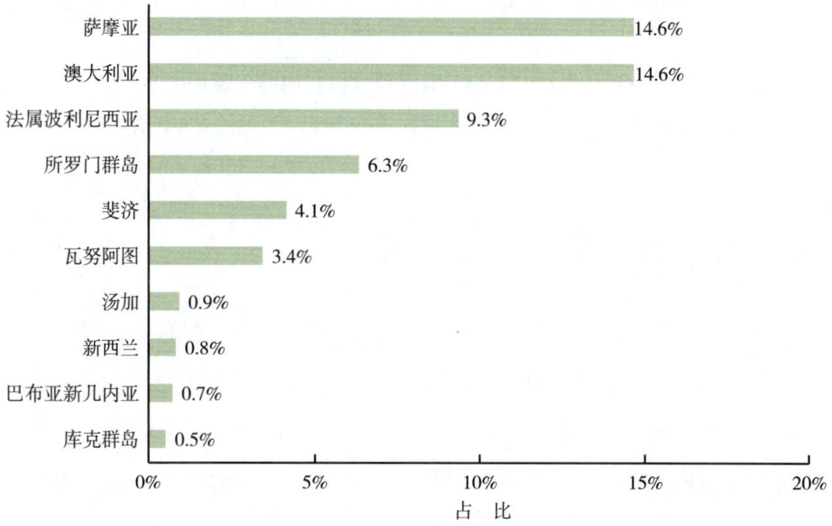

图10-2 2023年大洋洲有机农地占比位列前十的国家（地区）

（数据来源：2025年POETCom-FiBL调查）

10.3.3 有机农地面积无显著变化

2022—2023年，大洋洲的有机农地面积减少了10 123公顷（下降0.02%），未能获取到澳大利亚最新的有机农地数据。2014—2023年，大洋洲的有机农地面积增长了132%，远高于全球有机农地面积的增长速度，主要来源于澳大利亚有机农地面积的大幅增长（图10-3）。

图10-3 2000—2023年大洋洲有机农地面积发展情况

（数据来源：2001—2025年POETCom-FiBL-IFOAM-SOEL调查）

10.3.4 主要作物是谷物、椰子和葡萄

大洋洲近98.8%（约5 254.1万公顷）的有机农地是多年生草场（牧区），主要位于澳大利亚，季节性作物用地和多年生作物用地则没有太多信息。只有小部分有机农地（51 472公顷）用于种植季节性作物，主要是谷物（41 293公顷）等。多年生作物主要包括椰子（8 151公顷）、葡萄（5 783公顷）、可可（3 485公顷）等（图10-4）。

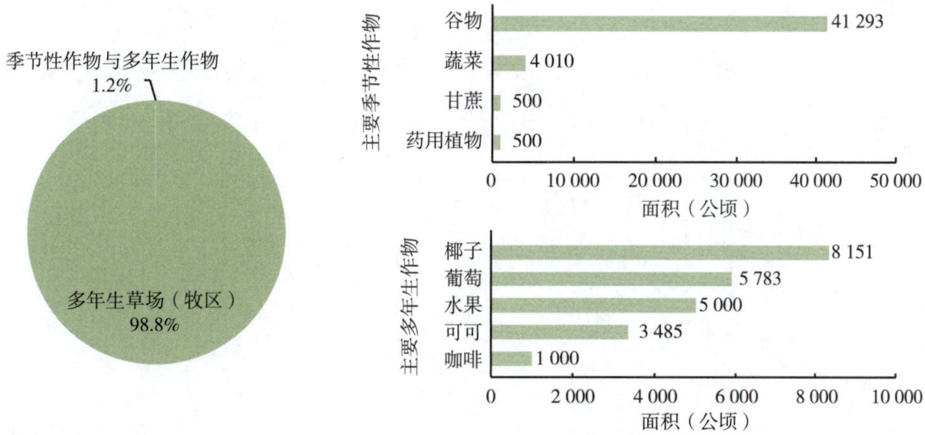

图10-4　2023年大洋洲有机农地使用情况

（数据来源：2025年POETCom-FiBL调查）

10.3.5　有机生产者、加工商和进口商

大洋洲有超过16 000名有机生产者，其中巴布亚新几内亚的生产者数量最多（10 203名），其次是萨摩亚（1 857名）和澳大利亚（1 635名）。全球只有0.4%的有机生产者位于大洋洲。相较于2022年，有机生产者数量减少了8 891名（减少36%），主要源于巴布亚新几内亚生产者数量的减少（减少8 781名）。大洋洲共有126家出口商和1 746家加工商。

10.3.6　澳大利亚和新西兰的有机零售额

2023年，大洋洲没有最新的有机零售额数据。2022年，澳大利亚和新西兰的有机零售总额超过15.1亿欧元。同年，这两个国家年人均有机食品消费达到近49欧元。

10.3.7　有机产品出口量超过4.4万吨

2023年，大洋洲出口到欧盟和美国的有机产品合计超过4.4万吨，占其有机产品进口总量的0.8%。2018—2023年的6年间，大洋洲的有机出口量增长了近53%，远高于全球对欧盟和美国的有机产品出口量的增长，后者在同期仅增长了17%。

10.3.8　新西兰是最大的出口国

大洋洲最大的出口国是新西兰（超过4.1万吨，其中近38%为苹果，近36%为葡萄酒），随后是巴布亚新几内亚（2 500吨，主要是咖啡）和澳大利亚（983吨，主要是葡萄酒）（图10-5）。需要指出的是，澳大利亚是美国有机肉类的主要出口国，但美国的进口统计数据目前只包含植物类产品。

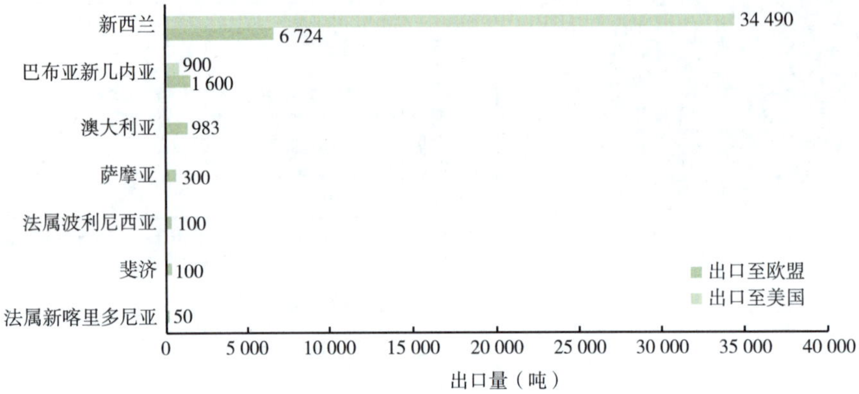

图10-5　2023年大洋洲对欧盟和美国的主要出口国家（地区）

（数据来源：GATS/USDA/TRACES/欧盟委员会调查）

10.3.9　苹果和葡萄酒是最重要的出口产品

温带水果（特指苹果）是最重要的出口产品，出口量超过15 564吨，占大洋洲有机产品出口总量的1/3以上，随后是饮料（15 484吨）、谷物（5 648吨，其中小麦为5 503吨）和猕猴桃（4 853吨）。

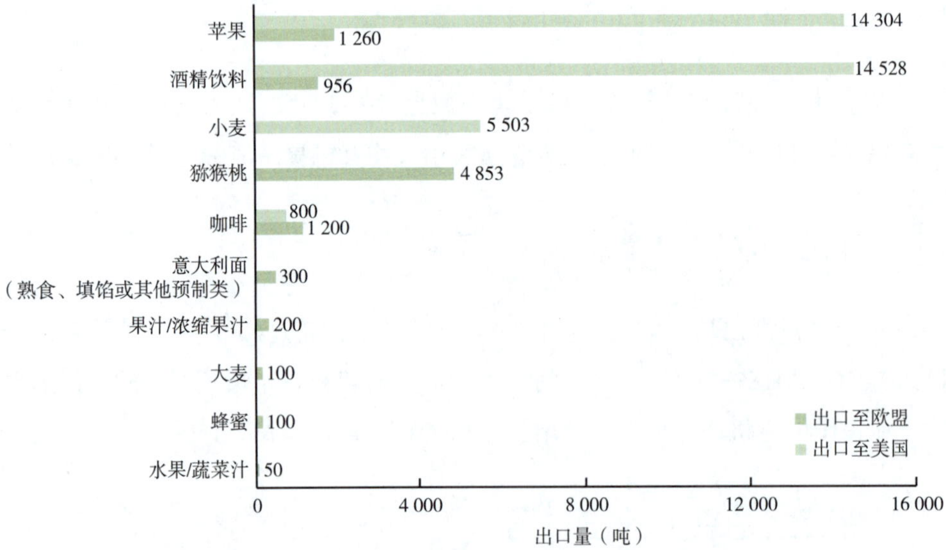

图10-6　2023年大洋洲出口至欧盟和美国的主要产品类别

（数据来源：GATS/USDA/TRACES/欧盟委员会调查）

11 中国有机产品的发展概况①

2006年9月，由国家认证认可监督管理委员会（以下简称认监委）开发的中国食品农产品认证信息系统（https://food.cnca.cn/）正式运行，并利用其作为食品农产品认证信息采集、发布的平台，该信息系统运行以来得到了广泛关注，相关执法部门、境内外食品农产品采购商和获证企业都已将该信息系统作为主要的信息来源。中国主要通过有机认证制度对有机生产企业进行管理和监督，由获得认监委批准的认证机构对生产企业进行有机产品认证，并将获得认证的有机产品信息上报到中国食品农产品认证信息系统。2023年共有96家认证机构依据相关国家标准《有机产品　生产、加工、标识与管理体系要求》（GB/T 19630—2019）、《有机产品认证管理办法》和《有机产品认证实施规则》进行有机产品认证并发放证书，同时，将这些获证企业、有机产品证书及产品标志颁发等相关信息统一上报至认证信息系统。本部分依据中国有机标准认证的有机产品数据均来自中国食品农产品认证信息系统。

① 本部分内容主要摘自《中国有机产品认证与有机产业发展2024》，由乔玉辉、张友廷编写。由于《2025年世界有机农业概况与趋势预测》英文原著中对中国有机农业的介绍不够详尽，为方便读者比较、研究国内外有机产业概况，故对中国有机产品的发展概况进行了增补。

11.1 有机产品认证

2023年，中国有机产品认证取得了较快的发展，截至2023年12月31日，共有17 830家企业获得了中国标准的有机产品认证证书28 918张，证书量比2022年增加了13.2%，其中境内17 575家企业获得了28 418张证书，比2022年增加了13.6%，境外255家企业获得了500张证书，比2022年减少14.1%。2016—2023年，中国境内的获证企业数和有机证书数复合增长率分别为8.7%和9.9%，除2020年因新冠疫情影响略有下降外，其余年份均增长平稳（图11-1）。

图11-1 2016—2023年中国有机产品认证机构、有机证书及获证企业总体发展趋势

2023年依据中国有机标准颁发的28 918张有机证书中，种植类有机证书数量为18 366张，占比最高，占全部有机证书的比例高达63.5%，比2022年增加了10.3%；其次是加工类有机证书，数量为7 040张，占比24.4%，比2022年增加了13.3%；畜禽类有机证书为1 273张，占比仅为4.4%（图11-2）。

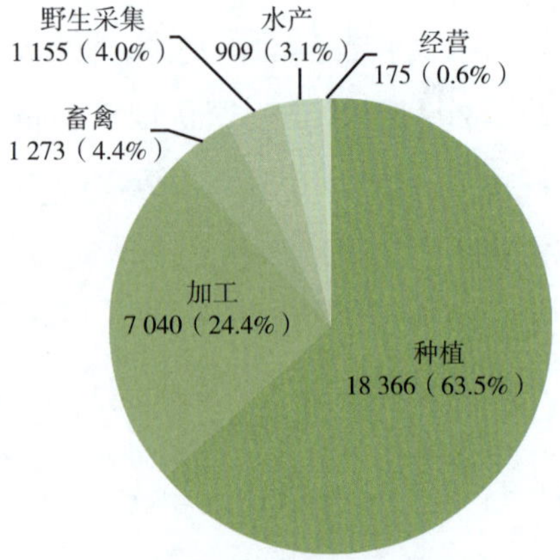

图11-2 2023年中国有机产品证书各类型数量（张）及占比

11.2 有机生产者

根据FiBL提供的数据，2023年全球有机生产者达到了430万人，但过去一直没有对中国有机生产

者具体人数进行准确统计。FiBL进行统计时，将中国认证企业数等同于生产者人数。2025年统计的数据显示排名前十位的国家中，第十位坦桑尼亚有61 580名生产者，因此中国的有机生产者要低于这个数。实际上仅仅按种植业来算，根据青贮饲料、谷物、豆类与油料、水果与坚果、蔬菜等不同类别的有机种植面积，以及相应的人工数量可以估算出中国大约有196万名生产者，再加上养殖等环节的人数，中国的有机生产者人数预计在200万名左右。2025年应用4个人工智能（AI）工具（Deepseek、腾讯元宝、豆包和KIMI），根据不同作物的有机种植面积分别测算了一下，综合起来AI给出的生产者人数区间为140万～250万名。根据有机产品创造的产值计算，2023年有机产值3 168亿元（合计约460亿美元），因核算产品价格及预估产量等因素，排除产值虚高的因素，保守地以2 000亿元估算（合计约290亿美元），2023年人均国内生产总值（GDP）为1.3万美元，依此推算生产者人数约为223万名，实际上农业食品创造的人均产值要低于平均水平，因此，通过交叉验证及综合估算，保守地估计中国有机从业人数在200万名左右，约占农业食品从业人口的1%。

11.3 有机种植产品

截至2023年12月31日，中国境内按照中国有机产品标准进行生产有机作物种植面积为342.6万公顷（不含野生采集，仅占耕地面积的2.7%），比2022年减少了18.5%；作物的产量为2 504.3万吨，比2022年增加了360.9万吨，增幅16.8%（图11-3）。野生采集总生产面积为288.5万公顷，比2022年增长22.8%；野生采集总产量为191.2万吨，比2022年增长了68.6%。

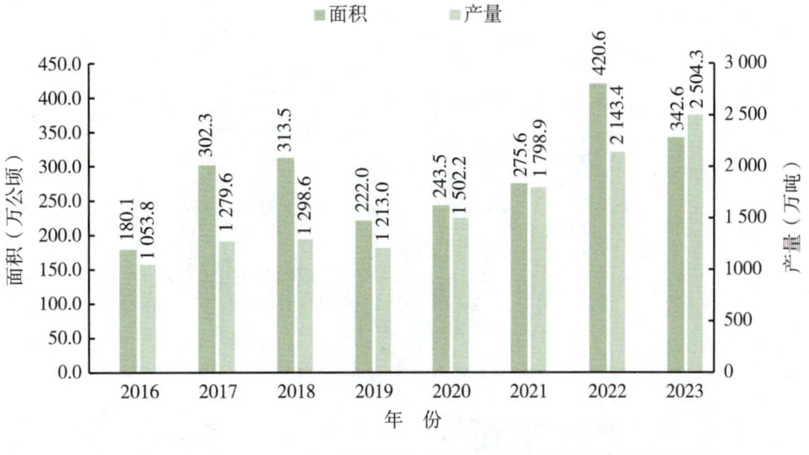

图11-3 2016—2023年中国有机作物种植面积及产量变化趋势

从各类作物的种植面积来看，2023年，谷物面积最大，为174.2万公顷，占比50.9%；豆类、油料和薯类排在第二位，为61.8万公顷，占比18.1%；第三位是草及割草，为38.9万公顷，占比11.4%，前三类合计占比80.4%（图11-4）。从产量来看，谷物，豆类、油料和薯类以及蔬菜分别为前三位，占总产量的81.1%，其中，谷物的产量为1 728.7万吨，占比69.1%，比2022年增加了28.8%（图11-5）。

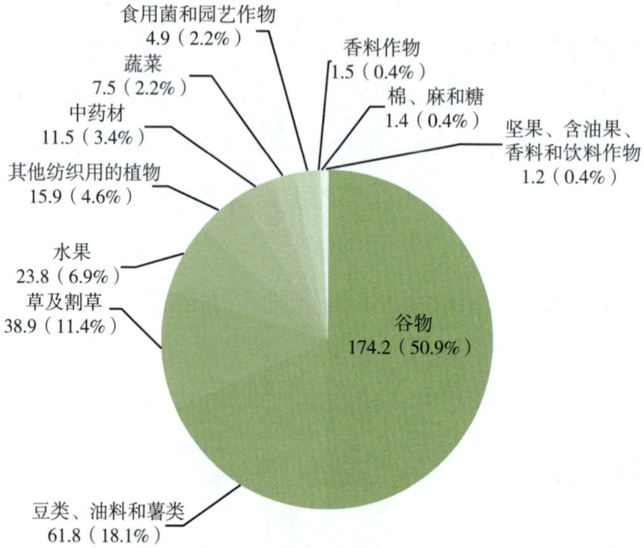

图11-4 2023年中国有机作物生产面积（万公顷）及其占比

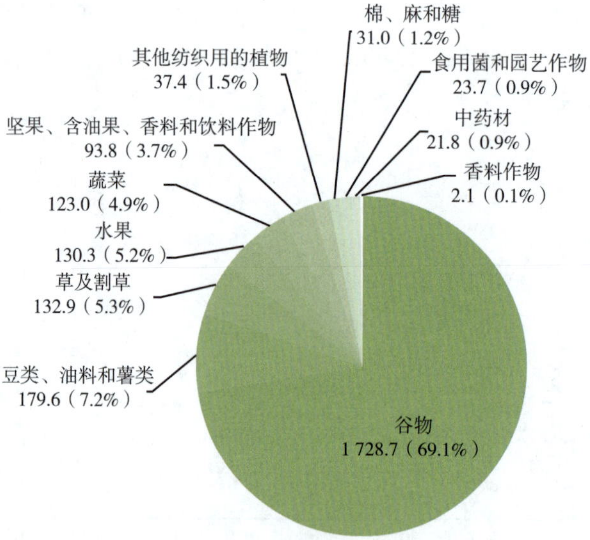

图11-5 2023年中国有机作物产量（万吨）及其占比

黑龙江省、内蒙古自治区、云南省、贵州省和西藏自治区是有机作物种植面积最大的5个省份，合计占全国有机种植面积的81.2%。2016—2023年，中国有机作物产量除2019年有所下降外，其余时间均稳步增长，复合年增长率为13.2%（图11-6）。

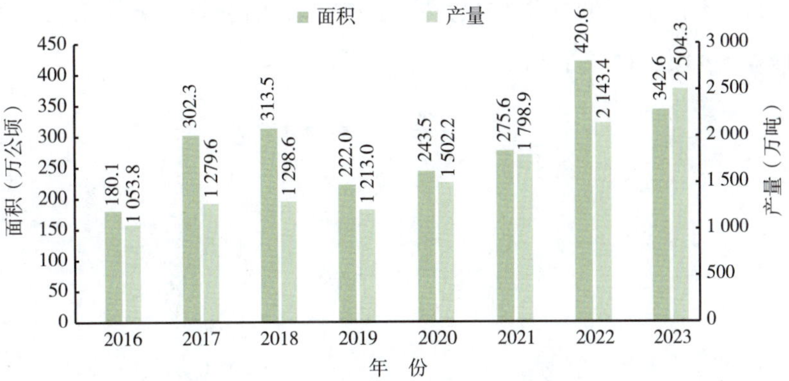

图11-6 2016—2023年中国有机作物生产面积与产量变化趋势

11.4 有机茶①

2023年中国有机茶叶共发放证书3 219张，占了中国境内有机认证证书总数的11.3%，是一个占比很高的品类，其中有机产品证书1 957张，转换生产证书1 262张，转换占比39.20%。图11-7为2019—2023年中国有机茶叶证书发放情况，中国有机茶叶发证数在2019—2023年整体呈现逐年稳定增加的趋势。

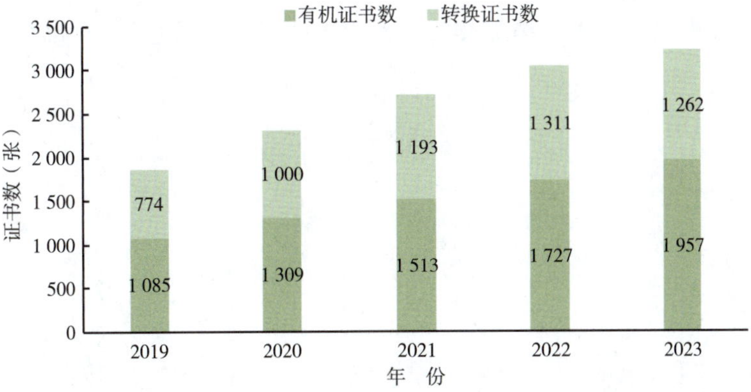

图11-7 2019—2023年中国有机茶叶证书发放数量

① 编者在本书中专门加入了有机茶的内容，主要因为有机茶是中国重要的经济作物。本部分由乔玉辉、张友廷、张铭编写。

2023年中国有机茶叶生产面积为21.3万公顷，占中国茶叶生产总面积的6.2%，其中有机产品生产面积为13.9万公顷，转换生产面积为7.4万公顷，转换占比34.7%。如图11-8所示，2019—2023年，中国有机茶叶生产面积整体呈增加趋势，与2019年相比，2023年有机茶叶生产面积增加了100.9%。2023年是有机茶生产面积最大的一年，比2022年增加1.4万公顷，增长了7.0%。

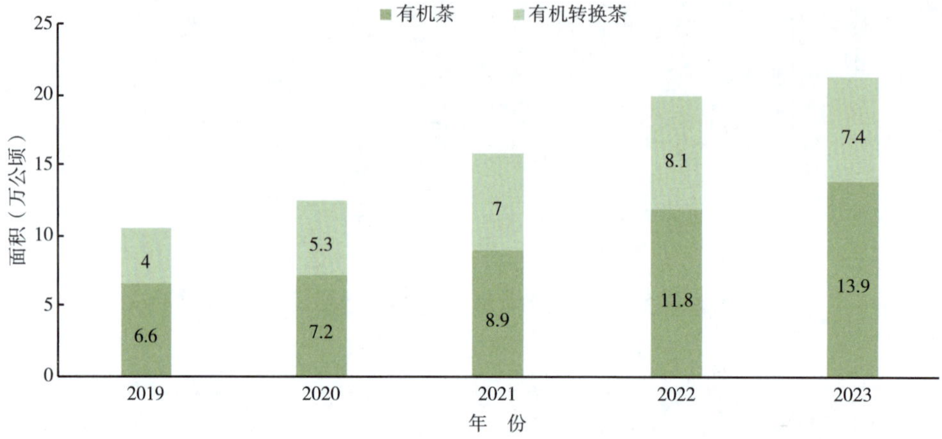

图11-8　2019—2023年中国有机茶叶生产面积

2023年中国有机茶叶产量为39.2万吨，占当年茶叶总产量的11.7%（茶叶总产量数据来源于中国茶叶流通协会发布的《2023年中国茶叶产销形势报告》，统计范围涵盖全国干毛茶产量，包括绿茶、红茶、黑茶等六大茶类），其中有机产品产量为24.0万吨，转换期产品产量为15.2万吨，转换占比38.78%。如图11-9所示，2019—2023年，中国有机茶叶产量整体呈增加趋势，与2019年相比，2023年有机茶叶产量增加了70.43%。

图11-9　2019—2023年中国有机茶叶产量

表11-1为2019—2023年中国有机茶叶生产面积前十名的省（区、市）。按照中国有机标准进行生产的有机茶叶分布在23个省（区、市）。2023年，云南省继续蝉联榜首，其茶叶生产面积为12.62万公顷，占全国有机茶叶生产面积的59.25%，与2022年相比增加了1.28万公顷，增幅达11.3%。湖北省保持排名第二，其茶叶生产面积为1.44万公顷。其余各省份的茶叶生产面积均未超过1万公顷。

表11-1 2019—2023年中国有机茶叶生产面积位列前十的省（区、市）

2019年		2020年		2021年		2022年		2023年	
省（区、市）	面积（万公顷）	省（区、市）	面积（万公顷）	省（区、市）	面积（万公顷）	省（区、市）	面积（万公顷）	省（区、市）	面积（万公顷）
云南	3.50	云南	4.61	云南	7.84	云南	11.34	云南	12.62
湖北	1.08	湖北	1.51	湖北	1.41	湖北	1.42	湖北	1.44
贵州	0.90	贵州	0.95	江西	0.82	安徽	0.93	贵州	0.98
江西	0.74	四川	0.77	四川	0.81	四川	0.91	安徽	0.96
四川	0.61	江西	0.74	安徽	0.76	江西	0.87	江西	0.91
湖南	0.57	湖南	0.64	湖南	0.74	贵州	0.78	四川	0.86
广西	0.51	福建	0.63	贵州	0.73	福建	0.75	福建	0.75
安徽	0.50	安徽	0.55	福建	0.70	湖南	0.62	湖南	0.58
福建	0.49	广西	0.43	广东	0.42	广西	0.49	广东	0.45
广东	0.46	浙江	0.39	广西	0.41	广东	0.41	浙江	0.41

11.5 有机动物产品

2023年有机畜禽整体证书发放量为1 485张（含转换证书），比2022年增加49.8%。按畜禽产品范围统计，有机牛发证数最多，为493张，其次是羊（345张）、鸡（337张）、猪（173张）（图11-10）。在畜禽产量方面，有机牛为43.91万吨，有机羊有24.65万吨，有机猪有2.30万吨，有机鸡只有0.42万吨（图11-11）。

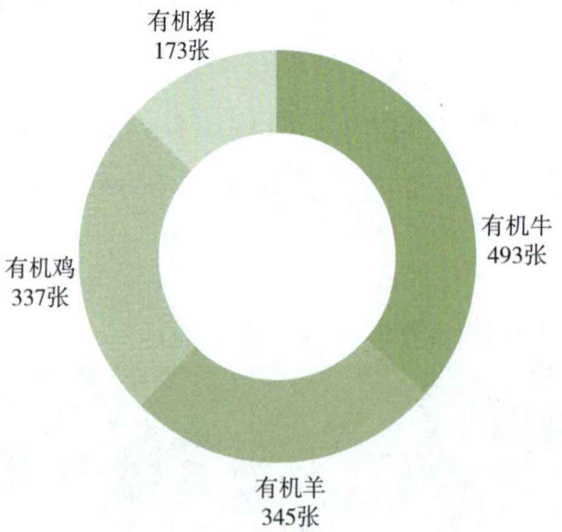

图11-10　2023年中国主要有机家畜和家禽证书发放情况

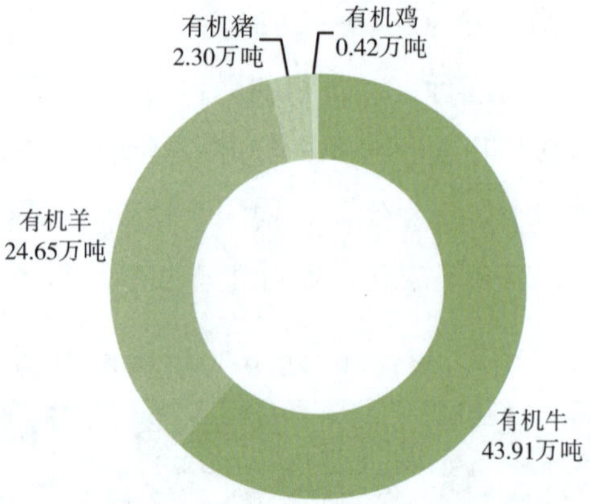

图11-11　2023年中国主要有机家畜和家禽生产状况

注：按有机证书颁证数量统计存在一证多品情况

有机畜禽产品的生产总量为295.63万吨。其中，有机牛乳是主要的畜禽产品，产量为277.18万吨，占有机畜禽产品总产量的93.8%，有机羊乳的产量为12.95万吨，占总产量的4.4%。2020—2023年，中国有机牛乳产量的复合年增长率约为29.1%（图11-12）。

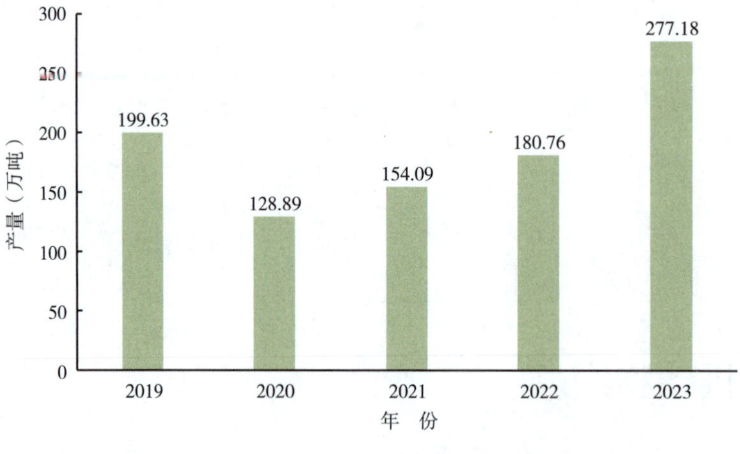

图11-12　2019—2023年中国有机牛乳产量变化趋势

2023年有机水产品总产量达82.35万吨。其中，有机藻类的产量最高，达51.03万吨，占比为70.0%，其次为无脊椎动物16.83万吨（图11-13）。

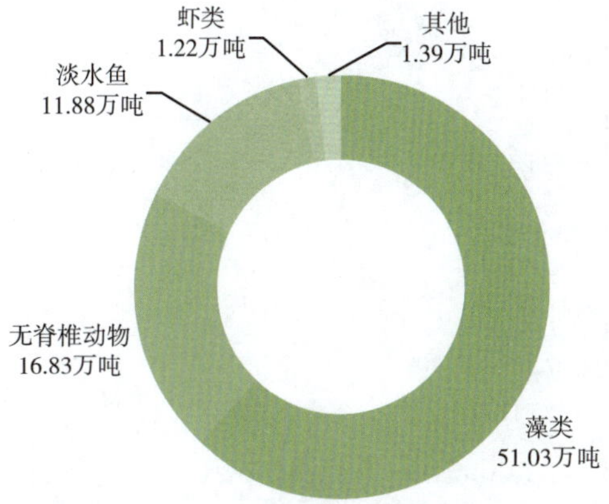

图11-13 2023年中国有机水产品生产状况

11.6 加工有机产品

2023年有机加工产品的获证企业数为6 757家，比2022年增加了27.3%，有机加工产品的证书整体发放数量为7 459张（含转换证书），比2022年增加了26.1%（图11-14）。

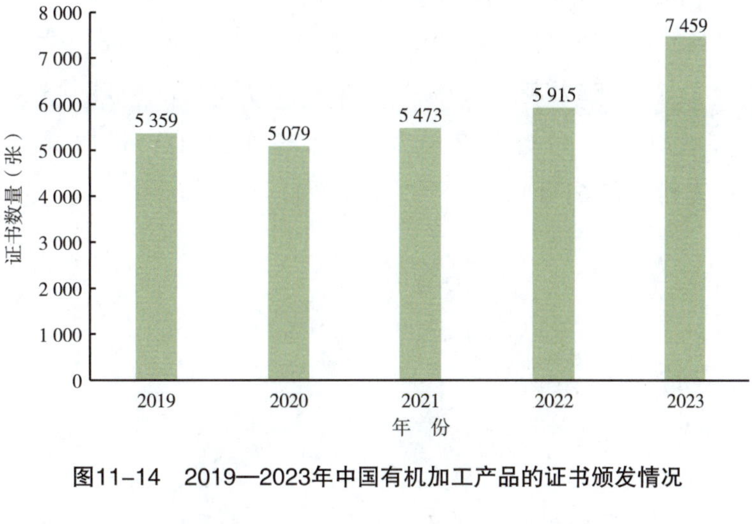

图11-14 2019—2023年中国有机加工产品的证书颁发情况

有机加工产品证书数量最多的品类为粮食加工品，共发放2 194张证书，茶叶及相关产品达到1 924张证书，这两类产品占据了所有加工证书数量的55.2%。其次为食用油、油脂及其制品，蔬菜制品，饮料，乳制品，肉及肉制品，方便食品，酒类，罐头，水果制品，速冻食品，水产制品，炒货食品及坚果制品，调味品等，证书数量都在100张以上（图11-15）。

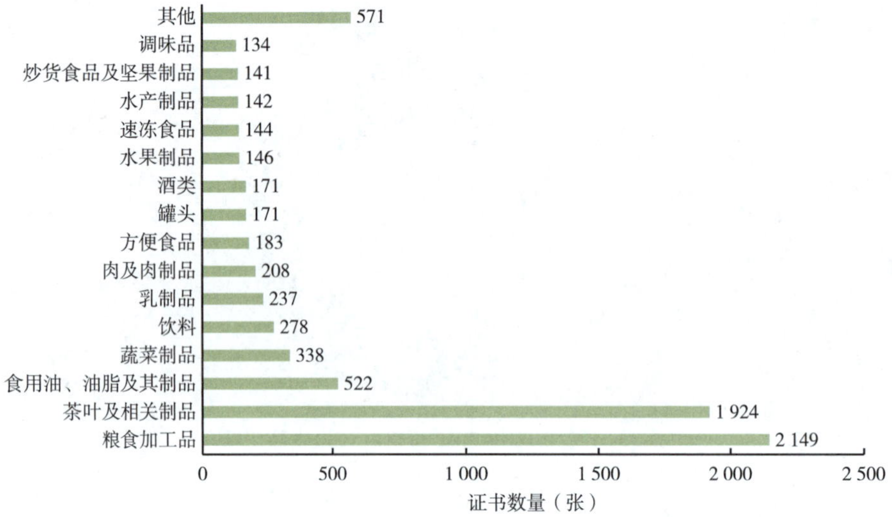

图11-15　2023年中国有机加工产品证书颁发数量

2023年，有机产品总产量为662.8万吨，比2022年增加了123.9万吨（增长了23.0%）。粮食加工品的产量最高，达175.6万吨（占比26.5%）；其次为有机乳制品，达146.1万吨（占比22.0%）；食用油、油脂及其制品，达88.0万吨（占比13.3%）。其中，排在前十位的单一有机加工产品有灭菌乳（125.32万吨，18.9%）、单一饲料79.80万吨，12.0%、谷物加工品（78.29万吨，11.8%）、大米（68.66万吨，10.4%）、植物油加工副产品（65.53万吨，9.9%）、食用植物油（22.51吨，3.4%）、饲料混合料（21.02吨，3.2%）、白酒（17.91万吨，2.7%）、植物蛋白饮料（11.45万吨，1.7%）、通用小麦粉（10.61万吨，1.6%）等（图11-16）。

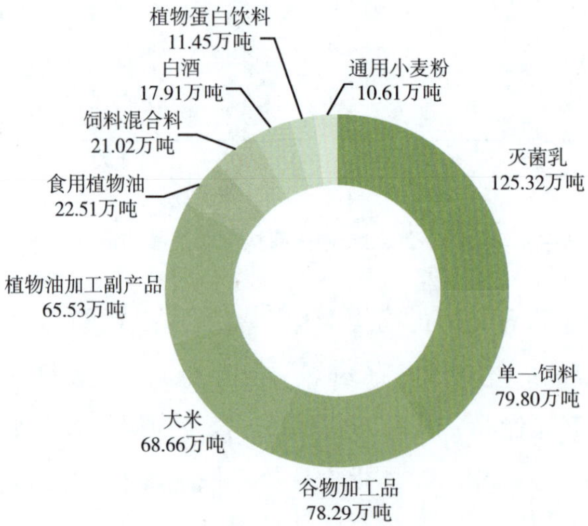

图11-16　2023年中国单一有机加工产品前十位产品产量

11.7 有机经营认证

2019年版有机产品标准和认证实施规则中新增“经营”类的认证类型。新规自2020年1月1日正式实行。2020—2023年，颁发的有机经营证书数量逐年增加。2023年在中国境内发放有机经营证书149张，获证企业数133家。获证经营企业和证书的区域分布位列前五位的省份包括上海（22家）、广东（20家）、黑龙江（17家）、辽宁（16家）、北京（10家），主要分布在北上广等大城市有机产品消费区和东北地区主要有机产品产区（图11-17）。

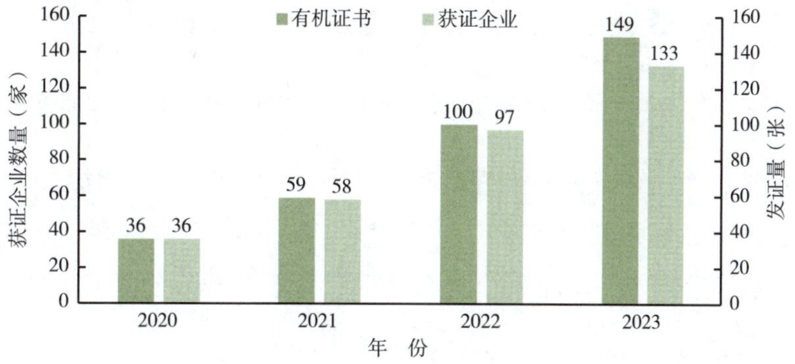

图11-17 2020—2023年中国有机经营发证数量与获证企业数量

11.8 境外按中国标准认证及有机产品进口情况

随着经济发展，中国市场对有机产品的需求量不断增加，越来越多的境外企业把他们生产的有机产品出口到中国，根据《有机产品认证管理办法》，进口到中国的有机产品需要取得中国标准的认证。

2017年，有10家认证机构进行境外的中国标准认证，2018年增加到14家，直到2023年增至23家，越来越多的境内认证机构在境外开展有机产品的中国标准认证业务。这些认证机构在境外的发证数量也皆逐年增加，认证的国家和地区数量总体呈现增加的趋势。2023年，在境外实施中国标准有机认证涉及的国家和地区共有61个。获证企业数由2013年的51家发展到255家，证书数量由2013年的101张发展到2023年的500张，认证企业和证书数量均增加了4倍左右（图11-18）。这些数据充分表明境外生产符合中国有机标准的产品在不断扩大，也说明了境外有机产品生产企业看好中国有机市场。

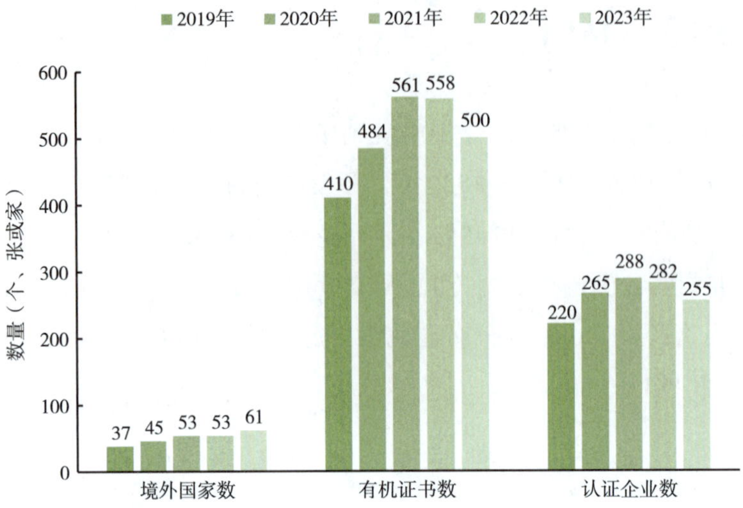

图11-18　2019—2023年境外认证国标有机产品的国家、证书及企业数量

2023年种植类产品认证面积上升至342.6万公顷（较2022年增加287.8%），其中排名前五位的国家分别是俄罗斯（37.1万公顷，占10.8%）、哈萨克斯坦（12.5万公顷）、美国（9.7万公顷）、德国（7.5万公顷）和丹麦（6.3万公顷）（图11-19）。

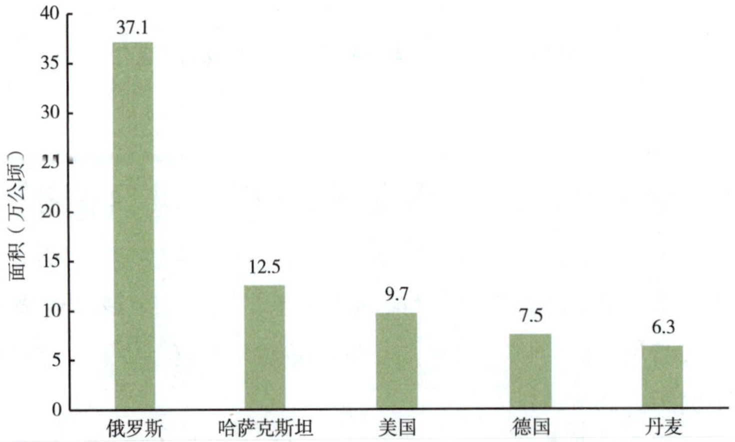

图11-19　2023年按中国有机标准进行境外认证的面积（含牧场）位列前五的国家

2023年为境外有机产品发放有机标志总量为0.69亿枚，标志发放量前十位的国家（地区）有新西兰、法国、中国香港、爱尔兰、丹麦、意大利、越南、德国、澳大利亚和奥地利，其中前三位国家（地区）标志量占了总量的71.1%（图11-20），标志发放前五位的产品有灭菌乳、婴幼儿谷物辅助食品、婴幼儿配方乳粉、葡萄酒、婴幼儿泥（糊）状罐装食品。

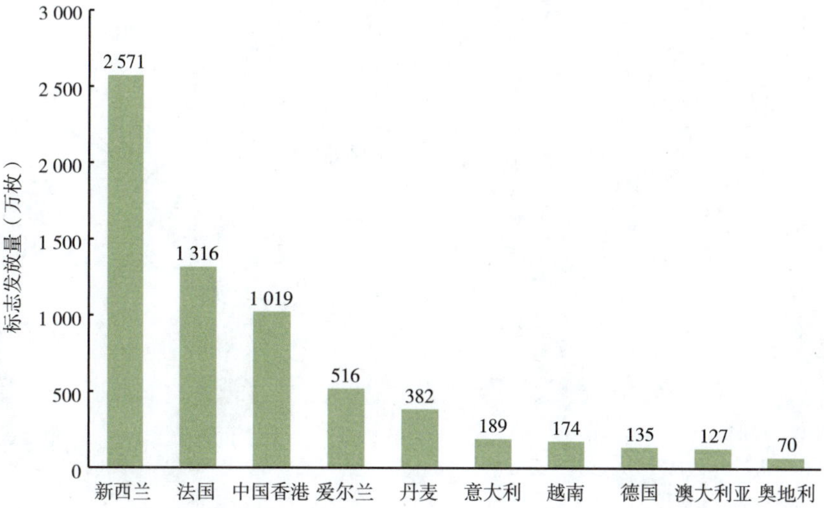

图11-20　2023年境外中国标准有机产品标志发放量位列前十的国家（地区）

2023年进口有机产品总额为47.1亿元，有机产品进口贸易额前五位的国家是爱尔兰、丹麦、新西兰、法国、芬兰，爱尔兰是中国有机产品进口贸易额最大的国家，贸易额达到了20.1亿元，占中国有机产品总贸易额的42.7%，主要产品为婴幼儿配方乳粉和调制乳粉（图11-21）。

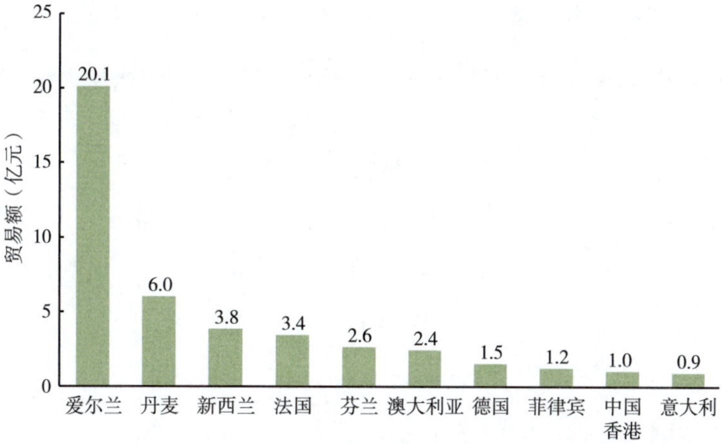

图11-21　2023年中国有机产品进口贸易额位列前十的国家（地区）

2023年进口有机产品贸易量前十位产品的核销量为2.51万吨（90.6%）（图11-22）。前十位产品销售额达到45.7亿元（97%）（图11-23）。

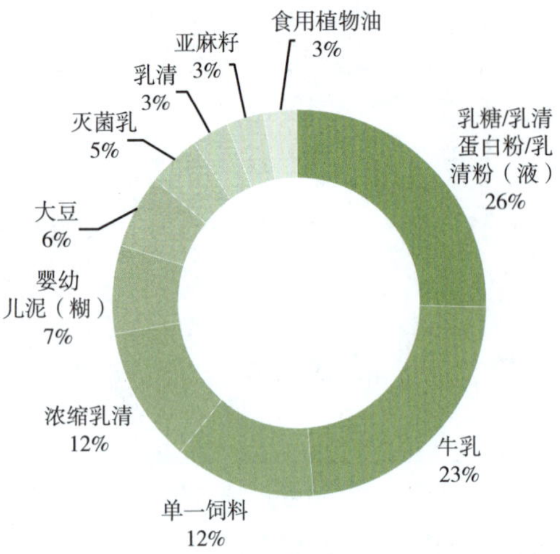

图11-22　2023年境外有机产品原料贸易量前十类产品

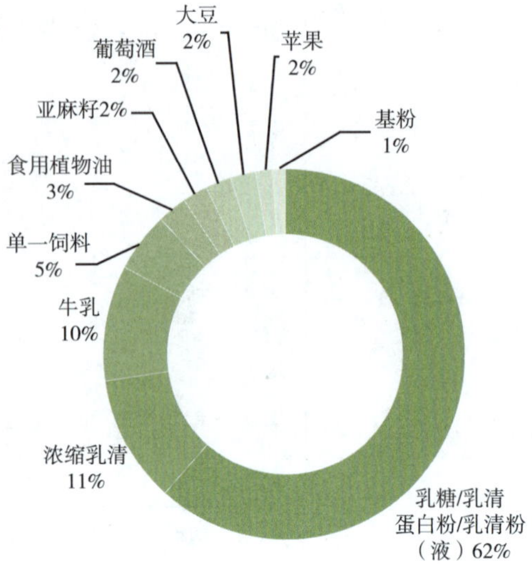

图11-23　2023年境外有机产品原料贸易额前十类产品

11.9　中国按境外有机标准认证及有机产品出口情况

2023年中国按照境外标准颁发的有机产品证书数量为4 187张，相较于2022年增加了553张（15.2%），认证企业数量为2 963家，相较于2022年增加了556家（23.1%），按不同的境外标准认证颁发的证书数量见图11-24，其中，按照欧盟标准颁发的证书数量最多，总计为1 991张，相较于2022年增加了247张（14.2%），其次为美国标准（1 623张，相较于2022年增加了225张，增长16.1%）、日本标准（386张，相较于2022年增加了60张，增长18.4%）、加拿大标准（79张，比2022年减少了39张，降幅为33%）和其他标准（108张，较2022年增长了125%）。

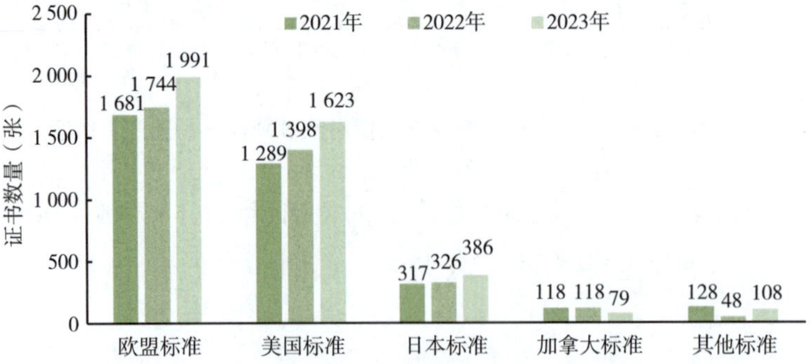

图11-24　2021—2023年按照境外标准认证颁发的证书数量

认证企业情况与颁证数量类似，按照欧盟标准进行生产的企业最多，总计1 543家，相较于2022年增加了23.3%，其次为美国标准（1 069家，较2022年增加了23.4%）、日本标准（224家，较2022年增加了19.1%）、加拿大标准（46家，较2022年减少了40.2%）和其他标准（25家，较2022年增加了224%）（图11-25）。

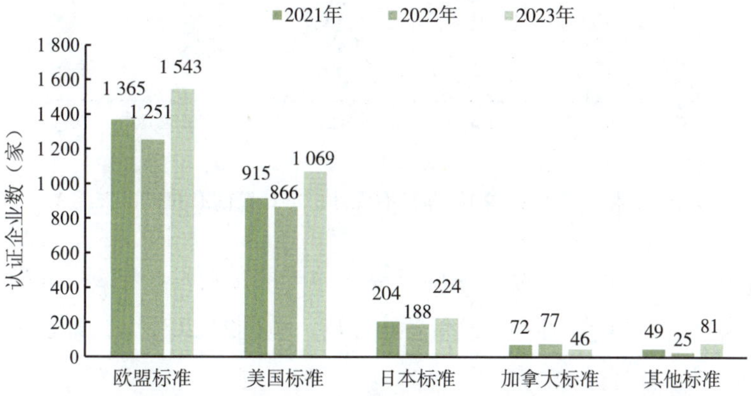

图11-25　2021—2023年中国按照境外标准认证的企业数量

2023年按境外标准认证的作物总面积达到56.6万公顷，较2022年增加5.1万公顷（增长10%）。从2019年以来，认证面积减少了近50%，波动明显（图11-26）。

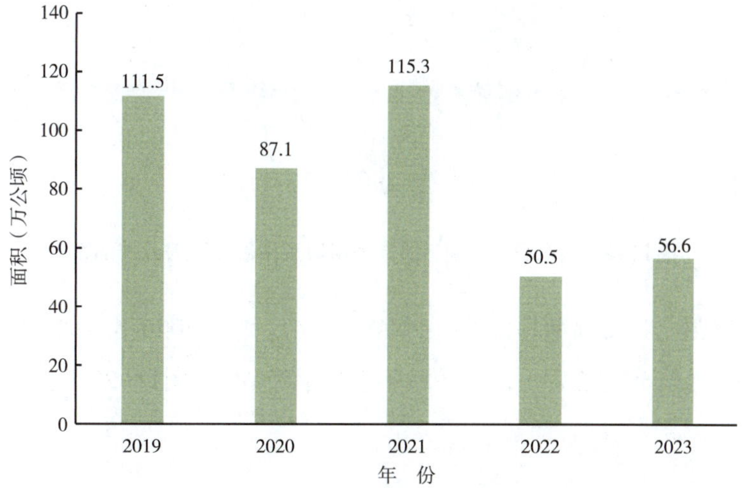

图11-26　2019—2023年按照境外标准认证的有机产品面积

自2019年以来，按境外认证的标准有机产品产量逐年增长，于2021年达到了峰值（1 561.8万吨），之后便逐年下降，2023年按境外标准认证的有机产品总产量为602.2万吨，仅为高峰期产量的38.6%，包括植物类产品268.3万吨（占总量的44.6%），加工类产品333.9万吨（占总量的55.4%）（图11-27）。

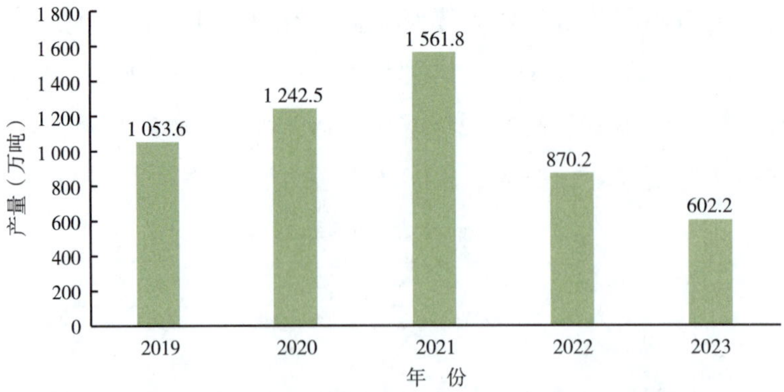

图11-27 2019—2023年按照境外标准认证的有机产品产量

2023年中国有机产品出口贸易量排名第一的国家是荷兰，达到了12.97万吨，占比30.29%，排在第二位的是美国（贸易量9.08万吨，占比21.20%），第三位是德国（4.24万吨，占比9.90%）（图11-28）。

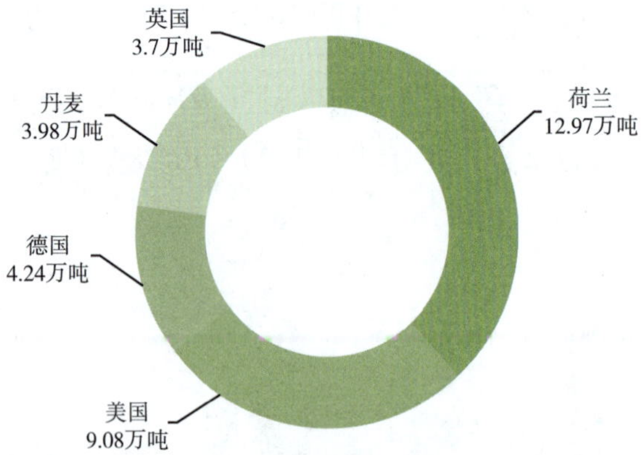

图11-28 2023年中国有机产品出口贸易量位列前五的国家

中国有机产品出口贸易额在2019—2020年突然上涨，2020年增加了84.3%，之后便连续下滑，2023年为6.35亿美元，比2020年下降了52.6%（图11-29）。

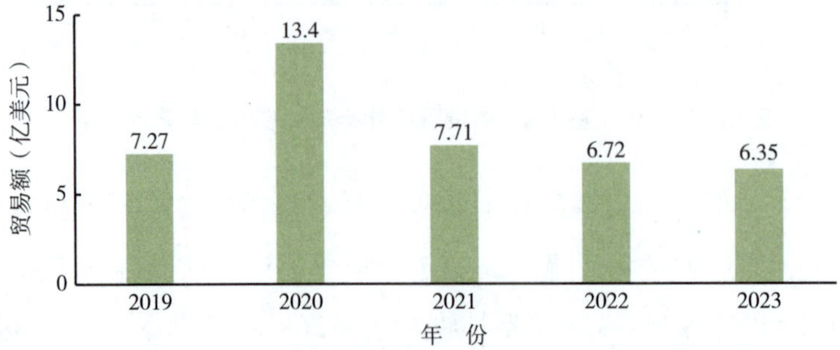

图11-29 2019—2023年中国有机产品出口贸易额

荷兰和美国是中国出口贸易额最大的国家，2023年贸易额均达到1.5亿美元，均占中国有机产品出口贸易额的26.27%。其次是德国、加拿大和英国（图11-30）。

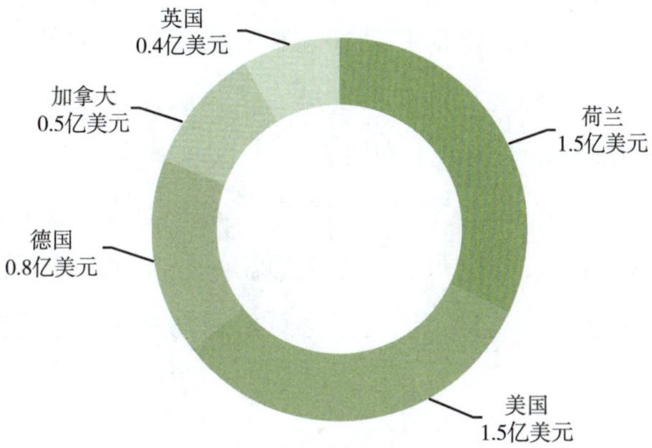

图11-30　2023年中国有机产品出口贸易额位列前五的国家

11.10　产值与市场

11.10.1　中国境内有机产品产值

根据有机产品认证情况，可以粗略计算当年的有机产品产值。自2019年以来，中国境内有机产品的产值均在1 600亿元以上，2020年以后稳定在2 300亿元以上，2023年则达到了3 168亿元，几乎比2019年翻了一番（图11-31）。其中，有机加工类产品产值为1 809亿元，占比57.1%。

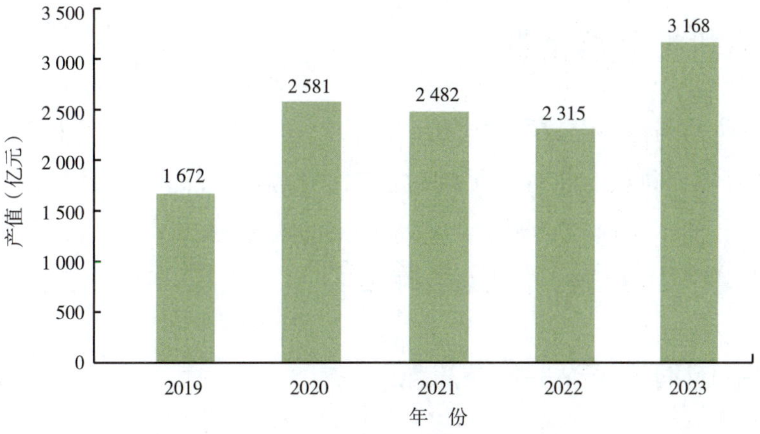

图11-31　2019—2023年中国有机产品产值变化趋势

11.10.2 防伪码标志发放数量

2012年，中国建立了“一品一码”的17位有机码管理制度。获证产品的最小销售包装上必须使用有机码。企业在申请有机标志和有机码时必须详细写明其将销售的产品名称及产量，并通过认证机构上报到中国食品农产品认证信息系统。因此，可以根据发放的有机标签数量及其对应的产品计算销售额。总体来看，中国有机产品标志发放数量呈现逐年增加的趋势。2023年，中国境内有机产品标志发放数量为49.9亿枚，相当于2023年人均消费了3.5件有机产品，比2022年大幅增长33.4%（图11-32）。其中，灭菌乳的有机标志发放数量最多，为37.5亿枚，占总量的75.2%；巴氏杀菌乳1.3亿枚；白酒0.7亿枚。

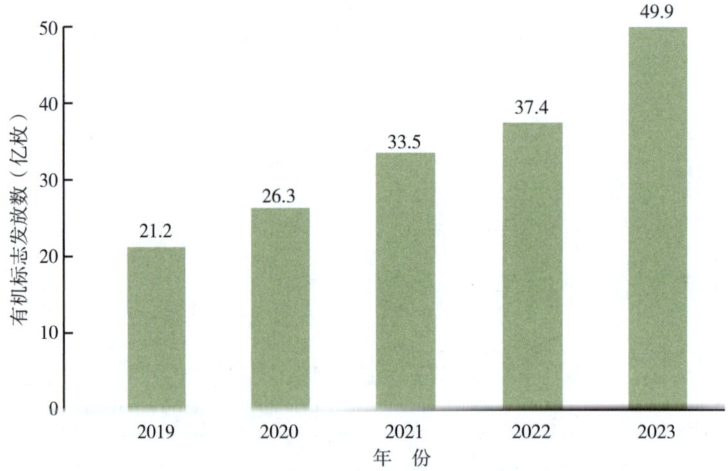

图11-32 2019—2023年中国境内有机标志发放数量变化趋势

11.10.3 有机产品核销量

根据有机防伪码标签发放所对应的产品、数量及规格，2023年中国有机产品总核销量为156.6万吨，每枚有机标签平均对应315克有机产品，年人均消费约1.1千克有机产品。其中，加工品145.7万吨，占总量的93.0%；植物类产品10.3万吨，占总量的6.6%；畜禽及其产品0.3万吨，仅占总量的0.2%。

11.10.4 中国有机产品销售总额

根据发放的有机标签数量及其对应的产品，可以计算当年的有机产品销售额。自

2019年以来，中国境内有机产品总销售额增长较平稳，仅2022年略有下降，到2023年达到969亿元，复合增长率为9.5%（图11-33）。其中，有机加工产品达到903.8亿元，占境内有机产品总销售额的93.3%；有机植物类产品61.6达到亿元，仅占6.4%；有机畜禽类产品仅1.7亿元。

再加上进口的有机产品销售额，2023年中国有机产品销售额总计1 016亿元，首次突破1 000亿元，比2022年增长了15.8%。

与2022年相比，蔬菜（增幅为18.3%）、中药类植物（增幅为41.2%）、水果（增幅为103.9%）等植物类产品销售额均有增长，其中水果增幅最大，翻了一番多（图11-34）。

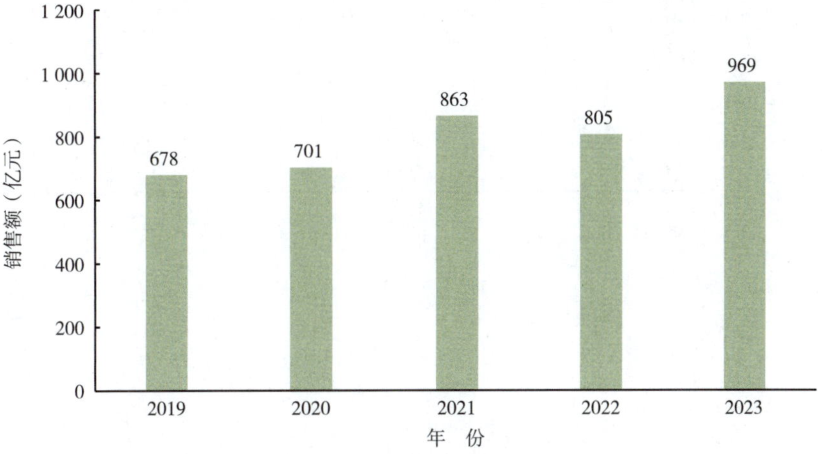

图11-33　2019—2023年中国境内生产加工有机产品销售额

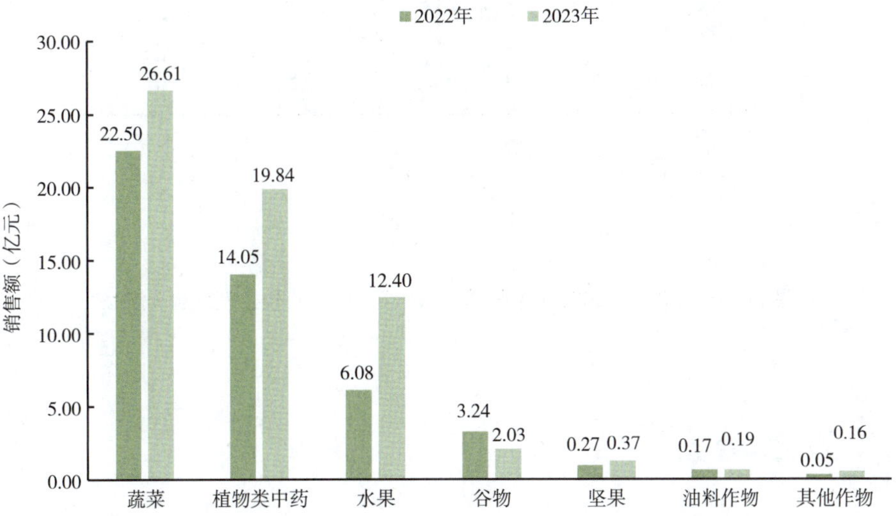

图11-34　2022—2023年中国各类有机作物产品销售额

2023年，中国有机产品销售额超过1亿元的加工产品品类超过20大类，其中乳制品销售额最高，达到327.64亿元，比2022年增长了41.7%。前五大类有机产品分别是乳制品、酒类、婴幼儿食品、粮食加工品、茶及相关制品，销售额合计超过了有机加工产品销售额的80.8%，与2022相年相比，除酒类、婴幼儿食品、中药材加工制品销售额有下降之外，其余均有所增长（图11-35）。

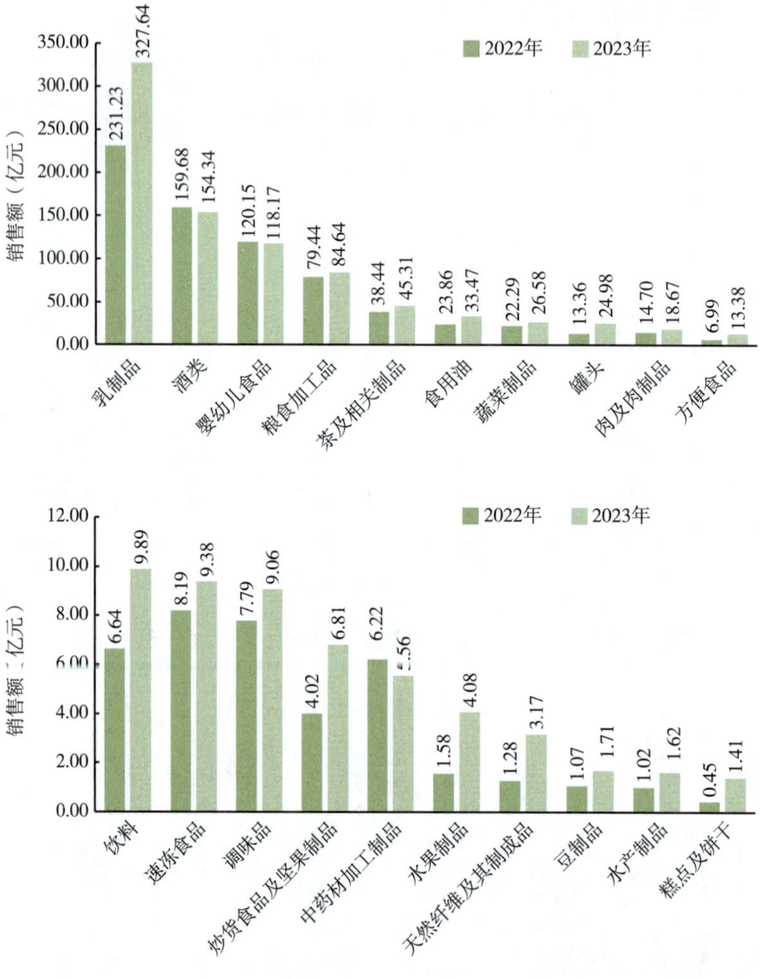

图11-35　2022—2023年中国销售额大于1亿元的各类有机加工产品

11.11　发展潜力

目前，中国的有机产品产值较高，有机销售额还远低于产值，这说明中国有机行业生产者热情较高，但是生产出的有机产品并不能全部按有机产品卖出，中国有机消费市场还有很大的提升空间。

FiBL的统计数据显示，2023年全球人均消费有机食品17欧元，瑞士人均消费468欧元位列第一，中国人均消费仅为9欧元，低于全球平均水平；从有机食品市场份额来看，有机食品市场份额最高的国家是丹麦（13%），而中国有机食品市场份额约为1%，说明中国有机产品消费市场还有很大潜力。

12 全球有机行业展望①

全球生态系统危机不断升级，政治层面上各方对威胁粮食安全的气候变化和荒漠化问题表现冷淡，2024年举行的三次缔约方大会成果也令人失望。尽管如此，有机行业仍然展现出了极具韧性的增长态势。这表明有机运动是减缓气候变暖、保护生物多样性、保障全球数百万农民生计和确保健康食品供应等宏伟目标的解决方案的重要组成部分。

正如在本书中所看到的，2023年全球有机农地面积增加了2.6%，其中非洲的增幅最大（24.4%）。随着有机种植的扩大，非洲有机农地的面积现已超过北美洲。同时，拉丁美洲有机农地的面积也增长了10%以上。

多年来，全球有机产品零售额一直稳步增长，2023年也不例外。

种植面积和市场的增长带来了希望。然而，其潜在信息也是明确的：需要采取多管齐下的方法来促进有机食品的发展，因为有机食品是以人权为基础的，并且与气候变化、健康和营养息息相关。一方面，必须增强农民的能力，为他们提供采用有机农业的工具和策略；另一方面，要与志同道合的组织伙伴合作，推行应对气候变化、改善健康

① 本部分作者为Ravi R. Prasad；译者为正谷（上海）农业发展有限公司广州分公司黎榛。

和营养的解决方案。

2024年，IFOAM国际有机联盟开始实施十年战略。该战略是前一年与联盟成员商定的，旨在促进再生有机农业和食品的使用。实现这些目标需要时间、资源和共同的努力。需要采取集体行动，通过影响农民、消费者和政策制定者的知识、态度和做法来促成变革。

IFOAM国际有机联盟及其成员一起，通过创新计划，努力实现战略的3个关键目标，即为全球有机农业赋能、领导全球有机农业运动以及打造IFOAM国际有机联盟的可持续未来。

2023年12月，在中国台湾举行的第二十一届世界有机大会会聚了近500名成员和更多来自更广泛有机社区的伙伴，行业各方得以在新冠疫情后首次面对面交流，大家的热情溢于言表。在4次全体会议和50多场分会期间，参会成员进行了热烈的讨论，并深入交流了相关知识和经验教训。在大会上，成员选举产生了新一届全球理事会，其任务是该网络的管理与改革。

2024年，IFOAM国际有机联盟在全球推广有机农业，促进相关政策的实行。IFOAM国际有机联盟加入了联合国粮食与农业组织的全球家庭农业论坛，与洲际有机农民网络（INOFO）一同在全球农民论坛2024峰会上倡导生态农业解决方案。IFOAM国际有机联盟还与北美洲的成员一起参与了一宗法庭案件，在该案中，美国地区法院做出了有利于团体认证的裁决，团体认证是为小规模有机生产者赋能的重要机制。在这些行动中，IFOAM国际有机联盟的地区机构、部门平台和成员发挥了关键作用。

通过在亚洲和非洲实施项目，IFOAM国际有机联盟持续努力提高成员的能力。由德国国际合作机构（GIZ）支持的有机农业和生态农业知识中心（KCOA）以及由瑞士发展合作署（SDC）资助的生态农业促进计划提供了宝贵机会，得以推出由IFOAM全球学院提供的旗舰有机领导力课程，并开展政策实验室活动，为成员和年轻有机领导者赋能，以影响非洲各国的政策。喜马拉雅生态农业倡议是IFOAM国际有机联盟和全球未来理事会的一项联合倡议，重点关注不丹、印度和尼泊尔，将包括政策制定者在内的不同利益相关方聚集在一起，针对该地区的挑战制定多方面的政策应对措施。

在不断推行全球有机运动的同时，IFOAM国际有机联盟将持续努力将有机产品置于气候变化、健康、营养和人权等全球性问题的中心。未来几年，IFOAM国际有机联盟的工作重点仍将是领导有机运动，并通过加强利益相关方的参与，为全球有机产品赋能。IFOAM国际有机联盟将寻求新的机会、伙伴关系和联盟，以增加全球影响力，扩大和服务于有机运动。

Sustainable Coffee

用爱和热情 开启每一天

- ☑ 哥伦比亚瑰夏咖啡
- ☑ 1 600米以上高海拔咖啡种植园
- ☑ 可持续生产方式，利用真菌防治病害
- ☑ 保护鸟类与野生动物，产区已发现192种鸟类
- ☑ 帮助咖啡农户提升产品品质，保障其权益

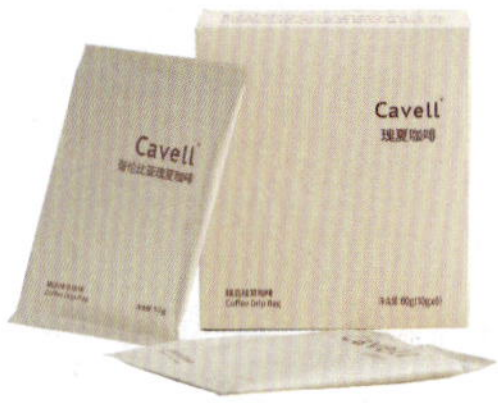

扫码购买

Cavell瑰夏咖啡
连接多样的自然

正谷味道礼盒将正谷Ouroland有机奶酪、正谷100%伊比利亚火腿、正谷Cavell海盐黑巧克力与正谷Cavell瑰夏咖啡或Ubean瑰夏咖啡豆组合并一同呈上，分享来自全球优势产区的自然美味。践行负责任的生产与消费，坚持环境友好理念，我们同您分享这一份专属的正谷味道礼盒，品味美好生活，共同建立自然向好、可持续的当下与未来。

正谷味道礼盒，Tasting Organic and Beyond!

Organic and Beyond | Cavell® Ubean®

世界经济论坛新领军者会员
IFOAM国际有机联盟全球合作伙伴

小红书　微信公众号